Essener Sportbund (Hg.)

SPORTSCHAU ESSEN 2023

Texte / Koordination:
Dominik Hamers

Redaktion und Produktion:
Achim Nöllenheidt

IMPRESSUM

1. Auflage Dezember 2023
Satz und Gestaltung:
Medienwerkstatt Kai Münschke, Essen
Cover-Design: Volker Pecher, Essen
Druck: Grafisches Centrum Cuno
GmbH & Co. KG, Gewerbering
West 27, 39240 Calbe

ISBN 978-3-8375-2628-8

Klartext Verlag
Jakob-Funke-Platz 1
45127 Essen
info.klartext@funkemedien.de
www.klartext-verlag.de

FOTOS:
Giovanni Barrotta, Alexandra Becker, Uwe Ernst, Ute Freise, Dirk Friedrich, Lars Fröhlich, Michael Gohl, Isabel Heckmann, Christoph Koepsel, Moritz Leick (Stadt Essen), Sven Lorenz, Georg Lukas, Dieter Meier †, Kerstin Kokoska, Sebastian Konopka, Micha Korb, Thomas Lelgemann, Georg Lukas, Uwe Möller, Oliver Müller, Hennes Multhaup, Dominik Schlöpke, Martin Spletter, Senastian Sternemann, Socrates Tassos, Thorsten Tillmann, Vladimir Wegener

TEXTE:
Alexandra Becker, Andreas Beckmann, Katrin Böcker, Niklas Buhr, Benedikt Burgmer, Katrin Clemens, Heiko Buschmann, Achim Faust, Ute Freise, Karen Grote, Dominik Hamers, Rolf Hantel, Justus Heinisch, Daniel Henschke, Ralf Hildebrand, Leon Kaminski, Wolfgang Kintscher, Maximilian Lazar, Thomas Lelgemann, Manfred Leufgen, Julian Lötte, Georg Lukas, Dieter Meier †, Tibor Meingast, Iris Müller, Gerd Niewerth, Fabrice Nühlen, Dominika Sagan, Georg Schrepper, Elli Schulz, Marcus Schymiczek, Martin Spletter, Frank Stenglein, Tanja Weimer, Torsten Wellmann, Ralf Wilhelm, Joshua Windelschmidt, Krystian Wozniak

KLARTEXT

Inhalt

VORWORT
13 | Oliver P. Kuhrt (Geschäftsführer MESSE ESSEN GmbH)

FUSSBALL
14 | „Ein Jahr RWE ist wie drei Jahre woanders"
16 | „Mit Kritik habe ich kein Problem"
18 | Mit einem Kraftakt aus der Mini-Krise
20 | Pokalsieg lässt vieles vergessen
21 | Abwehrfehler verhindern die Sensation
22 | Rot-Weiss Essen muss selbst liefern
24 | Gekommen, um zu bleiben
25 | Erleichterung nach dem Schock
26 | Ein neues Stadion für den ETB
28 | „Der Spaß muss stimmen"
29 | Die Unglaublichen von Adler Union
30 | Trainer Högner sieht noch Luft nach oben
32 | Überraschender Auftakt für die SGS
34 | Eine starke Position bei Fußball-Romantikern
35 | Beim nächsten Mal ohne Übersetzer
36 | Trotz WM-Aus: SGS glaubt an Hype
37 | Das Ende eines Sportgeschäfts
38 | Entsetzt, aber nicht entmutigt
39 | Fußballer retten Gegenspieler das Leben
40 | Schonnebeck setzt sich die Krone auf
41 | „Hallenfußball ist eine andere Welt"
42 | Einigung im Kampf um Kunstrasenplatz
43 | „Zustände sind unhaltbar"
44 | Gewalt im Fußball: Stadt verschärft Sanktionen
46 | Der FC Kray erfindet sich neu
47 | Entspannt und gar nicht ängstlich
48 | Schröders Abgang ist ein harter Schlag
49 | Als Außenseiter die neue Liga genießen
50 | Kunstrasen soll den Verein retten
51 | Je entlegener, desto besser
52 | Der Abstieg bietet auch Chancen
53 | Mats Brune arbeitet am Kindheitstraum

SPORTKALENDER
54 | Oktober bis Dezember 2022
80 | Januar bis April 2023
100 | Mai bis Juli 2023
140 | August bis Oktober 2023

HANDBALL
64 | Learning by doing – in der 2. Bundesliga
65 | Noch einige Bretter zu bohren
66 | „Es braucht neue Gedanken und neuen Schwung"
68 | Vertrauen statt Druck
69 | Die Neuen schlagen voll ein
70 | Und plötzlich muss das Maskottchen ran
71 | Angst um das eigene Image

SKATERHOCKEY
72 | Essener sind bestes deutsches Team
73 | Mission Titelverteidigung gescheitert
74 | Mit großer Moral ins Halbfinale

EISHOCKEY
75 | Zum Abschluss die Versöhnung
76 | Der Umbau des Danny Albrecht
77 | Auflagen erfüllt, Zulassung erhalten

BASKETBALL
78 | Aufstieg verpasst: Saison trotzdem ein Riesenerfolg
79 | „Der Stachel sitzt tief"

GEBURTSTAGE
96 | Ein Leben für den Laufsport
97 | Ein rot-weisses Urgestein
98 | Eine Torhüter-Ikone wird 80 Jahre alt
99 | Vom Bergmannssohn zur Trainerlegende

VERSTORBEN
108 | Tusem Essen war sein Leben
109 | Unvergessener Derby-Torschütze
109 | Er schoss Essens erstes Bundesliga-Tor
110 | Bis zum Schluss im Einsatz
111 | Pokalsieger und Nationalspieler
111 | Trauer um Rudolf Eiling
112 | Er lebte für Tischtennis
113 | Er war „Mister ETB"

ESPO
114 | Titelverteidigung für Rot-Weiss Essen
116 | Freibad Hesse spart Strom
117 | „Bitte keine zweite Wolfskuhle!"
118 | Verein holt Kinder von der Straße
119 | 1,8 Millionen Euro für neue Sportanlage
120 | „Haben die Chance, einmal groß zu denken"
122 | Sport beschwört Zusammenhalt in Krisenzeiten
123 | Espo ehrt Bosak und Diekmann
124 | Sportvereine stellen sich einem Tabu
125 | 25 Jahre Sport- und Gesunheitszentrum in Altenessen
126 | Die Besten in Essen

TENNIS
130 | Acht Titel bleiben am Niederrhein
131 | Der TC Bredeney schafft etwas Historisches

RUDERN
132 | Lene Mührs ist die Ergo-Königin
133 | Kettwiger RG jubelt über Vize-Weltmeisterschaft

KANU
134 | Seit 100 Jahren wird beim SKC gepaddelt
135 | KG-Asse holen Titel in Köln
136 | WM-Gold für Essener Max Rendschmidt
138 | Dietzler und Borkowski international erfolgreich

BOXEN
150 | In Runde drei platzt der Traum
151 | Ein Essener Europameister im Boxen
152 | Ein durchwachsenes Jahr für Patrick Korte

ROLLSTUHLBASKETBALL
153 | Die Zukunft heißt (erstmal) Oberliga

TRIATHLON
154 | Finnland statt Hawaii
155 | Ein zweites „Ja" nach zehn Jahren

LEICHTATHLETIK
156 | Olympia fest im Blick
156 | Weltrekord beim Blumensaatlauf
157 | Ein neues Gesicht in der Laufszene
158 | Spitzensport beim „Tag der Überflieger"
159 | Laufen ist Teil seines Lebens
160 | Sieger hat doppelt Grund zum Feiern

EISKUNSTLAUF
161 | Freudentränen bei Nicole Schott
161 | Neue Titelträger im Essener Eiskunstlauf

Inhalt

Triathletin Mareike Eißmann steht beispielhaft für die starken Essener Ausdauer-Dreikämpfer.

Protest der RWE-Fans: Die Anhänger des Drittligisten fordern das Aus des Trainers.

Nils Reiners und Lucas Toepelt von Adler Union Frintrop feiern den Durchmarsch in die Oberliga

DART

162 | Warum ein Darts-Profi in Essen trainierte

BILLARD

163 | Pool und Snooker unter einem Dach

RADSPORT

164 | Die glücklichsten Menschen am Strand

VOLLEYBALL

166 | Bronze bei der Deutschen Meisterschaft
167 | Der VV Humann bleibt unabsteigbar

KANUPOLO

168 | Große Party für KSV Rothe Mühle
169 | KSV scheitert erneut im Finale

TISCHTENNIS

170 | Vier Einzel-Titel gehen nach Essen
171 | Franz-Sales-Haus krönt prächtige Bilanz

RUGBY

172 | Erneuter Umbruch beim RCE

AMERICAN FOOTBALL

173 | Ein neuer Versuch mit „DJ"
174 | Cardinals rügen System der ELF
175 | Neuer Alltag für Essener Football-Talent

HOCKEY

176 | HCE Tabellenführer – aber die Brocken kommen noch
177 | HCE-Teams spielen weiter in der 2. Liga

PERSÖNLICHKEITEN

178 | Mit 30 an der Spitze des Traditionsvereins

RHÖNRAD

179 | DM-Bronze für Süßelbeck und Beckmann

SCHACH

180 | Katernberger auf viertem Platz
180 | Mit 90 noch am Schachbrett
181 | Ein klasse Turnier auf der Ruhrhalbinsel

BADMINTON

182 | Charlotte Leven dominiert die Stadtmeisterschaften
183 | Talent brilliert bei Nachwuchs-Stadtmeisterschaft

SCHWIMMEN

184 | Kusch und Jazy setzen Glanzlichter
185 | Büssing verteidigt Meistertitel souverän

TAEKWONDO

186 | Der Traum von Olympia

JUDO

187 | Herausforderung gemeistert

AUS DEM SPORT

188 | Boxen, damit das Leben funktioniert
190 | Seit 100 Jahren auf dem Wasser
192 | Tauchen mitten im Revier

Sie behaupten sich gegen finanzstarke Klubs: die Fußballerinnen der SGS Essen

SGS
WOHNKOMPANIE

Noah Westerhaus und Basketball-Regionalligist ETB Miners verpassten den Aufstieg nur knapp.

14
ADEMAX
BALLERS
ADEMAX
BALLERS

1
3
Allbau
Allbau
Allbau
wohnbau eg
wohnbau eg
CONNECT
SUZUKI

Andreas Hug, Sven Vogt, Konstantin Pütz, Leon Konrad und Lennart Unterfeld vom Kanupoloverein Rothe Mühle feiern den Sieg beim Deutschland-Cup.

Umkämpfte Erstrunden-Partie im DFB-Pokal: Essens Felix Götze gegen Bakery Jatta vom Zweitligisten Hamburger SV

JAKO
ifm
JAKO
24
JAKO
HanseMerkur
18
JAKO

Holte mit dem TC Bredeney
die Deutsche Meisterschaft:
Katharina Hobgarski

Liebe Leser*innen,

jede Seite ein Erfolg: Mit großer Freude darf ich Ihnen die 34. Ausgabe des Essener Sportjahrbuchs präsentieren. Mit dieser immer wieder voller Spannung erwarteten Chronik würdigt der ESPO alljährlich die beeindruckenden Leistungen des Essener Vereinssports. Die Leidenschaft und Hingabe, die unsere Sportler*innen in einer Vielzahl an Disziplinen an den Tag legen, spiegelt sich in den folgenden Beiträgen wider.

Das Sportjahr 2023 war geprägt von herausragenden Erfolgen, bewegenden Momenten und inspirierenden Geschichten aus der Welt des Sports. Ich denke zum Beispiel an das erste Drittliga-Jahr von Rot-Weiss Essen nach 13 Jahren, oder an den doppelten deutschen Meistertitel der Tennisdamen und -herren des TC Bredeney, oder an die Weltmeisterschaftsteilnahme unserer Langdistanz-Triathlet*innen – diese und viele weitere Highlights können wir in diesem Buch noch einmal Revue passieren lassen.

Die in der Chronik gewürdigten Erfolge – sei es im Profi- oder im Breitensport – wären ohne das Engagement des ESPO und der vielen großen wie kleinen Vereine in unserer Stadt nicht denkbar. Ich bin immer wieder beeindruckt, wie abwechslungsreich sich das Sportangebot der Essener Vereine auf der Mode Heim Handwerk präsentiert. Auch in diesem Herbst ist der ESPO fester Bestandteil und Publikumsmagnet unserer Verbrauchermesse. Von A wie Aikido bis Z wie Zumba können unsere Besucher*innen im Rahmen des Live-Programms nahezu jede erdenkliche Sportart kennenlernen – und sind im besten Fall so begeistert, dass sie sich nach der Messe dem entsprechenden Verein anschließen. Wir sind sehr gerne Plattform für die Faszination rund um den Sport und stolz auf die enge, langjährige Zusammenarbeit zwischen dem ESPO und der Messe.

Sport verbindet, schafft Gemeinschaft und fördert nicht nur die körperliche, sondern auch die geistige Gesundheit. Er lehrt uns Zielstrebigkeit, Fairplay und Ausdauer – Eigenschaften, die auch im alltäglichen Leben von unschätzbarem Wert sind. Sportlicher Erfolg ist aber vor allem eins: Teamarbeit. Denn viele Erfolgsgeschichten wären ohne die Unterstützung der zahlreichen Trainer*innen, Betreuer*innen und der (Vereins-)Familie so nicht denkbar. Ihnen allen gilt mein größter Respekt, denn sie tragen maßgeblich dazu bei, dass der Sport in unserer Stadt eine so lebendige und erfolgreiche Gemeinschaft ist.

Ich wünsche Ihnen viel Freude beim Lesen der Sportschau Essen. Lassen Sie sich von den beeindruckenden Leistungen unserer Sportler*innen inspirieren.

Ihr

Oliver P. Kuhrt
Geschäftsführer MESSE ESSEN GmbH

„Ein Jahr RWE ist wie drei Jahre woanders“

Christoph Dabrowski hat als Trainer von Rot-Weiss in der ersten Saison viel durchmachen müssen

Zwischendurch waren sie da, die Rufe, laut und deutlich hörbar. Und Spruchbänder, deren Inhalt ähnlich war und eindeutig war. Einige Fans von Rot-Weiss Essen hatten den Rauswurf von Trainer Christoph Dabrowski gefordert. Zu schwankend waren die Leistungen, und das chronisch unentspannte Publikum an der Hafenstraße hatte sowohl Sündenbock als auch Lösung ausgemacht. Zwar nicht einstimmig, aber doch so laut, dass sie Gespräche über die Saison hinaus bestimmten.

Im Juli, da war die Saison schon lange vorbei, auf sein erstes RWE-Jahr angesprochen, antwortete Dabrowski: „Ein Jahr RWE fühlt sich an wie drei woanders.“ In der Spielzeit 2022/23 hatte er alles erlebt. Einen katastrophalen Start und das späte Einpendeln. Erst mit dem 1:0-Sieg am 7. Spieltag gegen Erzgebirge Aue holte RWE den ersten Dreier in der Profiliga. Nicht das, was sich alle erhofft hatten.

Am Ende stand die Dabrowski-Elf auf Rang 15, hatte mit Liga und Pokal insgesamt 44 Pflichtspiele absolviert. Der abermalige Sieg im Niederrheinpokal – Rot-Weiss Essen ist mit zehn Titeln nun der erfolgreichste Klub in diesem Wettbewerb – hat am Ende für viele Tiefs entschädigt. Ebenso wie der Klassenerhalt, den die Essener am 37. Spieltag mit dem 2:1 gegen Erzgebirge Aue klarmachen konnten.

Durchgängiges Zittern war angesagt

Kurios: Fast durchgängig mussten die Rot-Weissen bangen Blickes nach unten schauen, dabei standen sie nach dem siebten Spieltag nicht mehr auf einem Abstiegsplatz. Letztlich gab es dann noch Schützenhilfe: Der Sieg des FSV Zwickau gegen Oldenburg verhinderte ein Saisonfinale, in dem es für RWE um Alles oder Nichts gegangen wäre.

Das hätte zu der zermürbenden Saison gepasst, in der RWE zunächst holprig startete, dann nach dem 2:1-Sieg gegen Waldhof Mannheim am 13. Spieltag die beste Platzierung schaffte. Rang neun konnten die Essener aber nicht halten. So bedrohlich wie in der Auftaktphase der Saison war es aber im weiteren Verlauf nicht mehr: Jeweils nach dem 1. (1:5 gegen SV Elversberg), 4. (0:1 bei Borussia Dortmund) und 6. Spieltag (1:1 in Bayreuth) stand der Aufsteiger auf dem letzten Platz.

Der Frust über das ständige Auf und Ab machte das ohnehin schon nervöse Umfeld noch nervöser, und Trainer Dabrowski bekam mit voller Wucht zu spüren, was es bedeutet, an der Hafenstraße unter Druck zu stehen. „Ich wusste schon, dass es hier viel Leidenschaft, aber auch viel Schwarz-weiß-Denken gibt“, sagte er, fügte aber auch hinzu: „Dadurch ist ein Verein lebendig. Ich hatte schon eine Prüfung in

RWE-Trainer Christoph Dabrowski (2.v.r.): Oft hatte er in der vergangenen Saison Grund, düster dreinzuschauen.

Jörn Nowak musste Rot-Weiss Essen im April verlassen.

Hannover hinter mir, das Ruhrgebiet ist jedoch noch mal anders."

Trainer Dabrowski will an Kommunikation arbeiten

Auch dort kennt sich Dabrowski, im polnischen Kattowitz geboren, aus. Sieben Jahre spielte er für den VfL Bochum, aber als Teil der Mannschaft stand er weniger als Person im Fokus. Das ist als Trainer anders, da zählen eben auch kommunikative Fähigkeiten. Die hat er, betont Dabrowski, räumt aber auch ein, dass man ihm diese nicht sofort ansehe: „Ich bin 1,95 Meter groß, das mag auf den ein oder anderen unnahbar wirken, aber das stimmt nicht. Ich begegne den Leuten mit aller Offenheit, auch der aktiven Fanszene. Wir brauchen sie."

Nach der 0:2-Niederlage in Meppen zeigte Dabrowski, wie wichtig ihm der Umgang mit den Anhängern ist. Da war er in die Kurve gegangen, um seine Sicht der Dinge klarzustellen. Denn auch dort hatte es Kritik gehagelt. Der RWE-Trainer äußerte sich im Anschluss unglücklich, sagte, er habe keine Lust sich „jede Woche für die Rufe von 200 Leuten zu rechtfertigen".

Das revidierte er später: „Wenn 18.000 Menschen im Stadion sind, ist es klar, dass es Personen gibt, denen nicht gefällt, was man macht. Ich hatte nie das Ziel, die Leute gegen mich aufzuhetzen, im Gegenteil. Meine Herangehensweise ist immer, mich auf die positiven Dinge zu fokussieren."

Im April muss der Sportdirektor gehen

Das war nicht immer ganz einfach: Im April trennte sich der Drittligist von Sportdirektor Jörn Nowak, der wenig später zu Rot-Weiß Oberhausen zurückkehrte. Die operativen Geschäfte übernahmen der neue Chefscout/Kaderplaner Marcus Steegmann sowie Christian Flüthmann, Leiter des Nachwuchsleistungszentrums (NLZ).

Grund für die Trennung: Die Erwartungen der Klubführung und die des Sportdirektors hinsichtlich der Vereinszukunft sollen auseinander gelegen haben. Nowak, das betonte Klubchef Marcus Uhlig, sei untrennbar mit dem sportlichen Aufschwung von RWE verbunden. „Wir hatten hier sicherlich eine besondere Form der Zusammenarbeit, auf die wir alle positiv zurückblicken können. Und trotzdem ist es im Leben manchmal so, dass sich unterschiedliche Auffassungen ergeben", sagte der RWE-Boss zum Abschied.

Dominik Hamers

„Mit Kritik habe ich kein Problem“

RWE-Boss Marcus Uhlig über die erste Drittliga-Saison der Essener seit 13 Jahren

Den Aufstieg in die Dritte Liga hatten Mannschaft Fans – und im Grunde die gesamte Stadt – euphorisch gefeiert. Auf Rang 15 hat Rot-Weiss Essen die erste Spielzeit in der dritthöchsten Spielklasse abgeschlossen. Wir haben mit RWE-Boss Marcus Uhlig ausführlich über verschiedene Themen gesprochen – auch über die heiß diskutierte Kaderplanung sowie Trainer-Personalie Christoph Dabrowski.

- **… Marcus Uhlig über die erste Drittliga-Saison nach 13 Jahren:**

„Über allem steht der Klassenerhalt, das Minimalziel wurde erreicht. Wir haben uns darüber natürlich gefreut und einmal tief durchgeatmet. Die Saison hat schlecht angefangen, dann konnte sich die Mannschaft fangen und bis zum Jahresende konstant punkten. Mit der Ausbeute in 2023 können wir natürlich nicht zufrieden sein, in der Rückrunden-Tabelle stehen wir auf einem Abstiegsplatz. Wie heißt es immer so schön: Die Tabelle lügt nicht.“

- **… die Stimmungslage im Umfeld:**

„Die war sicher schon mal besser. Dazu hat maßgeblich die oben beschriebene Negativ-Entwicklung, dieser schleichende Abwärtstrend in 2023 beigetragen. Das hat bei vielen Fans eine zum Ende hin immer größer werdende Angst erzeugt, dass RWE nach 13 vergeblichen Anläufen auf die 3. Liga diese nach nur einem Jahr wieder verlassen muss. Ein Horror-Gedanke, den ich absolut nachvollziehen kann.“

Grimmige Mienen bei Trainer Christoph Dabrowski (l.) und Boss Marcus Uhlig. Aber die erste Drittliga-Saison endete für Rot-Weiss Essen zufriedenstellend.

- **… den Etat für 23/24:**

„Wir werden mit etwa dem gleichen Personalbudget für die Mannschaft ins Rennen gehen wie in der ablaufenden Saison. Gleichzeitig arbeiten wir hinter den Kulissen fieberhaft an einer maßvollen Budgeterhöhung.“

- **… die Ziele für die neue Saison:**

„Unser Trainer, unsere neue sportliche Leitung und auch wir im Vorstand sind uns einig, dass wir alles dafür tun werden, um uns in der kommenden Saison verbessern zu können, einen Schritt nach vorne in der Tabelle zu machen. Wir arbeiten intensiv daran, dafür die Voraussetzungen zu schaffen.“

- **… die Fan-Unterstützung in dieser Saison:**

„Bei RWE ist vieles nicht so einfach zu erklären. Über die gesamte Saison betrachtet, war der Support unserer Fans bei den Spielen – egal, ob heim oder auswärts – überragend. Die Zuschauerzahlen an der Hafenstraße, die Anzahl der Auswärtsfahrer, die eigentlich ungebrochene Unterstützung während der Spiele: all das war beeindruckend. Selbst in der schwierigen Phase zu Saison-

„Überragender Support": RWE-Boss Marcus Uhlig lobt die Fans der Essener.

beginn und auch in den letzten Spielen, als die Gesamtstimmung rund um den Verein schlechter wurde, war die Unterstützung während der Spiele trotzdem immer gegeben. Trotzdem gibt es auch Dinge, die mich stören. Aus meiner Sicht sollte die Mannschaft über 90 Minuten die volle Unterstützung erfahren, Unmutsbekundungen und Beleidigungen während des Spiels sind maximal kontraproduktiv."

- **... die Trainer-Personalie:**

„Dazu möchte ich gerne etwas ausführlicher antworten. Christoph Dabrowski ist – wenn ich das mal so sagen darf – die ärmste Sau. Auf ihn fokussiert sich mit Abstand am stärksten die schlechte Stimmung. Das passiert im Fußball oft – nach dem Motto: Wenn es nicht läuft, dann ist immer der Trainer schuld. Aber so einfach ist es nicht. Ich würde mich sehr freuen, wenn die lauter werdende Kritik an unserem Trainer in den beiden letzten Spielen zur Ruhe kommen kann und sich alle ausschließlich darauf konzentrieren, die Mannschaft maximal zu unterstützen.

Wir können nicht immer einerseits davon sprechen, dass wir hier bei RWE Kontinuität in den Verein bringen möchten und trotzdem jedes Jahr aufs Neue den Trainer rausschmeißen. Ich persönlich wünsche mir, dass wir in die Lage kommen, die neue Saison nach einer gründlichen Fehleranalyse, einem verbesserten Kader und mit der einen oder anderen personellen und inhaltlichen Optimierung hinter den Kulissen gemeinsam mit unserem Trainer Christoph Dabrowski angehen können. Ich schätze seine Art, seine Herangehensweise, seine Energie und seinen Fleiß. Und ich kann an dieser Stelle verraten, dass er sich zu 100 Prozent mit RWE identifiziert."

- **... seine eigene Verantwortung:**

„Für alles, was bei RWE passiert, habe ich als Vorstandsvorsitzender die Hauptverantwortung zu tragen. Das mache ich und dem stelle ich mich. Ohne Wenn und Aber. Mit Kritik habe ich überhaupt kein Problem, ganz im Gegenteil: wir kommen nicht weiter, wenn wir uns permanent alle nur in den Armen liegen, gegenseitig auf die Schultern klopfen und uns erzählen, wie toll es hier ist. Wir haben RWE in den letzten Jahren entscheidend weiterentwickelt, wir sind aufgestiegen und haben eine sicher nicht überzeugende, aber im Ergebnis bislang ausreichende Saison gespielt. Nicht mehr – aber auch nicht weniger."

Krystian Wozniak

Mit einem Kraftakt aus der Mini-Krise

Rot-Weiss Essen ist mit Höhen und Tiefen in die Saison 2023/24 gestartet

Torben Müsel brachte es nach dem Spiel in Dortmund auf den Punkt. Eine fünfstellige Zahl an Fans hatte Rot-Weiss Essen ins Westfalenstadion begleitet, wo die U23 von Borussia Dortmund Gastgeber war. Und das trotz vorheriger Niederlagen gegen Unterhaching (0:4) und Verl (0:5). „Ohne die Fans wäre RWE nicht das, was RWE ist", sagte der Mittelfeldspieler nach dem 2:1-Sieg bei den Schwarz-Gelben. Mit dem Triumph im Drittliga-Derby hatten die Essener eine Reaktion gezeigt, die Fans wieder zurückgewonnen. Es war für einige Stunden vieles vergessen.

Rot-Weiss hatte da eine harte und intensive anderthalb Wochen hinter sich. Erst die beiden Niederlagen mit insgesamt neun Gegentoren innerhalb von nur vier Tagen, dann hatte der Klub seinen Kapitän Felix Bastians freigestellt. Er sei kein Bauernopfer, stellte Vorstandschef Marcus Uhlig klar. Aber nach der Verl-Pleite habe eine tiefe Analyse zu der Schlussfolgerung geführt, dass die Freistellung unumgänglich sei. Ein Resultat aus den vorangegangenen anderthalb Jahren.

RWE hat ein großes Risiko bewusst in Kauf genommen. Denn sportlich – daran gab es keinen Zweifel – hat die Freistellung von Bastians den Drittligisten geschwächt. Nach einem Viertel der Saison musste die Mannschaft von Trainer Christoph Dabrowski besorgt nach unten schauen, die Abstiegsplätze waren bedrohlich nah.

Klar, dass die Verantwortlichen nach dem Debakel gegen Verl andere Töne angeschlugen: „Eine absolute Frechheit. Ich habe nicht gesehen, dass man sich wehrt. Bei etlichen Situationen kann man fast von Slapstick sprechen. Das sah schon recht schnell aus wie eine Selbstaufgabe, als wenn die Mannschaft in ihre Einzelteile zerfallen ist", tobte Marcus Uhlig.

Torben Müsel (r.) in Dortmund nach seinem Treffer zum 2:1 mit Mustafa Kourouma

Keine Erklärung für schwankende Leistungen

Eine Erklärung für die teils schwankenden Leistungen hatte zu dem Zeitpunkt kaum jemand. „Wenn wir das wüssten, würden wir es einfach machen. Fußball ist sehr komplex, jedes Spiel anders." Vor Haching und Verl sei einiges gut gewesen. Etwa der 1:0-Heimsieg gegen Preußen Münster, den Thomas Eisfeld in der Nachspielzeit sicherte. Oder der folgende 2:0-Erfolg beim Sport-Club Freiburg. In besonders schwierigen Spielen funktionierte RWE, das sogar Tabellenführer Dynamo Dresden besiegte (3:1).

Dem gegenüber standen aber Niederlagen gegen Halle (1:2), Ulm (1:2) und eben die beiden Klatschen vor dem BVB-Spiel. Daher war es bemerkenswert, wie die Fans das Team in Dortmund unterstützen, obwohl sie in der Woche zuvor die Mannschaft vom Platz gepfiffen hatten.

Vermutlich gehört aber auch das zu den Dingen, die RWE in Summe das sein lassen, was RWE eben ist, wie Torben Müsel betonte: „Als wir zum Stadion gefahren sind und die Fans uns nach diesen zwei Spielen bejubelt haben, hat mich das gepusht. Ich fand das sehr geil."

Dominik Hamers

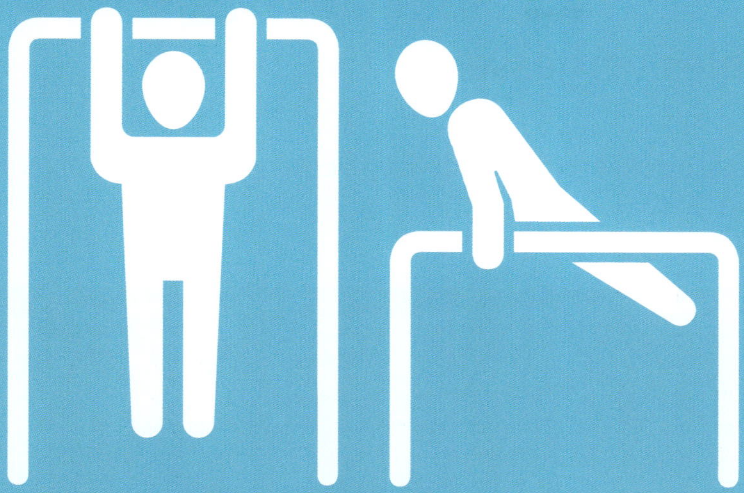

Pokalsieg lässt vieles vergessen

Mit dem Erfolg im Niederrheinpokal erreicht Rot-Weiss Essen das zweite Saisonziel

Endlich Ruhe. Etwa eine Stunde nach dem Spiel, die Interview-Wünsche waren erfüllt, da zogen sich der Vorsitzende Marcus Uhlig und Trainer Christoph Dabrowski zurück und setzten sich auf die Stufen am Aufgang zum Rasenplatz, um ein wenig innezuhalten. Es war wieder einmal ein hartes Stück Arbeit – aber ein erfolgreiches. Mit dem 2:0-Sieg im Verbandspokalfinale gegen den Regionalligisten RW Oberhausen ist die Saison für Rot-Weiss Essen damit beendet. Und immerhin haben die Rot-Weissen ihre beiden Saisonziele erreicht: Klassenerhalt und Pokalsieg mit dem damit verbundenen Einzug in die Hauptrunde des DFB-Pokals.

„Wir sind sehr erleichtert, es war eine schwere und komplizierte Saison, auch emotional. Am Ende mit einem guten Ergebnis“, meinte Uhlig. „Auch heute ist nicht alles glatt gelaufen, aber wir haben das gewünschte Ergebnis erreicht und können jetzt mal durchatmen.“

Die Erleichterung war auch Trainer Christoph Dabrowski anzusehen. Mit einem Bierchen am langen Arm plauderte es sich ganz entspannt. Aber wie schwer diese Saison auch für ihn persönlich war, das spürte man. „38 Spiele, dazu sechs im Pokal, das sind 44 Pflichtspiele, das ist brutal mit allen Wellenbewegungen, die wir erlebt haben.“ Das müsse man jetzt erst einmal sacken lassen. „Aber am Ende hört es ja nicht auf.“

Hoch mit dem Ding: Die RWE-Spieler präsentieren den frisch gewonnenen Niederrheinpokal, die jungen Fans feiern mit.

Keine Euphorie bei Trainer Christoph Dabrowski

Selbst den TV-Journalisten blieb nicht verborgen, dass der Essener Coach weit davon entfernt war, euphorisch zu jubeln. Aber ein bisschen lockerer wurde er nach Schlusspfiff dann schon. Als beim Fernsehinterview ein Mikro ausfiel, rückte „Dabro“ einfach näher und legte kollegial den Arm um den Gesprächspartner. Es ist ja noch einmal gut gegangen.

Zu Beginn sah es gar nicht danach aus. RWE hatte zwar mehr Ballbesitz, aber die Chancen besaß Oberhausen. Schon nach fünf Minuten wurde es gefährlich vor dem RWE-Tor: Nach Fehlpass von Felix Herzenbruch ging der pfeilschnelle Anton Heinz durch, verzog aber knapp aus 20 Metern.

Zwei Minuten später bereitete Heinz passgenau für Ex-RWE-Stürmer Sven Kreyer vor, der an Torhüter Golz scheiterte. Und RWE? Spielte und passte und patzte. Vor der Bierbude im Stadion war in der Pause mehr los als im RWO-Strafraum.

„Wir haben versucht, die Jungs in der Pause wachzurütteln“, sagte Dabrowski später. RWE wechselte Torben Müsel für den indisponierten Lawrence Ennali ein, stellte taktisch um. „Oberhausen hat immer weniger Zugriff bekommen. Mit dem Quäntchen Glück, dass wir mit einem 0:0 in die Halbzeit gegangen sind, und der Leistung in der zweiten Halbzeit ist der Sieg nicht unverdient“, fand der RWE-Coach.

Auch er ließ sich dann von der launigen Atmosphäre im Stadion einfangen. Dass Simon Engelmann zum 1:0 (52.) traf und Oguzhan Kefkir ganz spät per Elfmeter zum 2:0 (90.+2), hätte auch mit einem Drehbuch nicht besser laufen können. Ein Treffer mit besonderer Brisanz: Kefkir traf gegen seinen künftigen Arbeitgeber.

Rolf Hantel

Abwehrfehler verhindern die Sensation

Rot-Weiss Essen scheitert in der ersten DFB-Pokal-Runde am Hamburger SV

Verlängerte Pokalschicht an der Hafenstraße, und am Ende zog der Hamburger SV den Kopf aus der Schlinge: Der 4:3-Sieg des Zweitliga-Spitzenteams nach Verlängerung war sicherlich keine Empfehlung für die Ligasaison, Rot-Weiss Essen hingegen konnte die Aufgaben in der Dritten Liga nach diesem Fight mit breiter Brust angehen.

Die Luft flirrte an der Hafenstraße, als beide Mannschaften um kurz vor Eins den Rasen betraten, die Energie auf den Rängen, sie war deutlich zu spüren. Derart energiegeladen gingen die elf Rot-Weissen auch zu Werk.

Und die Hamburger hatten natürlich von Anpfiff weg die größeren Spielanteile. Als sich alle allmählich auf eine torlose erste Halbzeit eingestellt hatten, schlug der Favorit zu: Rios Alonso, schlecht angespielt von Bastians, ließ sich vor dem Strafraum von Bakery Jatta den Ball abnehmen und jagte ihn ins kurze Eck: 0:1 nach 38 Minuten, das war viel zu einfach.

Da hatte der RWE-Kapitän wohl etwas gutzumachen: bei einer Umschaltaktion ging er energisch nach vorne und war 20 Meter vor dem HSV-Tor nur durch Foul zu stoppen. Torben Müsel legte sich den Ball zurecht, die HSV-Mauer bildete beim folgenden Schuss eine schöne Schneise – und es stand 1:1 (42.). Es wurde laut auf den Rängen. Das Remis zur Halbzeit wurde als Teilerfolg gefeiert.

Aber die HSV-Führung, sie war nur aufgeschoben, freundlich assistiert von der RWE-Abwehr mit ihrem gewollten Kurzpassspiel, begrüßt von Trainer Christoph Dabrowski. Torhüter Jakob Golz passte auf Bastians, der verhaspelte sich in der Ballführung, Jatta nahm ihm lässig den Ball ab und traf ins leere Tor (55.). Schon zwei Minuten später setzte Wiegel endlich einmal zu seinen gefürchteten Flankenläufen an, scharfe Hereingabe – und Neuzugang Doumbouya drückte ihn ins Netz: 2:2. Die Hafenstraße implodierte.

Dann kam Lucas Brumme: Thomas Eisfeld führte gedankenschnell die Ecke aus und Brumme wuchtete sie per Brummschädel ins Netz: 3:3 (83.) – hier war noch lange nicht Schluss.

Verlängerung ... in der war von einem Klassenunterschied längst nichts mehr zu sehen, Krämpfe gab es auf beiden Seiten, alle mussten ans Limit gehen. Und langweilig geht anders. Eisfeld spielte einen Tricky-Freistoßlupfer auf Bastians, doch der brachte die Kugel aus drei Metern nicht unter Kontrolle (106.). Das Elfmeterschießen rückte in greifbare Nähe, bis zur 117. Minute: Da kam Laslo Benes aus 18 Metern frei zum Schuss und schlug bei Golz im rechten Eck ein. Irgendwie auch nicht ganz unhaltbar. Ausgeträumt.

Ralf Wilhelm

Essens Ron Berlinski versteckt sein Gesicht unter dem Trikot nach dem Hamburger Treffer zum 4:3.

VORWÜRFE VON HSV-FANS

Lautstark echauffieren sich Teile der Hamburger Fanszene nach dem DFB-Pokalspiel bei Rot-Weiss Essen über den privaten RWE-Ordnungsdienst Securitas. Der Hauptvorwurf: Frauen sei bei der Einlasskontrolle unter den BH gegriffen worden. Die „Fanhilfe Nordtribüne" schreibt in einer Stellungnahme von „unverhältnismäßigen Kontrollen".
Auf Anfrage zu den Vorwürfen aus Hamburg hieß aus der Securitas-Unternehmenszentrale in Berlin: „Es kam zu keinen gesetzeswidrigen Handlungen. Alles wurde so durchgeführt wie vorgesehen."

Rot-Weiss Essen muss selbst liefern

Die Peljhan-Millionen sind weg, das Zahlenwerk ist aber nicht so bedrohlich wie gedacht

Hans-Henning Schäfer, Dr. Andre Helf, Sascha Peljhan und Marcus Uhlig von Rot-Weiss Essen bei der „Kleinen JHV“

Als die Mitglieder von Rot-Weiss Essen kurz vor Mitternacht den Assindia-Businessbereich verließen rauchten die Köpfe von Erklärungen einer nicht so einfachen Bilanz. Aber: Fast alle gingen schlauer nach Hause als sie gekommen waren und auch entschieden beruhigter.

Im September hatte der Drittligist gemeinsam mit der Fan- und Förderabteilung (FFA) zur „kleinen JHV“ geladen – die Fortsetzung der chaotischen Jahreshauptversammlung im Juni, die schockierende Zahlen hervorbrachte und schließlich abgebrochen wurde. Dieses Mal war die RWE-Führung deutlich besser vorbereitet.

Aufsichtsratsmitglied Hans-Henning Schäfer ging mit den Anwesenden Schritt für Schritt durch die Jahresbilanzen und konnte komplexe Sachverhalte einfach und plausibel darstellen.

Die drei Millionen Euro Darlehen, die Finanzvorstand Sascha Peljhan 2019 dem Verein für die „Mission Aufstieg“ zur Verfügung stellte und die bis heute wie ein Damoklesschwert über der Hafenstraße hingen, sie konnten in ihrer Bedrohlichkeit entkräftet werden. Das Zauberwort, das Schäfer hier präsentieren konnte, lautete „qualitativer Rangrücktritt“, bei günstigen, nicht belastenden Tilgungskonditionen. Bevor Peljhan also mit großen Rückforderungen an den Verein herantritt, werden in Zukunft erst einmal alle anderen Gläubiger befriedigt.

Drittligist will transparenter werden

Peljhan selbst, ein medienscheuer Unternehmer und Groß-Immobilienbesitzer, ging zum ersten Mal offensiv ans Rednerpult, was ihm anfangs sichtlich schwer fiel. Aber er war Übermittler eines wichtigen neuen Anspruchs des Klubs, der sich Transparenz und bessere Kommunikation auf die Fahnen geschrieben hat.

Zum ersten Mal wohl in der Vereinsgeschichte wurden frank und frei mittels Folien Einblicke gewährt in die Rückzahlungs-Modalitäten der Darlehen, sowohl die von Peljhan als auch die 1,9 Millionen Euro des „anonymen“ Spenders für die Erneuerung des Trainingsgeländes.

Nachdem alle Altlasten von Schäfer, bezüglich der Kostensteigerungen in diversen Bereichen, aufgearbeitet und näher erläutert waren, konnte man sich der Gegenwart und nahen Zukunft zuwenden. Die sieht durchaus erfreulich aus, auch wenn noch einmal erwähnt wurde, dass Sascha Peljhan genau fünf Wochen, nachdem er sich von der Buchhaltung ein Bild gemacht hatte, Zeit hatte, alle erforderlichen Unterlagen für die laufende Saison fristgerecht beim DFB einzureichen, was letztlich auch gelungen sei.

Allerdings gab es aus Frankfurt strikte Auflagen: Man erwarte von RWE in der abschließenden Jahresbilanz ein positives Ergebnis, bei Verfehlungen greift der DFB durch: Bei 500.000 Euro „Miesen“ gibt es einen Punkt Abzug, bei einer Million Euro zwei Punkte. Sportliche Vorgaben, die vom Verein höchste Disziplin erfordern, wie Wirtschafts-Experte Schäfer noch einmal unterstrich: „Um es ganz klar zu sagen: Die drei Millionen Euro sind weg, wir müssen mit den operativen Erträgen klar kommen und hier eine Steigerung erzielen.“ Zumal die Liquidität noch „ganz ordentlich“ sei, aber nicht mehr üppig ausfalle. Eine Mammutaufgabe für den neuen Vertriebsvorstand Alexander Rang.

Ralf Wilhelm

Mehr als nur ein
Glücksmoment.

Gekommen, um zu bleiben

Moussa Doumbouya floh aus Guinea nach Deutschland. Nun trifft er für RWE

Das ist die Geschichte einer Reise, die er „lebensgefährlich“ nennt. 1997 ist Moussa Doumbouya geboren. In Conakry, der Hauptstadt von Guinea. „Ich hatte dort kein schönes Leben“, sagt er. Mit 19 Jahren entschließt er sich, zu flüchten – das Ziel über 5000 Kilometer weit entfernt. Ihm war gesagt worden, dass es ganz einfach sei, nach Europa zu kommen. Aber das stimmte nicht. „Ich bin durch die Sahara, wo es 50 Grad waren, gefahren und saß mit 135 Menschen auf einem Schlauchboot im Mittelmeer.“ Auf so einer Reise, da „lernt man sehr viel“.

Über Mailand kommt er 2017 nach Deutschland. Von Essen weiter ins Flüchtlingsheim nach Dortmund. Münster, Wuppertal, wieder Dortmund, Osnabrück und dann nach Celle in Niedersachsen. Moussa Doumbouya kommt an, beginnt eine Ausbildung zum Dachdecker. Er sagt heute, dass er in Deutschland integriert ist. Hier fühlt er sich wohl.

Aus der Kreis- in die Oberliga

In seiner Heimat hatte er mit Freunden Fußball gespielt. Professionell kickte Moussa Doumbouya in Guinea nicht. Als er in Celle landet und seine Ausbildung macht, schließt er sich einem Verein an. Ein Kreisligist ist der SC Wietzenbruch. Doumbouya schießt dort Tore, viele, viele Tore. MTV Eintracht Celle, der beste Klub der Stadt, ein Oberligist, wird auf ihn aufmerksam. Doumbouya schießt auch dort Tore, viele, viele Tore.

Hannover 96 klopft an. Sein Ausbildungs-Chef, den er als „Schwiegervater“ bezeichnet, ermöglicht ihm vieles. Er gibt seinem Lehrling frei, damit der zum Training fahren kann. Moussa Doumbouya darf sich eine Woche lang bei der zweiten Mannschaft von Hannover 96 zeigen. In einem Spiel schießt er ein Tor, bereitet ein weiteres vor. Hannover 96 will ihn für das Regionalliga-Team verpflichten, das ein gewisser Christoph Dabrowski trainiert. Dabrowski bringt ihm bei 96 auch viel Taktisches bei, das kennt der junge Mann so nicht. Aus Guinea nicht, aus Celle nicht.

Im Sommer 2023 wechselt er nach einigen Stationen in Deutschland - darunter Ingolstadt und Hannover. Und trifft auf: Christoph Dabrowski - seinen ersten Trainer im professionellen Fußball. „Ich kam in die Akademie von Hannover 96. Das war etwas ganz anderes als im Amateurfußball. Für seine Unterstützung kann ich mich nur bedanken.“

Sie sind wieder vereint, und Moussa Doumbouya hat bei seinem alten Chefcoach eine wichtige Rolle eingenommen: Neben Ron Berlinski ist er derzeit die einzig nominelle Sturmspitze im Kader des Drittligisten. Der 1,88 Meter große Sturmtank bringt ein Element ein, das neu ist im Essener Angriff. Groß ist er, physisch stark.

Dynamo Dresden hat das schmerzhaft zu spüren bekommen: Gegen den Aufstiegs-Aspiranten köpfte Doumbouya kurz nach seiner Einwechslung das zwischenzeitliche 3:0. „Das wird dem Moussa mit Sicherheit gut tun“, sagte Trainer Dabrowski nach dem ersten Treffer seines neuen Stürmers.

Justus Heinisch/Dominik Hamers

Erster Treffer: Felix Bastians kann Moussa Doumbouya beim Jubeln nicht aufhalten.

Erleichterung nach dem Schock

ETB-Stürmer Brightney Igbinadolor bricht zusammen – vier Wochen später ist er wieder fit

Als Brightney Igbinadolor in der Schlussphase des Oberliga-Auswärtsspiels beim VfB Hilden plötzlich kollabierte und bewusstlos auf dem Platz liegen blieb, hätte wohl niemand mit einem schnellen Comeback gerechnet – ein Schockmoment.

Knapp vier Wochen später stand das Stürmertalent allerdings schon wieder im Kader des Oberligisten ETB Schwarz-Weiß. „Ich bin einfach froh, dass ich wieder auf dem Platz und im Kader stehe. Die Wochen haben mental auch sehr wehgetan", erklärt Igbinadolor. Warum ging es so schnell?

Bei der letzten Untersuchung hatte es keine Auffälligkeiten mehr gegeben. Es sei wohl entweder eine Herzmuskelentzündung gewesen, weil er trotz Krankheit trainiert habe, oder eine Art Erschütterung am Herzen, weil er im Zweikampf vor dem Schockmoment auf seinen Rippenbereich gefallen sei, klärt Igbinadolor auf. Fest steht: Es gebe keine bleibenden Schäden, es sei nichts Angeborenes.

Ersatz nach Abgang des 50-Tore-Sturms

Im Sommer 2023 war Igbinadolor im Alter von 19 Jahren vom Herner Westfalenligisten SV Sodingen an den Uhlenkrug gewechselt. Co-Trainer Peter Schreiner, der sich beim ETB um die Angreifer kümmert, hatte in Bezug auf Igbinadolor von einem „Rohdiamanten" gesprochen. Welche Qualitäten bringt der 1,91 Meter große Stürmer genau mit? Viel Tempo im Umschaltspiel, Geilheit auf Tore, beschreibt er selbst. „Er hat wirklich sehr gute, gefährliche Aktionen", analysiert Apfeld.

In der Sommerpause hatte der ETB-Coach die undankbare Aufgabe, seinen abgewanderten 50-Tore-Sturm zu ersetzen. Noel Futkeu (30 Tore) und Marcello Romano (20) hatten die Schwarz-Weißen Richtung Eintracht Frankfurt II und Preußen Münster II verlassen. Jeweils mit der Aussicht auf eine Profi-Karriere. Die beiden waren Garanten für eine überaus überzeugende Saison, die das Apfeld-Team auf Rang fünf beendete.

Bereits in der Winterpause hatten die Verantwortlichen Nägel mit Köpfen gemacht und den Coach mit einem Vertrag über die Saison hinaus ausgestattet. „Es war auch eine sehr angenehme Saison, weil die Zusammenarbeit mit allen wirklich gut war. Wir sind in diesem Jahr ein gutes Stück vorangekommen, und sehen uns auf einem guten Weg", begründete ETB-Fußball-Boss Karl-Weiß die Entscheidung.

Ralf Wilhelm

Brightney Igbinadolor zeigt hier im Testspiel gegen Rot Weiss Essen mit Lucas Brumme (r.), was er kann.

SAISON 2023/24

Es war ein holpriger Start in die Saison 2023/24, und vor allem im Angriff schien es zunächst zu hapern. Nur ein Tor erzielte ETB in den ersten vier Partien, spielte dabei zweimal remis. Am fünften Spieltag dann die Kehrtwende: Dank eines Dreierpacks des von Rot-Weiss Essen an den Uhlenkrug gewechselten Memo Kesim feierte das Apfeld-Team den ersten Sieg, holte aus vier Spielen zehn Punkte. Der Coach lobte Kesim: „Wir haben wieder einen Toptorjäger in unseren Reihen."

Ein neues Stadion für den ETB

Die traditionsreiche Spielstätte am Uhlenkrug wird umgebaut

Das traditionsreiche Stadion am Uhlenkrug, wird für 2,3 Millionen Euro umgebaut. Es ist nicht der große Wurf, von dem sie im Essener Süden noch vor einigen Jahren träumten. Beim ETB Schwarz-Weiß Essen sind sie dennoch zufrieden – und hoffen auf den nächsten Schritt.

„Uns ist erstmal wichtig, dass es schnell geht", sagt Karl Weiß, 1. Vorsitzender des Traditionsvereins, der in den 1950er in der höchsten Spielklasse antrat. Aktuell spielt der ETB in der Oberliga eine mehr als respektable Saison – vor durchschnittlich 304 Zuschauern. Dass früher Zehntausende zum Uhlenkrug pilgerten, um den ETB spielen zu sehen, kann man sich als Besucher heute kaum vorstellen.

Etwas vom einstigen Charme hat das Uhlenkrugstadion zwar bewahrt, doch zeitgemäß ist die Spielstätte schon lange nicht mehr. Die Tribüne ist in die Jahre gekommen, mit einem neuen Anstrich wäre es bei weitem nicht getan. Schon 2008 hatte der damalige Sportausschuss des Stadtrates deshalb eine umfassende Modernisierung beschlossen, auch damals übrigens mit schwarz-grüner Mehrheit. Geschätzte Kosten: sechs Millionen Euro. Es blieb bei vagen Plänen.

„Königsweg" führt in die Sackgasse

2019 nahm die Politik einen neuen Anlauf und ersann einen vermeintlichen Königsweg: Neben dem ETB sollten auch die Sportfreunde 07 aus Rüttenscheid, deren Platz an der Veronikastraße Begehrlichkeiten der Wohnungswirtschaft geweckt hatte, am Uhlenkrug auflaufen. Der angedachte Ausbau der gefährdete jedoch deren Bestandsschutz und scheiterte letztlich an Lärmschutzvorgaben. Der vermeintliche Königsweg führte in eine Sackgasse. „Wir hätten den Laden gleich dicht machen können", sagt Florian Fuchs, sportpolitischer Sprecher der CDU-Fraktion.

Die Sportfreunde 07 bleiben an der Veronikastraße. Und: Ein Umbau am Uhlenkrug ist nur im Bestand möglich, also innerhalb der bestehenden Baugrenzen. Dem tragen die aktuellen Planungen der Sport- und Bäderbetriebe Rechnung.

Erneuert werden soll zunächst der Naturrasenplatz, denn das Spielfeld ist „nach einer jahrzehntelanger intensiven Nutzung in einem kritischen Zustand, der optimale Trainings- und Spielmöglichkeiten, insbesondere in den Herbst- und Wintermonaten, nicht mehr ermöglicht", wie es vonseiten der Sportverwaltung heißt. Die Folge: Die 1. Mannschaft trainiert derzeit drei Mal pro Woche auf drei verschiedenen Plätzen in der Stadt.

Die Aschelaufbahn soll durch einen Kunststoffbelag ersetzt, der Ascheplatz vor der Haupttribüne zu einem Kunstrasenplatz umgebaut werden. Das Spielfeld erfüllt zwar nicht das geforderte Standardmaß, Jugendmannschaften bis zur Altersklasse U16 sollen aber dort spielen. Aktuell trainiert die ETB-Jugend auf der Sportanlage am Krausen Bäumchen in Rellinghausen. „Der Umbau stärkt das Vereinsleben und schafft Identifikation", sagt ETB-Koordinator Günther Oberholz.

Marcus Schymiczek

Der Uhlenkrug wird umgebaut. Kostenpunkt: 6 Millionen Euro

Allianz
Jetzt investieren.
Für die Zukunft.
Nachhaltige Geldanlage
für ein lebenswertes Morgen.
Investieren birgt Risiken.

„Der Spaß muss stimmen“

Dirk Schonnebeck gehört zum Inventar der Spvg Schonnebeck. Er erklärt, warum

Im Rahmen der Weihnachtsfeier verkündete Frank Isert, Vorsitzender der Spvg Schonnebeck, die Vertragsverlängerung mit Dirk Tönnies über die laufende Spielzeit hinaus. Das Urgestein geht damit in sein 15. Trainerjahr. Wir fragten ihn zu seinen Beweggründen.

- **Geht Dirk Tönnies in Schonnebeck mal in Trainer-Rente?**

So weit ist es hoffentlich noch lange nicht, noch liegt mein ganzer Fokus auf Schonnebeck, Aber die Chancen stehen 50:50.

- **Aber an Angeboten hat es doch sicherlich nicht gemangelt in der Vergangenheit, oder?**

Ja, es gab schon Anfragen. Zuletzt war es mit der SSVg Velbert schon weit fortgeschritten, aber dann haben mich Christian Leben und die anderen noch überzeugt.

- **Was gibt denn immer den Ausschlag, dennoch zu bleiben?**

Das Gesamtpaket muss stimmen, und es muss irgendwo auch Spaß machen. In einem neuen Verein weißt du nie: Wie ist das Umfeld, wie ist die Zusammenarbeit mit dem neuen Sportlichen Leiter?

- **Und in Schonnebeck stimmt wohl das Gesamtpaket?**

Auf jeden Fall, ich bin mit den meisten, die heute im Vorstand sind, ja schon gemeinsam zur Schule gegangen, da ist ein großes Vertrauensverhältnis gewachsen.

- **Dass man dann sicherlich erst zu schätzen weiß, wenn es wie Anfang der Saison etwas ruckelt.**

Genau, erst in schlechten Zeiten merkt man, wie man zueinander steht. Und da haben sich alle im Verein vorbildlich verhalten.

- **Aber das Ziel wird kein Mittelfeldplatz sein, oder?**

Nein, das ist nicht unser Anspruch. Wir haben viele Erkenntnisse gewonnen. Jetzt wollen wir mit Neuverpflichtungen und unserer Rasselbande aus der U19 hier wieder was aufbauen, unserem finanziellen Rahmen entsprechend.

Interview: Ralf Wilhelm

SAISON 2023/24

Das Bad in der Menge ihrer Fans kosteten die Spieler der SpVg Schonnebeck noch lange nach Spielschluss aus. 6:2 hatte das Team von Trainer Dirk Tönnies die Gastgeber am Uhlenkrug abserviert und die Kräfteverhältnisse im Essener Amateurfußball deutlich zurechtgerückt. Damit war der Saisonstart der Schwalben „sehr gut“, wie der Coach bereits vor dem Derby gegen den ETB SW betont hatte. Lediglich die 0:1-Niederlage gegen Nettetal störte Tönnies in der Bilanz der ersten Partien der neuen Saison.

Dirk Tönnies, Trainer-Ikone in Schonnebeck

Die Unglaublichen von Adler Union

Der größte Tag der Klubgeschichte: 1000 Fans feiern den Oberliga-Aufstieg

Was für eine bockstarke Leistung: Adler Union Frintrop hat durch einen fulminanten 8:0-Erfolg über den VfB Frohnhausen am vorletzten Spieltag die Landesliga-Meisterschaft perfekt gemacht. Es war der größte Tag der Vereinsgeschichte: über 1000 Zuschauer und die anschließende Meisterfeier mit „Humba", Bengalos, Raketen und ganz viel Party-Stimmung.

Kaum jemand hätte den Frintropern den Durchmarsch von der Bezirksliga in die Oberliga zugetraut, aber die Statistiken sprechen für sich: Die meisten Siege (18), die stärkste Heimmannschaft der Liga (29 Punkte), die beste Auswärtsmannschaft (28 Punkte), die meisten Tore (89), Top-Torjäger Yannick Reiners (30 Tore) – in dieser Saison hat die Mannschaft von Erfolgstrainer Marcel Cornelissen so einige Superlative aufgestellt.

Der Aufstiegscoach konnte das Erreichte auch einen Tag nach dem Erfolg noch nicht so richtig greifen: „Auch mit ein paar Stunden Abstand ist das Ganze noch unglaublich. Wir dachten, dass man die letzte Saison nicht mehr toppen kann und dann kommt dieser Haufen und setzt noch einen drauf. Dass wir vor über 1000 Zuschauern in die Oberliga aufsteigen, war bis vor kurzem schlichtweg unvorstellbar, aber wenn man die ganze Saison Revue passieren lässt und sich die Zahlen anschaut, dann steigen wir auch verdient auf."

Bis tief in die Nacht feierten Spieler, Trainerteam und Vereinsverantwortliche anschließend zusammen im benachbarten „Turmstübchen". Auch der Trainer war bis zwei Uhr dabei. Natürlich musste so ein Meistertitel gebührend gefeiert werden. „Das war einfach ein toller Tag für den ganzen Verein und vor allem für diese fantastische Mannschaft", schwärmte Cornelissen.

Fabrice Nühlen

Dusche für Frintrops Erfolgstrainer Marcel Cornelissen

SAISON 2023/24

Ja, er war schwierig, der Start in die erste Oberliga-Saison. Aber die Adler machen die fünfte Liga ein Stück attraktiver. Zum Auswärtsspiel bei den Sportfreunden Baumberg (1:7) reiste Frintrop mit einem großen Fanbus an. Und generell ist der Zuschaueranspruch groß. Bis zu 900 Fans kamen in der Anfangsphase der Saison zum Wasserturm. „Plötzlich sieht man wieder Gesichter auf der Anlage, die jahrelang nicht mehr da waren. Die Mannschaft hat sich das verdient und diese Leute auch zurückgeholt", betont Frintrops Fußball-Boss Hansi Wüst. Die sahen die erwartet schwierigen Aufgaben: Aus den ersten vier Heimspielen gab es nur einen Sieg – im Eröffnungsspiel gegen den VfB Hilden (3:2).

Trainer Högner sieht noch Luft nach oben

Frauen-Bundesligist SGS Essen bleibt nach dem erreichten Klassenerhalt zusammen

Einziger Abgang einer Stammkraft: Vivien Endemann (rechts) von der SGS Essen wechselte zum VfL Wolfsburg.

Lange haben sich die Verantwortlichen der SGS Essen dagegen gewehrt, Glückwünsche zum Klassenerhalt in der Frauenfußball-Bundesliga entgegenzunehmen. Auch wenn die Gefahr, doch noch in den Abstiegskampf hineingezogen zu werden, praktisch nicht existierte, warteten sie an der Ardelhütte bis auch rechnerisch alles klar war.

Platz sieben kann sich in der Endabrechnung letztlich sehen lassen. Der Anschluss an das Mittelfeld der Tabelle ist hergestellt und inzwischen spielt die SGS bereits ihre 20. Saison in der Eliteliga. Erstmals gehen die Esserinnen dann als einziger reiner Frauenfußballverein ins Rennen (siehe Seite 34).

Wendepunkt Bayern München: Für Essens Trainer Markus Högner war die Partie am achten Spieltag beim FC Bayern mitentscheidend für die erfolgreiche Saison: „Bis dahin lief es etwas holprig. Vielleicht wollten wir zu viel. Aber dann haben wir angefangen, uns stärker auf die Defensive zu konzentrieren." Und beim späteren Meister hätten die Essenerinnen so fast einen Punkt ergattert.

Bis in die Nachspielzeit stand es nur 0:1 und die Gäste hatten ihre Chancen zum Ausgleich, ehe der FCB den Sack doch zumachte. „Ab diesem Spiel hatten wir eine bessere Stabilität. Das war der Schlüssel zum Erfolg", findet Högner. Die Statistik gibt ihm recht: In den ersten sieben Spielen kassierte die SGS 23 Gegentore, in den folgenden 15 Partien waren es lediglich noch 19.

Zwei Punkte fehlen für Rang sechs

Und so hätten es die Essenerinnen beinahe noch auf den sechsten Platz geschafft. Zwei Punkte fehlten, um auch noch den SC Freiburg zu überholen. Möglichkeiten dazu gab es im Saisonfinale gegen den MSV Duisburg (0:0) und den 1. FC Köln (1:1). So muss neben Turbine Potsdam auch der SV Meppen den bitteren Gang in die 2. Liga antreten. Und das hat durchaus einen Beigeschmack.

Denn die Ansetzung des vorletzten Spieltags des DFB war mehr als unglücklich. Nachdem der SC Freiburg am vorangegangenen Donnerstag noch das Pokal-Finale gegen Wolfsburg bestritten hatte, folgte am Sonntag die Liga-Partie gegen die abstiegsbedrohten Kölnerinnen, die ihre Fitnessvorteile in einen 3:1-Sieg umsetzten und auch deshalb letztlich den Klassenerhalt schafften. Trotz einer aus Essener Sicht sorgenfreien Saison sieht Trainer Högner bei seiner Mannschaft noch Luft nach oben. Insbesondere vom Umschaltspiel möchte er in der kommenden Saison teilweise abrücken. „Unsere Passquote muss besser werden, damit wir im Spiel mehr Phasen mit Dominanz am Ball haben. Dazu können wir in der letzten Zone effektiver werden."

Ein Hebel dabei sind die Standardsituationen. Denn da kann sich die SGS vorne wie hinten noch steigern. Gerade gegen die Top-Klubs waren die Essenerinnen anfällig.

Insgesamt aber blickt der Fußballlehrer optimistisch in die Zukunft. Der Grund dafür ist, dass auf die SGS kein erneuter personeller Umbruch zukommt. In Vivien Endemann verlässt nur eine Stammkraft den Verein in Richtung Wolfsburg. „Unsere Achse bleibt uns erhalten, die Mannschaft ist eingespielter und insgesamt ein Stück weiter", findet Coach Markus Högner, der damit insbesondere auf Sophia Winkler, Ella Touon, Beke Sterner, Katharina Piljic, Laureta Elmazi und Natasha Kowalski anspielt.
Alle sechs sind Jahrgang 2003 und nehmen in Essen bereits tragende Rollen ein. „Sie haben alle einen Riesenschritt gemacht, ein gutes Niveau und vor allem Konstanz gezeigt", lobt Högner. Dazu habe die SGS in Lilli Purtscheller eine Spielerin dazugewonnen, welche die abgewanderte Endemann „adäquat" ersetzen könne.

„So ist unser Kader vielleicht noch einen Tick besser und auf jeden Fall variabler", findet er. „Die Hauptaufgabe wird es jetzt, unsere Leistung zu bestätigen. Aber davon bin ich überzeugt." Auch wenn die Liga insgesamt noch einmal stärker wird: In RB Leipzig kommt ein Aufsteiger hoch, der mindestens im Mittelfeld mitmischen möchte.

Benedikt Burgmer

Überraschender Auftakt für die SGS

Die Bundesliga-Fußballerinnen schlagen den Favoriten Eintracht Frankfurt

Einen besseren Auftakt hätte sich wohl niemand bei der SGS vorstellen können. Die Saison 2023/24 begann mit einem echten Überraschungserfolg. Mit 2:0 schlug die Mannschaft von Markus Högner Eintracht Frankfurt im eigenen Stadion.

„Es war ein Genuss, dabei zuzuschauen", sagte SGS-Manager Florian Zeutschler, der nach dem Triumph über den Favoriten noch eine weitere frohe Kunde für seinen Klub parat hatte: Stürmerin Ramona Maier, gegen die Hessinnen Vorbereiterin zum 1:0, hatte ihren Vertrag vorzeitig bis 2026 verlängert. „Ich fühle mich bei der SGS einfach total wohl und gut aufgehoben. Es ist ein kleiner Verein, in dem jeder jeden kennt – das finde ich einfach cool", sagte Maier.

Ein kleiner Verein, ein familiärer noch dazu – und eben ein schlagkräftiger. Die Essenerinnen hatten zum Auftakt eine Mannschaft geschlagen, die sich in der Saison 23/24 gerne ganz oben in den Titelkampf zwischen Bayern München und dem VfL Wolfsburg einschalten würde. Zumal sie die Vorsaison mit lediglich zwei Niederlagen als Dritter abgeschlossen hatte und Champions League spielt.

Manager genervt von Berichterstattung

„Wir hatten einige Veränderungen und eine lange Vorbereitung. Aber dann hat die Mannschaft genau auf den Punkt das umgesetzt, was wir uns vorgenommen haben", schwärmt Zeutschler, der auch Genugtuung verspürte. Denn zuletzt war der Manager auch genervt von der Berichterstattung über die SGS. „Der Tenor ist doch immer, dass wir es ohne Lizenz-Verein schwer haben werden. Dabei geht es mir zu wenig um das Sportliche."

Grenzenloser Jubel: Annalena Rieke hat gerade für die SGS Essen das 1:0 gegen Eintracht Frankfurt erzielt.

Sportlich ging es allerdings mit einem kleinen Dämpfer weiter: Trotz früher Führung verlor die Högner-Elf das zweite Saisonspiel bei RB Leipzig. Die erste Niederlage der Saison hatte einen einfachen Grund: Zwar waren die Gäste in Sachsen nicht das schwächere Team, aber die RB-Frauen trafen mit jedem Schuss. Am Ende siegte der ambitionierte Aufsteiger mit 3:2.

Und auch am dritten Spieltag gelang es der SGS nicht, dem Überraschungs-Coup zum Auftakt einen weiteren folgen zu lassen. Geglänzt hat Meister Bayern München an der Hafenstraße nicht. Doch eine reife Leistung reichte beim 2:0-Sieg aus, um den Bundesliga-Fußballerinnen der SGS Essen schnell die Hoffnung zu nehmen. „Es war ein klar verdienter Erfolg, weil Bayern das Spiel komplett kontrolliert hat", resümierte SGS-Trainer Markus Högner.

Dafür wurden die SGS-Fußballerinnen ihrer Favoritenrolle im Auswärtsspiel beim MSV Duisburg gerecht. Mit 1:0 siegte die Högner-Elf bei den Zebras, die zum Zeitpunkt des Aufeinandertreffens gerade mal einen Zähler eingefahren hatten. Trainer Högner nach der zähen Partie: „Am Ende zählte für uns in diesem Spiel nur der Sieg."

Dominik Hamers/Benedikt Burgmer

Eine starke Position bei Fußball-Romantikern

Seit über 20 Jahren Bundesligist: Aber die SGS muss neue Herausforderungen stemmen

Etwas mehr als 20 Jahre ist es her, dass die SGS Essen die Frauenfußball-Welt im Stadtteil Schönebeck völlig auf den Kopf stellte. Erst am letzten Spieltag fing die Mannschaft Spitzenreiter Wattenscheid 09 mit einem Sieg im direkten Duell noch ab und qualifizierte sich für die Aufstiegsrunde zur Bundesliga. Und dort ging der Höhenflug weiter: Die SGS setzte sich erst gegen Niederkirchen, dann gegen TB Berlin durch und war unverhofft in der Beletage des deutschen Frauenfußballs angekommen.

„Am Tag danach haben wir uns zusammengesetzt. Die Frage war: Was machen wir jetzt?", erinnert sich Aufstiegstrainer Ralf Agolli an den „Betriebsunfall". „Wir hatten nichts. Keine Mannschaft, keinen Platz, kein Equipment – einfach nichts. Aber wir haben uns in das Abenteuer 1. Liga gestürzt." Es war der Beginn einer unglaublichen Erfolgsgeschichte: Im September 2023 startete der Essener Bundesligist in seine 20. Saison in der Eliteliga.

Längst geht es bei den Essenerinnen nicht mehr ausschließlich um sportliche Belange. Immer wieder geht es auch um die Frage der Daseinsberechtigung der SGS in der Eliteliga als reiner Frauenfußball-Verein, während anderen Klubs durch starke Männer-Lizenzvereine der Rücken (finanziell) gestärkt wird. SGS-Manager Florian Zeutschler reagiert energisch: „Und deshalb sollen wir keine Zukunft haben? Sportlich haben wir die!"

EM in England hat mehr Aufmerksamkeit gebracht

Ein Selbstläufer ist der Frauenfußball in Essen noch lange nicht. Aber natürlich war auch die zurückliegende EM in England förderlich, weil sie dem Frauenfußball eine deutlich höhere mediale Aufmerksamkeit beschert hat. „Keine Frage, das bringt uns mehr Sichtbarkeit", sagt Zeutschler.

Allerdings hat der Manager mit der Berichterstattung durchaus auch so seine Probleme. „Weil sie schlicht nicht immer objektiv ist und auf uns bezogen mitunter sehr negativ ausfällt."

Was Zeutschler vor allem ärgert: „Uns helfen solche Berichte nicht bei der Außendarstellung. Wir werden nicht verschwinden. Wir gehen unseren Weg seit 20 Jahren und werden das auch weiter tun." In Zukunft möglicherweise sogar mit einem weiteren Alleinstellungsmerkmal: Sollte Turbine Potsdam in dieser Saison erwartungsgemäß absteigen, wären die Essenerinnen der letzte verbliebene reine Frauenfußball-Verein. Und darin sieht die SGS durchaus Potential.

„Wir bieten alles, was der Fußballromantiker sucht und sich deshalb vom kommerzialisierten Männerfußball abwendet. Ehrlichen Fußball und ehrliche Arbeit. Und wir entwickeln uns. Vielleicht nicht so schnell wie andere, aber dafür nachhaltig. Und deshalb wird auch gerne in uns investiert."

Deutlich wird dabei: Die SGS kämpft auf allen Ebenen um ihren Platz in der Eliteliga. Denn eines ist Zeutschler klar: „Wenn der Frauenfußball einmal weg ist aus der Stadt, kommt er auch nicht wieder."

Benedikt Burgmer

Sie trotzen vielen Widrigkeiten: die Fußballerinnen der SGS

Beim nächsten Mal ohne Übersetzer

SGS-Coach Markus Högner gab zum zweiten Mal in Togos Hauptstadt Lomé eine Trainer-Fortbildung

Seinen Horizont zu erweitern und aus der eigenen Komfortzone auszubrechen, hat Markus Högner schon immer fasziniert. Als ihm als Spieler der große Durchbruch in Deutschland nicht gelang, wechselte er im besten Fußballeralter nach Costa Rica und wurde mit LD Alajuelense zwei Mal Vize-Meister. Seine Trainerkarriere begann er bei der deutschen Beachsoccer-Nationalmannschaft, ehe er bis zur Herrschaft von Felix Magath die Zweitvertretung von Schalke 04 in der Regionalliga coachte.

Keiner seiner Trainerkollegen in der Frauen-Bundesliga kann annähernd so viel Erfahrung nachweisen wie er. Der Reiz nach einer Erweiterung des eigenen Horizonts ist aber nicht weniger geworden. Und so war Högner sofort Feuer und Flamme, als ein befreundeter Mitarbeiter eines großen Sportartikelherstellers nach dem Afrika Cup vor einigen Jahren die Idee eines sozialen Projekts in Togo hatte.

Zum nun schon zweiten Mal reiste Högner nach der Saison mit der SGS in die Hauptstadt Lomé, um in der Swallows Akademie eine Trainer-Fortbildung zu geben. „Es ist vergleichbar mit einem Internat. Die Kinder und Jugendlichen essen und schlafen dort, besuchen die Schule und spielen Basketball, Tennis oder eben Fußball", erklärt er.

Das Interesse war überwältigend: Rund 200 Anmeldungen von interessierten Trainern aus Togo, aber auch aus den Nachbarländern Gabun oder Burkina Faso gab es. 50 konnten letztlich teilnehmen und von Högners Erfahrungsschatz profitieren. Einer war die togoische Torwartlegende Kossi Agassa.

Auch wenn es sich selbst Nationalheld Emmanuel Adebayor als ehemaliger Stürmer vom FC Arsenal und Real Madrid nicht nehmen ließ, bei der Fortbildung vorbeizuschauen. „Teilweise sind es Straßenkinder, die in diese Akademie kommen. Der Leiter dort hat nochmal zehn bis 15 Kinder bei sich zu Hause aufgenommen, das ist einfach Wahnsinn", erklärt Högner die soziale Funktion der Akademie.

Die Bedingungen seien mit denen in Deutschland natürlich nicht vergleichbar. „Für unsere Praxiseinheiten hatten wir einige Kinder als Demonstrationsgruppe ausgewählt. Für das Training haben sie Fußballschuhe bekommen. Die haben sie danach ausgezogen und barfuß noch stundenlang Flugbälle über 30, 40 Meter gespielt. Bei uns wird so lange nur an der Playstation trainiert." Seine Reise stuft Högner als vollen Erfolg ein, deshalb ist dieses Abenteuer für ihn auch noch längst nicht abgeschlossen: „Ich möchte mein Französisch so aufbessern, dass ich im kommenden Jahr keinen Übersetzer mehr brauche."

Benedikt Burgmer

Trainer Markus Högner in Togo mit Emmanuel Adebayor und mit Kossi Agassa

Trotz WM-Aus: SGS glaubt an Hype

Die DFB-Elf hat in England enttäuscht – dem Frauenfußball schadet das aber nicht

Trotz des verlorenen Finals der deutschen Elf im Vorjahr war die EM in England für den nationalen Frauenfußball ein absoluter Gewinn. In Sachen öffentlicher Wahrnehmung, medialer Berichterstattung und Vermarktung folgte ein gewaltiger Schub, von dem auch Bundesliga-Klubs wie die SGS Essen profitierten.

So öffneten sich bisher verschlossene Türen, neue Partnerschaften ergaben sich, die wie von selbst plötzlich auf eine langfristige Zusammenarbeit ausgelegt waren. Die WM in Australien und Neuseeland war nun als weiterer Katalysator bei dieser Entwicklung geplant. Doch nach dem blamablen Vorrunden-Aus der DFB-Auswahl ist die Kraft des nächsten Schubs ungewiss.

„Auch für mich war das frühe Ausscheiden enttäuschend“, erklärt SGS-Manager Florian Zeutschler. „Tatsächlich habe ich es erst nach dem Gegentor zum 0:1 gegen Südkorea für möglich gehalten. Bis dahin war ich optimistisch.“ Zwar gelang Alexandra Popp im letzten Gruppenspiel bekanntlich noch der Ausgleich, doch das Remis reichte nicht zum Weiterkommen, was sie auch in Essen bedauern. „Ein erfolgreiches Turnier hätte dem Frauenfußball sehr gutgetan. Wir hatten ja schon in der Vorrunde hohe Einschaltquoten und eine gute Berichterstattung.“

SGS hat den schweren Kampf angenommmen

Über acht Millionen Menschen saßen beim Spiel gegen Südkorea vor dem Fernseher, obwohl die Partie nach deutscher Zeit an einem Donnerstagvormittag stattfand. „Ein erfolgreiches Turnier hätte einen weiteren Boom erzeugen können“, hadert Essens Manager. Und das wäre nicht ganz unerheblich für seine SGS gewesen, die in der Spielzeit 2023/24 der einzig verbliebene reine Frauenfußball-Klub ohne finanzstarken Lizenzverein im Rücken in der Eliteliga ist.

Den schweren Kampf um die sportliche Existenz hat die SGS angenommen. Mögliche strukturelle Veränderungen seitens des DFB dürften aber kaum zum Vorteil der Essenerinnen gereichen. Für Zeutschler sind Rufe in diese Richtung ohnehin Fehl am Platz: „Wir sind ja gegen Verbände ausgeschieden, die nicht ansatzweise mit unseren Strukturen mithalten können. Es müsste vielmehr um sportliche Erkenntnisse, wie und warum wir ausgeschieden sind, gehen. Da steht mir als Außenstehendem kein Urteil zu. Es steht aber fest, dass wir mit einer Top-Mannschaft bei der WM vertreten waren.“

Eine Krise nach dem Boom erwartet Zeutschler für den deutschen Frauenfußball ohnehin nicht. „Wir werden nicht ins Hintertreffen geraten, denn die mediale Aufmerksamkeit ist nach wie vor groß. Interesse und Fokus werden sich also nicht ändern“, glaubt der Manager. Dafür spricht, dass mit Google Pixel ein internationaler Konzern ab sofort Titelsponsor der Eliteliga ist und ein neuer, lukrativer TV-Vertrag abgeschlossen wurde. „Anfragen von verschiedenen Medien sind nach dem deutschen Aus nicht weniger geworden, das Interesse ist weiterhin sehr hoch“, bekräftigt er.

Florian Zeutschler, Manager der SGS

Benedikt Burgmer

Das Ende eines Sportgeschäfts

Vom Aus von „Sport Töni" sind viele Fußballvereine im Essener Süden betroffen

Nach rund 15 Jahren hat sich das Geschäft „Sport Töni" auf der Rellinghauser Straße. Von dem Aus sind nicht nur Kundinnen und Kunden im Stadtteil betroffen, sondern viele Sportvereine im gesamten Essener Süden.

„Sport Töni" war ein Fachgeschäft, wie es sie im gesamten Stadtgebiet nur noch selten gab: Schlichte Neonröhren an der Decke, einfache Ladeneinrichtung, aber ein beispielloses Sortiment. Spezialisiert hatte sich „Töni" vor allem auf das, was Fußballvereine benötigen. Schuhe, Trainingsjacken, Sporttaschen in unterschiedlichen Größen. Schienbeinschoner, Fußbälle natürlich sowieso, Trikots in unendlicher Vielfalt.

„Viele Clubs sind bei uns Stammkunden und haben entsprechend Prozente erhalten bei ihren Mannschaftsbestellungen", berichtet Inhaberin Sylvia Tönneßen. Und obwohl viele Clubs aus dem gesamten Essener Süden bei „Töni" ihre Teams ausstatteten, betont die Geschäftsfrau: „Genauso wichtig sind und waren mir die Kundinnen und Kunden aus dem Stadtteil." Entsprechend groß ist und war auch das Sortiment für den Schulsport – die Hallenschuhe, der Turnbeutel, der Badeanzug.

„Eine Herzensangelegenheit"

„Die Jungs aus der Nachbarschaft, die hier ihre Bälle kauften, habe ich genauso ernst genommen wie die Erwachsenen, die nach Joggingschuhen geschaut haben", sagt Sylvia Tönneßen. Überhaupt, Schuhe hätten den Großteil des Verkaufs ausgemacht, aber am Ende geht es nur in zweiter Linie ums Produkt: „Was man hier macht, ist viel mehr als Verkauf. Es ist eine Herzensangelegenheit, und man ist erst zufrieden, wenn der Kunde zufrieden ist", sagt Sylvia Tönneßen.

Unterstützt von ihrem Ehemann, der heute im Jugendnachwuchs-Leistungszentrum von Rot-Weiss Essen aktiv ist, gründete sie das Geschäft – ihre drei gemeinsamen Söhne spielten auch Fußball, als gelernte Einzelhandelskauffrau wollte sie gern wieder aktiv werden. Ihre Ausbildung und viele Berufsjahre hatte Sylvia Tönneßen bei „Loosen" auf der Kettwiger Straße absolviert. „Ich habe das von der Pike auf gelernt, das macht noch heute im Alltag den Unterschied."

Es waren schon damals keine einfachen Zeiten mehr für den stationären Fachhandel: das Internetgeschäft blühte schon, es gibt und gab alteingesessene Sportgeschäfte auch in den Stadtteilen. „Ohne Handelsverbünde ist es schwer", räumt die Händlerin ein. Doch sie ging ihren Weg – dazu zählt auch, dass manche Idee wieder verworfen wurde. „Handball hab' ich mal versucht, weil es vereinzelte Nachfragen gab, auch Tennis – aber das hat sich nicht durchgesetzt." Genau so stoppte sie irgendwann die Versuche, in den Onlineversand einzusteigen: „Das lag mir nicht. Ich will dem Kunden in die Augen schauen können."

Jetzt macht „Sport Töni" zum Jahresende Schluss, und selbst der Name des Geschäfts ist einst auf dem Fußballplatz entstanden: „So wurde mein Mann von seinen Vereinskameraden immer genannt."

Martin Spletter

Sylvia Tönneßen musste nach 15 Jahren „Sport Töni" auf der Rellinghauser Straße schließen.

Entsetzt, aber nicht entmutigt

Schiedsrichter Helmut Dohse wurde verprügelt, gibt sein Hobby aber nicht auf

Der Essener Schiedsrichter Helmut Dohse sagt, die Geschichte von damals ist für ihn wie ein Buch, das er aufschlägt. In dem Buch steht, dass er am 15. November 2014 bei einem Fußballspiel der Freizeit-Liga Essen hinterrücks niedergeschlagen wurde. Sein Kopf knallte ungeschützt auf den Ascheplatz. Er lag bewusstlos im eigenen Blut, musste operiert werden. „Dann klappe ich das Buch wieder zu und fertig", sagt der Essener.

Er hat abgeschlossen mit der Geschichte von damals, steht dreimal in der Woche auf dem Platz der DJK Juspo Altenessen und organisiert jetzt die DJK-Bundeshallen-Meisterschaften der C-Junioren, bei der 16 Mannschaften aus ganz Deutschland nach Altenessen kommen.

„Ich lasse mir das, was ich am liebsten mache, nicht von einem Einzelnen kaputt machen", erklärt Dohse ruhig und sachlich. Für diese Charakterzüge schätzt man ihn auch auf dem Platz. Dort gehe es oft nicht sehr gesittet zu. „Die Gewalt auf den Fußballplätzen nimmt zu." In jenem Spiel kam es zur Eskalation. Die Partie war eigentlich entschieden, ein Spieler motzte, sah in der 88. Minute Gelb-Rot und wurde zum Täter. „Ich habe gedacht, der will mich umbringen", sagt Dohse, dessen Zähne alle einzeln verdrahtet werden mussten. „Das tat höllisch weh und ich konnte weder richtig essen noch sprechen." Eine Weile habe er gedacht, der Täter werde bei ihm vor der Haustür stehen. Dann habe er aber schnell mit dem Vorfall abgeschlossen, seinen Blick nach vorne gerichtet und sei wenige Monate später wieder arbeiten und pfeifen gegangen.

Später traf er den Täter vor Gericht. „Seine Entschuldigung habe ich nicht angenommen, ich finde das, was er getan hat, unverzeihlich." Der Täter wurde lebenslang gesperrt, zu einem Jahr auf Bewährung verurteilt und bekam eine Geldstrafe. „Mir geht es nicht ums Geld, sondern um die Sache", erklärt Dohse und ergänzt: „Ich finde es gut, für Gerechtigkeit zu stehen, deswegen bin ich auch gerne Schiedsrichter."

Mittlerweile hat er rund 3000 Spiele gepfiffen und denkt nicht daran, aufzuhören: „Die Kondition nimmt nicht ab, die Intelligenz nimmt zu", erklärt er und lächelt ganz dezent. Die Arbeit auf dem Platz forme die eigene Persönlichkeit, man lerne standfest zu sein, sich eine Meinung zu bilden und dazu zu stehen. Einen Videobeweis gibt es schließlich weder in der Freizeit- noch in der Kreisliga. „Manchmal mache ich auf dem Platz das Zeichen für den Videobeweis und sage zu den Spielern, dass ich mir die Szene auch gerne nochmal anschauen würde, dann habe ich die Lacher auf meiner Seite und es geht weiter", sagt Dohse.

Iris Müller

Der Fußball-Schiedsrichter Helmut Dohse wurde vor acht Jahren attackiert.

Fußballer retten Gegenspieler das Leben

Notfall in der Kreisliga B: Maurice K. prallt auf den Boden und verschluckt seine Zunge

Mitte Oktober feierte Maurice K. Geburtstag, gut zwei Wochen später wurde ihm sein Leben zum zweiten Mal geschenkt. Diesmal nicht von seiner Mutter, sondern von geistesgegenwärtigen Ersthelfern auf einem Essener Fußballplatz. Zwei Gegenspieler und ein Teamkollege bewahrten ihn vor dem möglichen Tod, die Lebensretter heißen Hakim Mesbahi, Muhammed Ekin und Almir Barucic.

Hakim Mesbahi (ganz links) war einer der Lebensretter bei dem dramatischen Vorfall.

Was war am 30. Oktober geschehen? In der Kreisliga B ist das Spiel zwischen der dritten Mannschaft des Vogelheimer SV und der „Zwoten" des ESC Preußen 02 schon rein sportlich aufregend genug. Doch dann wird der Kampf um Sieg oder Niederlage zur Nebensache. Es kommt zum Kampf um ein Menschenleben.

Der ESC Preußen drängt noch einmal auf den Ausgleich, bekommt eine Ecke. Schiedsrichter Patrick Wede schaut schon auf die Uhr, zeigt die Nachspielzeit an. Die Ecke fliegt in den Strafraum, Maurice K. und ein Gegenspieler gehen zum Kopfball hoch, dabei krachen sie mit den Köpfen zusammen. Während der Preußen-Kicker sich kurz schüttelt und nur eine Beule davonträgt, hat es den Vogelheimer schwer erwischt. Er ist benommen und knallt ungebremst auf den Kunstrasenplatz. Dann nimmt das Drama seinen Lauf.

„Ich war ganz in der Nähe und habe sofort gesehen, dass mit ihm etwas nicht stimmt", berichtet Preußen-Spieler Hakim Mesbahi. Sein Teamkollege Muhammed Ekin und er rennen sofort los, um nach Maurice K. zu schauen. „Er wollte sich noch aufrappeln, aber dann hat er die Augen verdreht, ist blau angelaufen und hat keine Luft gekriegt. Er hatte seine Zunge verschluckt", schildert Hakim Mesbahi die schlimme Szene.

Erste-Hilfe-Schulung war noch präsent

Dass die beiden Fußballer genau wissen, was sie in einer Notlage zu tun haben, ist für Maurice K. ein Riesenglück. Hakim Mesbahi, inzwischen Produktionshersteller von Lackfarben, hat vor nicht allzu langer Zeit noch für einen Wach- und Sicherheitsdienst gearbeitet. Dafür musste er die sogenannte 34a-Sachkundeprüfung bestehen, in der unter anderem Rettungstechniken gelernt werden. Da er außerdem erst vor drei Jahren seinen Führerschein gemacht hat, ist ihm die Schulung aus dem Erste-Hilfe-Kurs ebenfalls noch präsent.

Wichtig ist, schnell zu handeln und nicht in Panik zu geraten. „Die Aktion hat vier, fünf Minuten gedauert, dann kam der Rettungswagen. Das kam mir wie eine Ewigkeit vor, und ich habe die ganze Zeit gebetet: ‚Junge, halte durch! Das war eine der schlimmsten Situationen, die ich erlebt habe", gibt Hakim Mesbahi zu.

Seinen Rettern ist die Aufmerksamkeit allerdings fast ein wenig unangenehm. „Für Muhammed und mich war es selbstverständlich, zu helfen, deshalb möchte ich das nicht zu hoch hängen", winkt Hakim Mesbahi ab. Dass sie mit ihrem Einsatz am 30. Oktober 2022 auf einem Fußballplatz Kandidaten für eine verdiente Auszeichnung sind, ist ihnen nicht so wichtig. „Hauptsache, es ist gut ausgegangen", meint Hakim Mesbahi und betont. „Ich würde es beim nächsten Mal genauso wieder tun."

Heiko Buschmann

Schonnebeck setzt sich die Krone auf

Die Schwalben gewinnen die Hallenstadtmeisterschaft, machen es aber spannend

Jubel mit Pokal: Sieger Schonnebeck feiert den Titel bei der Hallenstadtmeisterschaft

Die Spielvereinigung Schonnebeck jubelt: Der Fußball-Oberligist wurde seiner Favoritenrolle gerecht und ist Essener Hallenstadtmeister 2023. In einem dramatischen Finale besiegte der Oberligist den starken Bezirksligisten DJK Sportfreunde Katernberg mit 4:3 nach Neunmeterschießen und kürte sich ohne eine einzige Niederlage zum verdienten Turniersieger. Für Schonnebecks Trainer Dirk Tönnies ist es nach 2010 und 2014 bereits der dritter Triumph mit den „Schwalben". Schonnebeck sicherte sich damit die Siegprämie von 3000 Euro.

„Das ist natürlich ein toller Erfolg für den ganzen Verein. Die Unterstützung in der Halle war toll. Dafür möchte ich mich bei allen Beteiligten bedanken", strahlte Tönnies. „Wenn man die ganzen drei Wochen gesehen hat, denke ich, dass wir der verdiente Sieger sind. Katernberg hat uns im Finale allerdings alles abverlangt. Ich freue mich, dass wir uns durchgesetzt haben. Dieser Erfolg gibt uns definitiv viel Selbstvertrauen."

Der Außenseiter aus Katernberg war natürlich enttäuscht, zumal er einen Matchball vergeben hatte. Schonnebeck-Torwart Lukas Lingk hielt den entscheidenden Neunmeter von Christoph Jügel. Als Spvg.-Kapitän Matthias Bloch dann traf und Katernbergs Dominik Hendricks ebenfalls an Lingk scheiterte, war die Entscheidung gefallen.

Ähnlich spannend war es während der regulären 20 Minuten Spielzeit. Beide Teams verteidigten konsequent Mann gegen Mann über den ganzen Platz, so dass es wenig klare Torchancen auf beiden Seiten gab. Es dauerte 13 Minuten, ehe Max Fleer die Spielvereinigung mit 1:0 in Führung brachte. Doch Katernberg ließ sich nicht beirren und blieben bei seinem Plan. Der Lohn: Nach einem präzisen Pass von Torwart Jan Unger köpfte Julian Fischer den Ausgleich 15 Sekunden vor der Schlusssirene.

Für die Sportfreunde gab es immerhin 2000 Euro als Trostpreis für eine tolle Leistung über die gesamten drei Turnierwochen. DJK-Trainer Sascha Fischer war stolz auf seine Mannschaft: „Ich hätte nie damit gerechnet, dass wir trotz unserer Ausfälle bis ins Finale kommen. Wir haben gegen den absoluten Top-Favoriten aus Schonnebeck eine tadellose Leistung gezeigt. Deswegen Riesen-Kompliment an die Jungs. Aber klar ist, dass man so ein Endspiel nicht bitterer verlieren kann."

Burgaltendorf sichert sich Platz 3

Im Spiel um Platz drei sicherte sich der SV Burgaltendorf die Bronzemedaille gegen den Oberligisten FC Kray. Der Bezirksligist kassierte im ganzen Turnierverlauf nur eine einzige Niederlage – am Finaltag gegen Sieger Schonnebeck (2:4). Platz fünf ging an die Sportfreunde Niederwenigern durch einen 5:0-Sieg im Platzierungsspiel gegen die SpVgg. Steele. Im Duell um Platz sieben wurde Blau-Gelb Überruhr der Favoritenrolle gerecht und gewann souverän mit 4:1 gegen den Kreisligisten Barisspor 84.

Insgesamt war es ein gelungener Finaltag „Am Hallo" in Stoppenberg. Die Halle war mit weit über 1000 Zuschauern sehr gut gefüllt, die Stimmung passte und alle Partien verliefen fair. Als Belohnung sahen die Zuschauer ein ausgeglichenes, spannendes Finale – mit dem besseren Ende für die Spielvereinigung Schonnebeck.

Fabrice Nühlen

„Hallenfußball ist eine andere Welt"

Veranstalter Günther Oberholz zieht nach der Stadtmeisterschaft ein Fazit

Das erste Mal in der Geschichte der Essener Hallenstadtmeisterschaft wird die 27. Auflage des Turniers nur in der Halle „Am Hallo" in Stoppenberg ausgespielt. ausgespielt. Mehr als 10.000 Zuschauerinnen und Zuschauer haben das stadtinterne Turnier verfolgt, bei dem es eine fausticke Überraschung gab: Oberligist ETB SW Essen flog schon früh raus. Mit-Veranstalter Günther Oberholz, der das Turnier gemeinsam mit Michael Bierbüsse, Wilfried Tönneßen und Bernd Müller organisiert, zieht ein positives Fazit.

- **Günther Oberholz, was sagen Sie denn zum ETB-Aus? Das muss doch an Ihnen genagt haben, oder?**

Ich sage es mal so: Ich war nicht begeistert von dem Auftritt. Aber der Hallenfußball ist eine andere Welt. Da muss man teilweise für geboren sein. Das ist ein Lerneffekt für unsere junge Mannschaft.

- **Andere Mannschaften haben derweil bisher für Furore gesorgt. Welche Teams haben Ihnen besonders gut gefallen?**

Die Borbecker haben eine hohe Niederlage in der Zwischenrunde kassiert und sind dann trotzdem weitergekommen. Ich freue mich, dass der SV Borbeck als B-Ligist noch dabei ist. Das gilt auch für Vereine wie Niederbonsfeld, Tgd. Essen-West oder auch Barisspor. So ein Turnier lebt auch von den Außenseitern.

- **Bei der Dortmunder Hallenstadtmeisterschaft waren am finalen Tag rund 5000 Zuschauer in der Halle. Der Veranstalter meldete „ausverkauft". Warum schafft es der Essener Budenzauber nicht, dass die Arena aus allen Nähten platzt?**

In Dortmund ist das eine große Traditionsveranstaltung. Im Hintergrund arbeiten viele Leute am Turnier und sorgen für viel Werbung. Das Turnier wird sehr gut vermarktet. Die Vereine mobilisieren da auch sehr viele Leute und bringen viele Fans mit. Das haben zum Beispiel bei uns auch Steele und Frintrop geschafft. Aber da ist noch Luft nach oben. Unsere Vereine müssen so wie in Dortmund mobilisieren. Wenn jeder Verein alles an Zuschauern herausholen würde, dann würden auch wir noch ganz andere Zuschauerzahlen bei der Essener Hallenstadtmeisterschaft schreiben. Aber wir wollen nicht meckern. Wir sind mit den Zahlen durchaus zufrieden.

Krystian Wozniaz

Günther Oberholz

Einigung im Kampf um Kunstrasenplatz

In Rüttenscheid wollen zwei Vereine eine Anlage gemeinsam nutzen

Der Ascheplatz in Rüttenscheid. Die Heimat der Sportfreunde 07

Schon lange kämpfen die Sportfreunde 07 für Kunstrasen auf ihrem Platz. Nun ist der Rüttenscheider Sportverein seinem Ziel ein Stück näher. Die Sportfreunde haben sich mit dem Rüttenscheider Sportclub (RSC) – im Walpurgistal beheimatet – auf Kriterien für die gemeinsame Nutzung ihrer Anlage an der Veronikastraße geeinigt.

In Essen ist die sogenannte 2:1-Lösung gängige Praxis. Das heißt: Zwei Vereine nutzen gemeinsam eine Sportanlage, die für diesen Zweck modernisiert wird. Beide Klubs haben für eine harmonische Zusammenarbeit eine Anforderungsliste zusammengestellt.

Kai-Hendrik Haß von den Sportfreunden 07 wertet die Einigung auf Kriterien als einen „wichtigen Schritt". Man sei „sehr hinterher", dass der Kunstrasenplatz endlich komme. Denn: „Wir sehen, dass andere Vereine stark nachgefragt werden, weil sie Kunstrasen haben." Wenn es soweit sei, sei der Verein offen für eine Nutzung aus dem Stadtteil. Haß: „Bis 14 oder 15 Uhr könnten zum Beispiel Schulen oder Kindergärten dort spielen."

RSC zögert zunächst

Der RSC hatte zunächst gezögert, die eigene Anlage im Walpurgistal aufzugeben. Laut Maik Henkies, Leiter der Fußballabteilung, hatte die Stadt aber signalisiert, dass es dort keine Chance auf einen Kunstrasenplatz gebe. Das habe den Ausschlag gegeben. Mit den gemeinsam erstellten Kriterien könne man aus seiner Sicht vor Ort arbeiten. „Noch besser wäre allerdings ein zweiter Platz", sagt Henkies. Denn er rechnet mit einem großen Andrang, wenn die Pläne umgesetzt werden.

Eng begleitet wurden die Gespräche der beiden Vereine vom Essener Sportbund (Espo). Dass sie sich vorstellen können, die Anlage an der Veronikastraße gemeinsam zu nutzen, bewertet Espo-Geschäftsführer Thorsten Flügel als „gute Lösung". Den Anforderungskatalog müsse nun die Sportverwaltung bewerten und ob genug Geld zur Verfügung stehe, müsse die Politik entscheiden. „Es geht ja nicht nur um den Rasen", so Flügel. „Insbesondere der RSC möchte natürlich bestimmte Dinge haben, wenn er seine Anlage verlässt."

Florian Fuchs, sportpolitischer Sprecher der CDU-Fraktion, ist zuversichtlich, dass die beiden Vereine ihren Kunstrasenplatz in naher Zukunft bekommen werden. „Wir sind in der gesamten Stadt schon weit gekommen, was den Kunstrasen angeht. Viele Plätze fehlen nicht mehr", erklärt er. Ob der Rat die entsprechenden Mittel schon für 2024 bereitstellen werde, lasse sich aber noch nicht sagen.

Das hänge auch davon ab, wie viel Geld für andere Sportstätten gebraucht werde, so Fuchs. Zu bedenken sei außerdem, dass auch bestehende Kunstrasenplätze dann und wann saniert werden müssen: „Wenn ein Platz kaputt ist, kann man nicht einfach ein Jahr warten." Inwiefern der Anforderungskatalog der beiden Vereine realisierbar sei, müsse man sich ebenfalls erst einmal genau anschauen. „Teilweise notwendig, teilweise 'nice to have'", so umschreibt Ulrich Pabst, sportpolitischer Sprecher der Grünen-Fraktion, den Katalog. Klar sei in jedem Fall: „Wenn der RSC das Walpurgistal verlässt, braucht er Räumlichkeiten."

Katrin Böcker

„Zustände sind unhaltbar"

Der ESC Rellinghausen wartet auf die dringend notwendige Kabinensanierung

Seit Jahren sind die Umkleidekabinen und Sanitäranlagen der Bezirkssportanlage „Am Krausen Bäumchen" in Essen-Bergerhausen marode. Sportler und Vereinsverantwortliche sind wütend und enttäuscht, dass die von der Stadt zugesagte Sanierung der Anlagen bis heute nicht erfolgt ist.

„Die Zustände sind unhaltbar", findet Velican Özgür, erster Vorsitzender der Fußball-Abteilung des ESC Rellinghausen 06. Der Verein nutzt die Anlage an der Rellinghauser Straße gemeinsam mit der Fußball-Abteilung des ETB Schwarz-Weiß Essen. Im Umkleidetrakt gebe es eine Vielzahl an Mängeln: Fliesen fehlten, Duschen seien defekt, verkalkt oder funktionierten gar nicht, teils habe sich durch die Feuchtigkeit schon Schimmel an Wänden und Decken gebildet. Die Bänke in den Umkleidekabinen seien teils durchgebrochen, schildert Özgür die Zustände.

Vor Jahren habe die Stadtverwaltung einen kompletten Neubau der Umkleidekabinen zugesagt. Die Haushaltsmittel dafür seien in 2018/2019 freigegeben worden und der Baubeginn sollte nach der ordnungsgemäßen Ausschreibung zeitnah starten. „Passiert ist leider nichts. Auf mehrere Schreiben aus unseren Reihen wurde anfänglich sehr schleppend, bisweilen gar nicht reagiert", kritisiert Özgür. Mehrere größere Infrastrukturprojekte für andere Vereine seien deutlich später genehmigt und wesentlich früher begonnen worden, wundert er sich über die Zeitverschiebung.

Derzeit existierten „Am Krausen Bäumchen" zwei Kunstrasenplätze, ein Ascheplatz und ein Aschen-Jugendplatz. Ein Kunstrasenplatz ist umgeben von einer Aschelaufbahn. „Man könnte die zwei Ascheplätze und die Laufbahn ebenfalls mit Kunstrasen ausstatten und die verbleibende Fläche in zusätzliche Parkfläche umwandeln. Das wäre die ideale, große Lösung im Sinne der Stadtteilentwicklung", findet Velican Özgür. Der erste Schritt sei jedoch der baldige Neubau der Kabinenanlage.

Doch der wird wohl weiter auf sich warten lassen: Laut Stadt hat die mit der Sanierung der Anlagen beauftragte Firma im Jahr 2021 nach der Auftragsvergabe durch die Sport- und Bäderbetriebe einen Insolvenzantrag gestellt. Eine entsprechende Aufhebungsvereinbarung, nach der eine Erfüllung der beauftragten Leistung nicht erfolgen werde, sei zwischen den Sport- und Bäderbetrieben und dem Insolvenzverwalter ausgearbeitet worden und stehe kurz vor dem Abschluss.

In der Zwischenzeit sei eine neue Ausschreibung vorbereitet worden, die laut Presseamt spätestens Ende April veröffentlicht werden soll. Aus vergaberechtlichen Gründen könne die erneute Ausschreibung erst nach Abschluss des Insolvenzverfahrens erfolgen. Für die Sportler, die die Bezirkssportanlage nutzen, bedeutet das: Sie müssen sich weiter gedulden. Nach aktuellem Stand rechnet die Stadt mit einer Fertigstellung der Umkleidegebäude auf der Sportanlage „Am Krausen Bäumchen", ebenso wie an der Hubertusburg in Huttrop, im dritten Quartal 2024.

Elli Schulz

Schimmel an der Decke, lose Fliesen: nur ein Eindruck vom Zustand der Kabinen auf der Bezirkssportanlage

Gewalt im Fußball: Stadt verschärft Sanktionen

Härteres Vorgehen gegen Übeltäter. Sportbund beklagt Klima des „Nicht-sagen-Wollens" im Fußball

Espo-Geschäftsführer Thorsten Flügel beklagt eine Kultur des „Nicht-sagen-Wollens" im Essener Fußballamateursport.

Spieler werden handgreiflich, der Schiedsrichter flüchtet in seine Kabine, aufgebrachte Zuschauer heizen die aggressive Stimmung an… Meldungen wie diese tauchen regelmäßig in den wöchentlichen Meldungen des Fußballverbandes Niederrhein auf, berichtet Thorsten Flügel, Geschäftsführer des Essener Sportbundes (Espo). Gewalttätige Übergriffe seien im Amateurfußball leider an der Tagesordnung. Die Stadt Essen will härter gegen Gewalttäter vorgehen. Ob dies den erhofften Erfolg bringt, daran herrschen allerdings Zweifel.

Seit 2015 bemühen sich die Stadt Essen und der Espo, Gewalt auf den Fußballplätzen zu unterbinden. Wer andere körperlich misshandelt, nötigt, beleidigt oder diskriminiert, soll mit einem Hausverbot belegt werden. 19-mal machte die Stadt seitdem von ihrem Hausrecht Gebrauch. 2019 wurde sogar nahezu eine komplette Mannschaft nach einem tätlichen Angriff auf den Schiedsrichter vom Spielbetrieb ausgeschlossen.

Die Zahl der Übergriffe sei zurückgegangen, seit die Stadt eine Resolution gegen Gewalt im Sport beschlossen und in ihrer Satzung für die Nutzung städtischer Sportanlagen verankert hat, heißt es vonseiten der Verwaltung.

Schiedsrichter musste sich in seiner Kabine einschließen

In der jüngeren Vergangenheit sei jedoch festzustellen, dass sich Ausschreitungen zwischen Spielern, Vereinsmitgliedern und Offiziellen im Amateurfußball wieder häuften. So musste sich ein Schiedsrichter für mehrere Stunden nach einem Spiel in seiner Kabine einschließen, um sich vor körperlicher Gewalt zu schützen. Auch die Gewaltbereitschaft unter Spielern habe wieder spürbar zugenommen, heißt es in einem Bericht der Verwaltung an den Sportausschuss des Stadtrates. In den meisten Fällen konnten Ausschreitungen nur durch den Einsatz der Polizei beendet werden.

Für die Stadt und den Espo ist diese Entwicklung Anlass genug, um Sanktionen gegen Gewalttäter zu verschärfen. Von den Sportgerichten verhängte Strafen will die Stadt verdoppeln und Hausverbote entsprechend verlängern. Im Wiederholungsfall will die Stadt den betreffenden Verein langfristig mit einem Haus- und Betretungsverbot für städtische Sportanlagen belegen. Eine Teilnahme am Spielbetrieb wäre dann nicht mehr möglich. Unverhohlen äußert die Stadt Kritik am Fußballverband Niederrhein. Oftmals würden Täter nur zu geringen Geldstrafen verurteilt. So musste ein beteiligter Trainer trotz eines Polizeieinsatzes gerade einmal 100 Euro Strafe zahlen, wie Thorsten Flügel berichtet.

Augenscheinlich setzt man aufseiten der Stadt und des Espo durch härtere Sanktionen auf eine abschreckendere Wirkung. Das Problem sei, so Flügel, dass gewalttätige Übergriffe die Sportgerichtsbarkeit oft gar nicht erreichten – oder Zeugen sich an nichts mehr erinnern könnten. „Plötzlich heißt es, das war alles gar nicht so schlimm."

Flügel berichtete von einem Spiel, das der Schiedsrichter in der 80. Minute abgebrochen hat, im Spielbericht aber vermerkte, die Partie sei ordnungsgemäß zu

Ende gespielt worden. Die beteiligten Vereine hätten dem später nicht widersprochen.

Polizei: Kein Zusammenhang zu kriminellen Milieus

Vor dem Sportausschuss sprach der Espo-Geschäftsführer von einem Klima des „Nichts-sagen-Wollens". Zeugen würden eingeschüchtert oder gar bedroht. Es gebe Sprüche auf dem Platz und Telefonanrufe. „Das ist das, was man hinter vorgehaltener Hand hört." Offen aussprechen wolle dies aber niemand.

Der Sportfunktionär hat deshalb nach eigenen Worten bereits den Kontakt mit der Polizei gesucht – auch um herauszufinden, von wem konkret die Rede sein könnte. Erkenntnisse, die auf einen möglichen Zusammenhang mit kriminellen Milieus hindeuten, gebe es allerdings nicht; dies habe er in einem Gespräch mit einem Ermittler erfahren, in dessen Zuständigkeitsbereich auch Clan-Kriminalität falle.

So bleiben Politik und Öffentlichkeit ratlos zurück. Der Hinweis des Sportausschuss-Vorsitzenden Michael Schwamborn (SPD), dass es sich bei Gewalt im Amateurfußball um ein gesamtgesellschaftliches Problem handele, mag zutreffend sein, hilft in der Sache aber nicht weiter. Der Essener Sportbund will nun zunächst die Schiedsrichter ermutigen, sich nicht einschüchtern zu lassen. Im Fußballkreis Essen steht Ende April ein Deeskalationstraining auf dem Programm. Schiedsrichter-Obmann Stefan Heuer spricht von einer „gefährlichen Spirale". Der Fußballkreis habe bereits Probleme, genügend Schiedsrichter für Spiele in den unteren Klassen abzustellen. „Für 25 Euro lasse ich mich nicht anpöbeln" oder „Fußball ist asozial geworden" – solche Sprüche bekomme er zu hören.

Ärger machten aber nicht nur Spieler. In jüngster Zeit komme es immer wieder vor, dass Unruhe von außen auf den Platz getragen werde oder Zuschauer gleich aufs Feld stürmten. Was tun? „Die Vereine müssen in die Verantwortung genommen werden", fordert Herbert Bußfeld, Vertreter der Linken im Sportausschuss.

Marcus Schymiczek

Die Stadt Essen will Gewalttätern im Amateurfußball die Rote Karte zeigen.

Der FC Kray erfindet sich neu

Boss Christoph Klöpper lässt beim Absteiger keinen Stein auf dem anderen

Dass er schon ein wenig crazy ist, das weiß Christoph Klöpper selbst. Lehrer ist er, zudem Unternehmer, seinen Lebensmittelpunkt verlagert der Familienvater gerade nach Norderney. Und dann gibt es noch den FC Kray, dem er seit Herbst 2022 vorsteht. Den Essener Oberliga-Absteiger baut der Vorsitzende gerade komplett um, und diese Phrase ist wörtlich zu nehmen. „Es bleibt kein Stein auf dem anderen, Tabula rasa", sagt er.

Klöpper war jahrelang als Trainer aktiv, im Sommer 2017 wurde es still um ihn. Mit dem FC Kray stieg er damals in die Landesliga ab. Anschließend zog er sich aus der Szene zurück und konzentrierte sich auf sein eigenes Unternehmen, mit dem er zunächst Fußball- und heute Sportfeste für Schulen organisiert: Trixitt.

Los ging das alles im Sommer 2022. Der FC Kray hatte gerade den Oberliga-Klassenerhalt geschafft, stand aber vor einem Scherbenhaufen: Sportchef Mladen Bosnjak war weg, die Mannschaft musste zusammengestellt werden. An der Buderusstraße wusste man, dass Christoph Klöpper mit seinem Unternehmen Erfolg hat. Der damalige Jugendleiter, Peter „Bobby" Bathen, sprach seinen alten Kumpel Klöpper an, ob er nicht mit anpacken wolle. Daraus wurde nichts, unterschiedliche Vorstellungen.

Ein paar Monate später passte es. Der Vereinsvorstand um Franz Islacker war zurückgetreten, der neue Sportchef Rudi Zedi ebenfalls Geschichte. Kray lag am Boden, als Klöpper erneut mit den Verantwortlichen am Tisch saß: „Dann habe ich vorgestellt, was ich hier machen möchte und wir kamen überein." Er wurde Vorstandsvorsitzender und Hauptsponsor des Vereins und betont: „Ich bin kein Mäzen, das ist nicht mein Ansatz. Ich mache das hier nicht wegen einer Profilneurose."

Christoph Klöpper stellt den FC Kray neu auf.

Dennoch musste er Geld in den Verein stecken, und das nicht wenig. Der FC Kray war zum Zeitpunkt seiner Amtsübernahme im Dezember am Ende. Sportlich, finanziell, emotional. Darin erkannte Klöpper seine Chance.

Anfang April war der für den sportlichen Aufschwung verpflichtete Trainer Christian Knappmann plötzlich weg, er ging zum TuS Bövinghausen. Sebastian Amendt übernahm den FCK als vierter Trainer in der laufenden Runde. Dieses Chaos – typisch Kray, unkten sie in der Fußballszene. Das soll es in Zukunft nicht mehr geben. „Wenn wir es machen, dann richtig und seriös", sagt Klöpper.

Neue Außendarstellung, neues Image, neue Sponsoren, eine Modernisierung des Vereinsgeländes rund um die Krayarena: All diese Themen hat der Vorstand angeschoben.

„Wir wollen die Marke FC Kray entwickeln, den Verein zusammenführen", sagt der Boss, der nicht nur deshalb der Jugendabteilung – bei der U19 läuft es in der Niederrheinliga prächtig – und den Landesliga-Frauen mehr Wertschätzung entgegenbringen wird. „Ich sehe mich nicht als Vorsitzenden der ersten Mannschaft, sondern als Vorsitzenden des FC Kray", sagt er und schiebt nach: „Wir starten halt auf jeder Ebene neu. Das macht total viel Spaß."

Justus Heinisch

Entspannt und gar nicht ängstlich

SG Schönebeck ist in die Landesliga aufgestiegen. Nachwuchsspieler bekommen eine Chance

Olaf Rehmann wirkt locker, befreit. Angst vor der Landesliga? Hat er keine. „Wir sind da entspannt – nicht ängstlich“, sagt der Aufstiegstrainer der SG Schönebeck. Von Saisonbeginn an hielt sich sein Team an der Tabellenspitze der Bezirksliga, überstand auch die kurze Schwächephase im März mit zwei Niederlagen – die einzigen in dieser Saison – und brachte den Zwei-Punkte-Vorsprung vor BG Überruhr ins Ziel. Nach dem 3:0 bei Rhenania Bottrop durfte der Aufstieg gefeiert werden – erst gut zwei Stunden an der Platzanlage, dann beim Sponsor Haus Lindermann. „Dort ging's dann bis in den nächsten Tag hinein.“

Nach drei Jahren in der Bezirksliga spielt die SGS künftig wieder sechstklassig – erstmals seit der Saison 2010/11. Als der Vorsprung in der Tabelle in den vergangenen Wochen schrumpfte, behielt das junge Team die Nerven, ging auch in den Schlüsselspielen gegen die Top-Konkurrenten Katernberg (1:1), Vogelheim (1:1) und Burgaltendorf (2:1) nicht als Verlierer vom Platz. In der entscheidenden Phase kehrten einige wichtige Spieler zurück wie die erfahrenen Nikolas Krause, Pascal Eichholz und Robin Weber. „Wenn man in eine Drucksituation gerät, ist das für junge Spieler oft noch mal ein Tacken schwerer als für erfahrene“, meint Rehmann. „So haben wir uns dann noch steigern können und die nötigen Punkte am Ende geholt.“

Mannschaftsfahrt in die Niederlande

Zum inoffiziellen Saisonauskling ging es auf Mannschaftsfahrt in einen Center-Park in Holland. Viel geändert hat sich trotz des Aufstiegs nicht im Kader, das Gerüst stand schon lange vor dem Meisterschaftsauftakt im August. Externe Neuzugänge gab es nur vier: Leon Nevian (SC Croatia Mülheim) und Leon Krasniqi (ETB Schwarz-Weiß U19) vervollständigen das Torhütertrio, Eliah Immel kommt aus der A-Jugend des VfB Speldorf an die Ardelhütte. Der wohl bekannteste Zugang ist Abdelmalik El Ouriachi, der vom Kreisliga-A-Meister SuS Haarzopf kommt, aufgrund seines Kreuzbandrisses aber erst später eine Option für einen Einsatz war. Dazu hat die SGS wie schon in der vorherigen Saison einige Spieler aus dem eigenen Nachwuchs hochgezogen.

„Das ist der Weg, den der Verein geht, junge Spieler aus der eigenen A-Jugend mitzunehmen. Das läuft ligaunabhängig weiter“, erklärt Rehmann. Die Youngsters sollen unter anderem dabei helfen, den einzigen, aber schmerzhaften Abgang aufzufangen: Torjäger Robin Barth, der die SGS mit 29 Saisontoren zum Aufstieg schoss, zieht es zurück zum Landesliga-Konkurrenten VfB Frohnhausen.

Auch diese Lücke hat Schönebeck intern gefüllt. Nikolas Marvin Krause ist wieder fit, Marco Langer-Jordy ist zwar aufgrund eines Achillesehnenrisses noch raus, hat aber in der Hinrunde schon bewiesen, dass er treffen kann. Nabil El-Hany ist mit insgesamt zehn Toren und einigen Assists die Entdeckung der Rückrunde und habe sich sehr gut entwickelt, so Rehmann. „Da haben wir schon gute Optionen, da sehe ich kein Problem.“

Julian Lötte

Dennis Wibbe, Dennis Czok, Sebastian Bodwell und Nabil El-Hany feiern einen Treffer für die SG Schönebeck.

Schröders Abgang ist ein harter Schlag

Nach zehn Jahren ist für den ESC-Preußen-Trainer Schluss

Es war kurz nach 17 Uhr, als bei den Spielern und Betreuern des ESC Preußen mit dem Schlusspfiff der Jubel ausbrach. Gerade hatten sie den Klassenerhalt durch einen 4:1-Sieg bei Tus Essen-West 81 am letzten Spieltag der Saison klargemacht. Eine Saison, die für die Preußen alles andere als einfach war.

Verlief die Hinrunde nach dem Aufstieg noch ganz passabel, ging in der Rückrunde nur noch wenig zusammen. Und so war die Freude über den Klassenerhalt bei den Spielern und Betreuern groß. Trotzdem gab es an diesem Tag auch traurige Nachrichten für den Club von der Seumannstraße. Manfred Schröder, der den ESC erst in die Bezirksliga geführt hatte, verkündete unmittelbar nach Spielende seinen Abschied.

„Für mich war das heute das letzte Spiel. Es wird Zeit, dass ich hinter die Bande trete“, so Schröder. „In der Liga zu bleiben, war heute für mich der krönende Abschluss, auch die Jungs haben sich das verdient.“ Für Schröder wird es im Verein weitergehen, er ist auch der zweite Vorsitzende des Clubs.

Beckmann und Künzel treten Nachfolge an

Und Schröders Nachfolge? Die ist bereits geklärt. „Rene Beckmann und Daniel Künzel werden übernehmen.“ Beide gehörten bereits zum Trainerteam und treten nun Schröders Erbe an. Der resümierte auch noch einmal die abgelaufene Spielzeit: „Umso länger die Saison dauerte, haben wir immer mehr Probleme bekommen. Wir hatten eine sehr junge Truppe und konnten uns noch einmal zusammenraufen. Zur kommenden Saison wird sich die Mannschaft erheblich verändern.“

Auch die Trainingsbeteiligung sei nicht immer ideal gewesen, der Fußball habe sich verändert, so der ESC-Coach. Erleichtert zeigte sich Schröder über den versöhnlichen Saisonabschluss.

„Es war mein größter Wunsch, dass wir die Klasse halten, den haben wir uns heute erfüllt,“ so der scheidende Schröder. Er selbst wird dann in anderer Verantwortung zuschauen.

Er, der die Mannschaft vor über zehn Jahren in der Kreisliga B vor dem Abgrund übernommen hatte. Die letzten Worte adressierte Schröder dann noch mal an seine Mannschaft: „Ich wünsche den Jungs alles Gute. Es tut mir ein bisschen weh.“ Beim ESC wird sich einiges verändern. Schröder wird an der Seitenlinie fehlen.

Leon Kaminski

Zehn Jahre lang waren Trainer Manfred Schröder (unten, Mitte) und der ESC Preußen 02 ein verschworenes Team.

Als Außenseiter die neue Liga genießen

SC Türkiyemspor hat sein internes Ziel schon früher erreicht als geplant

Als der Schiedsrichter den gefühlt endlosen Aufstiegskrimi abgepfiffen hatte, die Fans des SC Türkiyemspor den Kunstrasen an der Meerbruchstraße fluteten, streiften sich die Spieler des Siegers umgehend die Aufstiegsshirts über. „Aufsteiger! Bezirksliga wir kommen“, prangte darauf. Nach 15 Jahren ist Türkiyemspor aus der Kreisliga A herausgeklettert. Ferhat Yalcin hatte die Rot-Weißen mit seinem verwandelten Foulelfmeter in der Nachspielzeit des Entscheidungsspiels gegen RuWa Dellwig entschieden.

„Das ist natürlich ein Traum“, freute sich Trainer Adem Durmus nach dem 1:0-Sieg. „Wir haben Lunte gerochen, wie man so schön sagt. Wir haben im Laufe der Saison viele Höhen und Tiefen erlebt.“ Erst im Saisonendspurt schalteten sich die Essener aktiv in das Aufstiegsrennen ein, eine Serie von acht ungeschlagenen Spielen verkürzte den Rückstand auf die Tabellenspitze und versprühte Hoffnung im Türkiyemspor-Lager. „Wir wussten, dass wir oben mitspielen werden. Über den Aufstieg haben wir aber nicht viel geredet, bis wir die letzten fünf, sechs Spieltage gemerkt haben, dass etwas geht“, erklärt Durmus. „Dann haben wir natürlich angefangen zu träumen.“

Als beste Rückrundenmannschaft verdiente sich Türkiyemspor das Finale gegen RuWa, spürte aber nicht den großen Druck. „Wir haben vor dem Spiel gesagt: Wir müssen gar nichts, aber die Möglichkeit besteht und wir werden alles dafür tun.“

Verein will die Jugend stärken

Trotz mehr als 50 Minuten in Unterzahl verwirklichten die Essener ihren Traum gegen Dellwig und können ihren Fünf-Jahres-Plan, den der neue Vorstand vor zwei Jahren mit dem damaligen Neu-Coach Durmus entworfen hatte, frühzeitig abhaken. Das sportliche Ziel: Aufstieg in die Bezirksliga – eine erste Bestätigung für den erfolgreichen Neuaufbau. Dazu wollte der Verein drei bis fünf Jugendmannschaften aufbauen, eine zweite Mannschaft etablieren, den Verein vergrößern. „Sodass wir noch stabiler dastehen – vor allem in Situationen, wenn es darum geht, finanzielle Engpässe aus eigener Kraft zu überwinden“, erklärt Durmus.

Der nächste Schritt: Sich innerhalb der nächsten Jahre in der Bezirksliga etablieren. „Das wird das nächste Ziel sein“, meint Durmus. In der Aufstiegs-Saison stellte Türkiyemspor ein junges Team, in der Anfangself befanden sich fast immer mindestens fünf Spieler, die erst 22 Jahre alt oder jünger sind.

„Wir werden eine schlagkräftige Truppe stellen und im nächsten Jahr um jeden Punkt kämpfen, sodass wir die Liga halten können“, kündigte der Coach gleich nach dem Aufstieg an. „Wir sind der Neuling, wir sind der Außenseiter und werden es genießen.“ Türkiyemspor lässt Realismus walten, hebt nicht ab und ist sich bewusst, dass die neue Liga ein anderes Pflaster ist.

Julian Lötte

Der Aufsteiger jubelt: SC Türkiyemspor spielt in der Bezirksliga.

Kunstrasen soll den Verein retten

Sportanlage an der Hagenbecker Bahn in Bochold wird für rund 900.000 Euro umgebaut

Einer der wenigen noch verbliebenen Ascheplätze auf Essener Stadtgebiet soll bald Geschichte sein – die Stadt lässt die Sportanlage an der Hagenbecker Bahn für rund 900.000 Euro mit einem neuen Kunstrasenspielfeld ausstatten. Die Ratsmitglieder haben in ihrer vergangenen Sitzung grünes Licht für die Investition gegeben. Bei den Ballfreunden Bergeborbeck, die auf dem Platz trainieren, sind Freude und Erleichterung groß. Denn aus ihrer Sicht hängt von dem Umbau nicht weniger als Zukunft des gesamten Vereins ab.

Der Sportplatz an der Hagenbecker Bahn soll vom Asche- in einen Kunstrasenplatz umgebaut werden.

Der 1973 angelegte Platz ist sanierungsbedürftig und als Ascheplatz ohnehin nicht mehr zeitgemäß. „Für jeden Verein, der noch auf Asche spielt, ist es schwer, sich zu behaupten und Nachwuchs zu gewinnen", sagt Dennis Otto, Geschäftsführer der Ballfreunde Bergeborbeck. „Ohne Kunstrasen könnten wir als Verein nicht überleben." Die erste Mannschaft des Vereins sei in der Kreisliga B aktuell die einzige, die noch auf einem Ascheplatz spielt. Doch noch größer als für die insgesamt drei Seniorenmannschaften seien die Nachteile für den 1968 gegründeten Verein im Jugendbereich.

Familien entscheiden sich für andere Vereine

Weil die meisten anderen Vereine längst auf Kunstrasen spielen, würden sich Familien bei der Anmeldung ihrer Kinder für andere Standorte entscheiden und gegen das Training auf Asche bei den Ballfreunden, erklärt der Geschäftsführer. Mehrere Jahre lang hätten die Ballfreunde Bergeborbeck keine einzige Jugendmannschaft gehabt, erst mit der Aussicht auf den Umbau der Sportanlage trainiere seit dieser Saison wieder eine Jugendmannschaft an der Hagenbecker Bahn.

Wenn der Kunstrasen erst einmal verlegt ist, sollten wieder viel mehr Kinder und Jugendliche bei den Ballfreunden trainieren – so zumindest die Hoffnung im Vereinsvorstand. „Sobald der Platz umgebaut wird, geht bei uns die Werbung los und wir hoffen, dann wieder Nachwuchs dazugewinnen zu können", sagt Otto. Er denke dabei unter anderem an das Potenzial in umliegenden Wohngebieten, in denen viele Familien lebten, beispielsweise rund um den Niederfeldsee und in Zukunft im geplanten Quartier „Essen 51" mit 1700 Wohnungen auf dem Gelände der ehemaligen Zeche Amalie.

Die Stadt Essen sieht die Investition in die Sportanlage an der Hagenbecker Bahn laut einer Mitteilung auch deshalb als gerechtfertigt, weil der „Sportverein Ballfreunde Bergeborbeck beabsichtigt, künftig den Sportverein Barisspor auf der Anlage aufzunehmen und die Nutzung des Platzes damit weiter erhöht wird." Deren Vorstandsmitglied Eshref Rabushaj stellt allerdings klar, dass ein Wechsel von Vogelheim nach Bochold für Barisspor nur infrage komme, wenn auch Vereinsheim und Kabinen zur Verfügung stünden – in einem festen Gebäude und nicht in einem Container, wie es in Vogelheim der Fall sei. Dazu müssten noch Gespräche mit der Stadt folgen.

Katrin Clemens

Je entlegener, desto besser

Verrücktes Hobby: Zwei Essener reisen zu den exotischsten Pokal-Endspielen

König Fußball schreibt seit jeher die unglaublichsten Geschichten. Meistens handeln sie von Stars, Sensationen und Superlativen. Von Fußballgöttern wie Maradona und Messi, vom Kaiser oder von WM-Helden wie Helmut Rahn aus Essen. Die beiden Essener Thomas Siepmann und Fred Bothen haben ein neues Kapitel Fußballgeschichte geschrieben.

Als „Cuptraveller" – auf Deutsch „Pokalreisende" – setzen sie den absoluten Fußball-Nobodys der Welt ein originelles, literarisches Denkmal. „Fuckin' Hell! You Have Bundesliga!" heißt ihr reichbebilderter Reportagen-Band, der sie im Laufe von neun Jahren zu den entlegensten Pokal-Endspielen des Fußball-Kosmos führte.

Zum Beispiel zum „Cup Final" nach Irland, ihrer ersten Station, wo 2013 Drogheda United und die Sligo Rovers aufeinandertreffen. Namen, die klingen wie Hintertupfingen. Obwohl geografisch so nah am Mutterland des Fußballs, lieben die Iren ganz andere Sportarten, allen voran Rugby und Hurling. „Fußball interessiert da nur die Allerwenigsten", schreiben sie.

Nach dem Genuss des Nationalgerichts Irish Stew im Hotel erblicken sie beim Verdauungsspaziergang am Novemberabend zufällig denn auch „schwitzende, in sich verkeilte, dampfende Männerleiber" und vernehmen im Rugby-Stadion die „besondere Melange aus Pils, Pommes und Pisse".

Als der verdutzte Taxifahrer in Dublin erfährt, dass die beiden Essener sich tatsächlich das irische Pokalfinale zwischen zwei besseren Dorfmannschaften anschauen wollen, entfährt ihm spontan der Satz, der dem Buch den Titel gibt: „Verdammte Hölle, Ihr habt doch die Bundesliga!" Für die Statistik: Die Rovers haben durch ein Tor in der Nachspielzeit 3:2 gewonnen.

Thomas Siepmann ist in Essen kein Unbekannter: Gründer der „11 Freunde Bar", Rot-Weiss Essen-Fan, Inhaber der Kommunikationsagentur TAS Emotional Marketing und Veranstalter mehrerer WM-Public Viewings seit 2006. Fred Bothen, Inhaber einer Digitalagentur, ist leidenschaftlicher Handballer, sein Herz schlägt für St. Pauli.

Dass der Ball und das Bier zwei Seiten einer Medaille sind, verschweigen die Autoren keineswegs. Ob vor, während und nach den Spielen, Bier fließt bei ihren Final-Trips immer. Auch das Konzept haben die Cuptraveller nach einer launigen Nacht in Rüttenscheid entwickelt.

Ihre verrückte Mission: Um sich als Zuschauer für das wohl berühmteste Pokalendspiel der Welt, das „F.A. Cup Final" im Londoner Wembleystadion im Jahr 2033, zu qualifizieren, haben sie sich vorgenommen, 20 Pokalendspiele auf diesem Planeten hautnah zu erleben. Also das „Eesti jalgpallikkarikas" in Estland oder den „Crnogorski fubbalski kup" in Montenegro. Sie waren in Tiflis und Andorra, in Liechtenstein und auf den Färöer, in Georgien und Luxemburg. Ein verrücktes Hobby.

Die Hand am Pott haben Thomas Siepmann (l.) und Fred Bothen nach dem Pokalendspiel 2017 in Montenegro.

Gerd Niewerth

Der Abstieg bietet auch Chancen

RWE U19: Trainer Simon Hohenberg sieht ein „brutales Jahr" für die Ausbildung

Gerade vor dem Hintergrund, dass Rot-Weiss Essen aufgrund der Reformen im Bereich des A- und B-Junioren-Spielbetriebs im nächsten Jahr ohne Rücksicht auf den Ausgang der Niederrheinliga wieder in der höchsten deutschen Nachwuchsspielklasse vertreten sein wird, hätte man annehmen können, dass die Mannschaft von Simon Hohenberg das Jahr in der Niederrheinliga ohne besondere Ambitionen angeht.

Doch das Gegenteil ist der Fall. Nach dem enttäuschenden Abstieg aus der A-Junioren Bundesliga und einem etwas holprigen Saisonstart mit vier Punkten aus drei Spielen, konnte die U19 von Rot-Weiss Essen zuletzt zwei Siege in Folge feiern und scheint voll und ganz in der neuen Spielzeit angekommen zu sein.

Grund für die leichten Startschwierigkeiten war laut Trainer Hohenberg insbesondere, dass in der tieferen Spielklasse eine andere Spielweise von seiner Mannschaft an den Tag gelegt werden müsse. „Für die Ausbildung der Jungs ist das ein brutales Jahr. Wir sind jetzt einfach in ganz anderen Aspekten in unserem Spiel gefordert und müssen vor allem viel mehr mit dem Ball machen als noch in der Bundesliga."

Den Zwischenschritt Niederrheinliga hält er deswegen keinesfalls für verschwendete Zeit. „Machen wir uns nichts vor, wir sind Rot-Weiss Essen, unser Anspruch ist es, in der höchsten Liga zu spielen. Aber ich denke, dass das jetzt trotzdem ein sehr spannender Ausbildungsschwerpunkt ist", berichtet er. „Es ist keinesfalls so, dass die Mannschaft hier nicht gefordert ist. Ich glaube, es ist immer einfacher, nur gegen den Ball zu spielen, als mit dem Ball Lösungen zu finden. Da sind wir Stück für Stück dabei, uns besser darauf einstellen zu können und ich glaube, dass diese Herausforderung den Jungs auch gut tut", berichtet der Coach.

In der neuen Spielklasse warten zudem nicht nur taktische, sondern auch regeltechnische Unbekannte auf das Essener Team. So gibt es in der Niederrheinliga eine Zeitstrafenregelung – eine Idee, die auch für den Profi-Bereich immer wieder diskutiert wird und die Hohenberg gar nicht schlecht findet.

„Das habe ich in dieser Partie auch erstmalig mitbekommen. Der Schiedsrichter kann wohl einen mit Gelb vorbelasteten Spieler erst für einige Minuten vom Platz schicken, bevor Gelb-Rot gezückt wird. Da ich eine Partie gerne mit elf Spielern auf beiden Seiten beendee, finde ich das als Vorstufe gar nicht so verkehrt", erzählt er.

Auf die kommende Saison im neuen Spielmodus freut er sich aber natürlich trotzdem schon jetzt – auch ohne Zeitstrafenregelung.

Karen Grote

RWE-Trainer Simon Hohenberg

Mats Brune arbeitet am Kindheitstraum

Der U19-Kapitän ist die Hoffnung des Drittligisten Rot-Weiss Essen

Im Derby gegen die Spvg Schonnebeck sind gerade einmal zwei Minuten gespielt, als sich die Heimmannschaft im Spielaufbau verzettelt und der RWE-Kapitän Mats Brune die Situation erkennt. Er schnappt sich den Ball kurz vor der gegnerischen Strafraumgrenze, geht einige Meter und schließt überlegt zur Führung für Rot-Weiss Essen ab. Es sind Situationen wie diese, weswegen sie bei RWE große Stücke auf den Mittelfeldspieler halten, der im Januar 2022 aus der Jugend von Borussia Dortmund kam.

Der Essener pendelt zwischen U19 und der ersten Mannschaft, trainiert immer wieder bei den Profis mit. Im August durfte er in der Drittliga-Elf beim 6:0-Erfolg gegen Dinslaken im Pokal auflaufen – als einziger Jugendspieler von Beginn an. An der Seite von Björn Rother überzeugte er im zentralen Mittelfeld und steuerte sogar das Tor zum zwischenzeitlichen 2:0 selbst bei.

Über die Jugend für die Profis empfehlen

Brune blickt also auf ereignisreiche Wochen zurück. „Ich bin froh, wenn ich bei der ersten Mannschaft mittrainieren darf und habe mich über das Pokalspiel sehr gefreut", sagt er. „Wichtig ist aber trotzdem, was wir in der U19 machen und wenn ich hier Leistung bringe, werde ich hoffentlich auch belohnt."

Von Brunes Leistung im Derby gegen die Schwalben überzeugte sich Dabrowski, der am Schetters Busch ebenfalls auf der Tribüne saß, selbst. Er sah, wie Brune nach seinem Tor zum 1:0 seine Mannschaft aus dem Mittelfeldzentrum heraus weiter antrieb und nach dem Seitenwechsel mit seinem zweiten Tor zum 3:0 jegliche Hoffnungen der Schonnebecker erstickte.

Im Duell gegen Schonnebecks Juri Korte: RWE-Talent Mats Brune (r.)

Trainer lobt sein „Mentalitäts-Monster"

Auch sein Trainer in der U19, Simon Hohenberg, ist voll des Lobes für seinen Kapitän: „Mats ist ein Leader-Typ, der einen maximalen Anspruch an sich selbst hat. Er ist ein absolutes Mentalitäts-Monster und ihn hat sicherlich noch mal beflügelt, bei der ersten Mannschaft im Pokal fast durchgespielt zu haben. Er zeigt tolle Werte im läuferischen Bereich und ist auch vor dem Tor sehr gefährlich."

Auf die Frage, wie lange er glaubt, Brune noch in seiner Mannschaft zu haben, zeigt sich Hohenberg offen: „Ich bin der erste, der die Jungs mit dem Silbertablett nach oben bringt, wenn sie in der Ersten spielen können und dort gebraucht werden. Mats ist ein ganz feiner Junge und für ihn freut es mich besonders."

Auch Mats Brune selbst hat ein klares Ziel: „Es ist mein Kindheitstraum, irgendwann einmal bei den Profis zu spielen, gerade als Junge aus dem NLZ. Mein Ziel ist es, am Ende der Saison bei der Ersten zu spielen."

Leon Kaminski

Die Chronik | Oktober 2022

> 15.10.

Basketball: Basketball-Erstregionalligist ETB Miners fährt den dritten Sieg in Folge ein: Bei den allerdings ersatzgeschwächten Hamm-Stars hat das Team von Lars Wilder und Raphael Wilder beim klaren 94:74-Sieg keine Mühe. „Wir schaffen es nach wie vor nicht, den Gegner bei unter 70 Punkten zu halten, daran wollen und müssen wir weiterarbeiten", so Headcoach Lars Wendt kritisch.

Volleyball: Der Doppelspieltag in der 2. Volleyball-Bundesliga läuft nicht nach Plan für die Frauen des VC Allbau. Gegen die Youngster von VCO Berlin siegt das Team von Trainer Marcel Werzinger in der Halle „Am Hallo" zwar mit 3:1, aber einen Tag später folgt die Ernüchterung: Gegen den erfahrenen Konkurrenten BBSC Berlin gibt's ein glattes 0:3.

***Boxen:* Nach acht Minuten und 59 Sekunden ist für den Essener Schwergewichtsboxer Patrick Korte der große Kampf in Australien vorbei. In Brisbane geht er gegen den ungeschlagenen Demsey McKean eine Sekunde vor dem Ende der dritten Runde K. o.. Ein Aufwärtshaken des 1,98 Meter großen Australiers beendet das Kräftemessen der beiden Schwergewichtler.**

Fußball: Rot-Weiss Essen kämpft bravourös und leidenschaftlich, die Rot-Weissen spielen klasse und sind dem Aufstiegskandidaten Dynamo Dresden eine Halbzeit lang überlegen – bis zu dieser Szene, als RWE-Verteidiger Andreas Wiegel Rot sieht. Es ist die Wende in diesem intensiven Drittliga-Duell. RWE wirft sich danach in Unterzahl in die gegnerischen Angriffswellen und hält den Vorsprung bis zur 89. Minute, dann trifft Dresdens Manuel Schäffler zum 1:1 – Schlusspfiff.

Rugby: Der Rugby Club Essen bleibt auch nach dem zweiten Spitzenspiel in dieser Regionalliga-Saison auf fremdem Platz sieglos. Beim RSV Köln II unterliegt der RCE wie schon in Paderborn knapp mit 22:27, kann sich aber immerhin den defensiven Bonuspunkt sichern. Weil alle Teams in dieser Saison drei Mal aufeinandertreffen, haben die Essener noch zwei Möglichkeiten, die ersten verlorenen Vergleiche zu korrigieren.

> 16.10.

***Frauenfußball:* Die Spielerinnen von Eintracht Frankfurt feiern den Auswärtssieg im Stadion an der Hafenstraße ausgelassen mit den zahlreich mitgereisten Anhängern. Die nach der Roten Karte gegen Jacqueline Meißner früh dezimierten Gastgeberinnen haben sich nach Kräften gewehrt, aber sie zeigen eine insgesamt zu schwache Leistung. Am Ende verliert der Essener Frauenfußball-Bundesligist vor einer tollen Kulisse von 2213 Zuschauern verdient mit 0:4. Es ist die dritte deutliche Niederlage im vierten Saisonspiel.**

Eishockey: Nachdem die Wohnbau Moskitos sich schon in der Vorwoche den Crocodiles Hamburg mit 2:8 geschlagen geben mussten, setzt es diesmal dasselbe Ergebnis. Bei den Tilburg Trappers heißt es nach 60 Minuten vor 2122 Zuschauern 2:8. Der Rückenwind aus dem 6:2-Heimsieg gegen die Rostock Piranhas dürfte damit schneller verflogen sein, als den Moskitos lieb ist.

Hockey: In der 2. Feldhockey-Bundesliga kassieren die Damen des HC Essen im Kellerduell eine bittere 1:2-Niederlage gegen BW Köln und sind nun Schlusslicht. Passend zur Pleite gegen den vorherigen Tabellenletzten setzt an der Hubertusburg mit dem Schlusspfiff der Platzregen ein. Während die Kölnerinnen jubeln, verlassen die HCE-Damen nach einer kurzen Analyse von Trainer Philipp Weide enttäuscht den Kunstrasen.

> 18.10.

Eishockey: „Mit zwei Derbysiegen kann sich die Mannschaft schnell rehabilitieren", hat der Moskitos-Vorsitzende Thomas Böttcher nach der 2:8-Klatsche bei den Tilburg Trappers gesagt. Den ersten Teil der Aufgabe können die Wohnbau Moskitos lösen. Die Essener gewinnen das Ruhrderby in der Eishockey-Oberliga bei den Füchsen Duisburg etwas glücklich mit 4:3. Der zweite Dreier der Saison, durch den die „Mücken" in der Tabelle von Platz zehn auf sieben geklettert sind, bringt erst einmal wieder etwas Ruhe ins Essener Umfeld.

Dzemal Selimovic und die ETB übernehmen mit dem Sieg über die Hertener Löwen die Tabellenführung.

> 21.10.

***Basketball:* Die ETB Miners grüßen von der Tabellenspitze der Ersten Basketball-Regionalliga: Zwei Siege fahren die Essener an diesem Doppelspieltag ein, dem 78:66-Sieg am Hallo über die Hertener Löwen lässt das Team von Headcoach Lars Wendt zwei Tage später bei Aufsteiger BG Aachen ein klares 92:67 folgen. Fünf Siege in Serie – es läuft bei den Miners.**

Fußball: Rot-Weiss Essen kommt in der 3. Liga immer besser in Schwung: Durch einen hart erkämpften 2:1-Erfolg beim Aufstiegsaspiranten Waldhof Mannheim rückt das Team von Trainer Christoph Drabowski auf Tabellenplatz zehn vor. Und das ausgerechnet gegen Ex-Trainer Christian Neidhart, der sich nach Spielschluss darüber mokiert, dass Essens Doppel-Torschütze Ron Berlinski beim Führungstor ausgenutzt hat, dass Mannheims Torhüter Morten Bertens mit seinem eigenen Abwehrspieler Gerrit Gohlke zusammenprallt und für einige Momente benommen liegen bleibt.

Eishockey: **Die Wohnbau Moskitos haben im Heimderby gegen die Herner EV Miners ein klassisches Déjà-Vu. Wieder überzeugen die Essener über weite Strecken durch eine disziplinierte und kämpferische Leistung. Doch wieder verspielen sie eine Zwei-Tore-Führung. Und wieder geht es in die Verlängerung. Und wieder reicht es mit dem 2:3 nur zu einem mageren Punkt.**

> 22.10.

Badminton: Im umkämpften Badminton-Derby in der Bezirksliga teilen sich die beiden Lokalrivalen OSV Essen-Werden und BC RW Borbeck verdientermaßen die Punkte. In dem spannenden Prestigeduell gehen die Werdener zunächst mit 2:1 und dann mit 3:2 in Führung. Danach drehen die Rot-Weißen das Spiel und liegen ihrerseits mit 4:3 vorn, ehe dem OSC-Team noch der Ausgleich gelingt.

Rollstuhlbasketball: **Die Hot Rolling Bears verlieren gegen den BBC Münsterland mit 30:87. Es ist nicht nur eine Niederlage gegen alte Bekannte, die vor zwei Jahren einen ähnlich mutigen Weg wie die Bears heute gegangen sind, sondern vor allem gegen sich selbst. Gegen die mittlerweile sehr groß aufgestellten Münsterländer tut sich das Team von Trainer Dennis Nohl schwer einen stabilen Spielrhythmus zu finden.**

> 23.10.

Frauenfußball: Es ist die vierte Niederlage, die die SGS Essen in dieser Saison kassiert. Doch die 2:3-Pleite der Bundesliga-Fußballerinnen gegen Hoffenheim ist anders als die vorigen. Denn sie ist unverdient. Schönebeck zeigt eine deutliche Leistungssteigerung, kommt gegen den Favoriten zwei Mal nach einem Rückstand zurück und ist im zweiten Durchgang dem Siegtreffer näher als die TSG. Doch die schlägt im Stile einer Spitzenmannschaft eiskalt zu.

> 25.10.

Fußball: **Drittligist Rot-Weiss Essen entgeht haarscharf einer Blamage: Im Achtelfinale des Niederrheinpokals benötigt RWE tatsächlich ein Elfmeterschießen, um Oberligist ETB Schwarz Weiß mit 7:5 im Elfmeterschießen auszuschalten. Dabei haben die Profis schon mit 3:0 geführt. Peinlich.**

> 26.10.

Eishockey: Nur noch schnell weg wollen die Spieler der Wohnbau Moskitos, fast schon beschämt schleichen sie Richtung Kabine. Der eine oder andere Spieler bedankt sich noch für die Unterstützung bei den knapp 400 Zuschauern, die ihren Unmut nach der 0:2-Heimblamage gegen die Black Dragons Erfurt erstmals in dieser Saison mit vereinzelten Pfiffen äußern. „Die Situation ist natürlich nicht befriedigend", räumt Moskitos-Verteidiger Henry Martens ein. „Wir schaffen es immer wieder, einen Weg zu finden, uns selbst ein Bein zu stellen."

Moskitos-Trainer Frank Petrozza im Spiel gegen Erfurt. Die Mienen der Essener sprechen Bände.

> 28.10.

Eishockey: Die Reaktion stimmt, das Ergebnis nicht – das ist der einhellige Tenor bei den Wohnbau Moskitos nach dem Heimspiel gegen die Hannover Indians. Der Eishockey-Oberligist gibt vor gut 700 Zuschauern am Westbahnhof die richtige Antwort auf das blamable 0:2 gegen Erfurt, belohnt sich aber nicht trotz der Leistungssteigerung. Bis zum Ende dürfen die „Mücken" aber an ein Erfolgserlebnis glauben, bis ein Schuss ins unbehütete Essener Tor sechs Sekunden vor dem Ende das 2:4 besiegelt.

Handball: **Handball-Zweitligist Tusem Essen verliert das fünfte Spiel in Folge. Aber es ist knapp, überraschend knapp beim HBW Balingen-Weilstetten. 30 Sekunden vor dem Ende ist diese umkämpfte Partie noch nicht entschieden. Doch der Spitzenreiter bringt vor 2000 Zuschauern den Vorsprung über die Zeit, siegt mit 30:29 und behält im achten Saisonspiel eine makellose Bilanz. Der Tusem belegt mit vier Punkten nur Rang 15.**

> 29.10.

Fußball: Dass sich Rot-Weiss Essen nach dem 1:1 gegen den FSV Zwickau nicht gänzlich unzufrieden zeigt, liegt auch an der Spielszene in der 65. Minute und der Tatsache, dass es auch schlimmer hätte kommen können. Da laufen die Gastgeber schnurstracks in einen Konter, in der sich Abwehrspieler José Enrique Rios Alonso plötzlich mit drei Gegenspielern auf weiter Flur allein gelassen sieht. Essens Abwehrgarant muss ins Laufduell mit dem eingewechselten Johan Gomez, und anstatt Spanisch zu parlieren konzentriert sich Alonso auf die Bewegung am Ball: „Ich bin nebenher gerannt und wollte abwarten, wie er den Ball annimmt. Das hat er nicht perfekt gemacht und ich habe meine Chance gesehen. Mit meiner Schnelligkeit habe ich es dann gut hinbekommen", so der 22-Jährige, dem im anderen Fall nichts mehr als die Notbremse übrig geblieben wäre.

Basketball: Die ETB Miners geben sich keine Blöße: Am Hallo feiert der Basketball-Erstregionalligist einen klaren 105:77-Erfolg über die Telekom Baskets Bonn II. Die Mannschaft von Headcoach Lars Wendt lässt zu keinem Zeitpunkt Zweifel daran aufkommen, dass nur sie das Spielfeld als Sieger verlassen würde. Aber weil Zufriedenheit im Sport selten guttut, bemängelt Wendt nach Partie zunächst einmal die Defensivarbeit in der ersten Halbzeit – nicht ohne sich einzuschließen: „Vielleicht habe ich auch ein bisschen zu viel Zonenverteidigung spielen lassen. Insgesamt waren wir aber nicht aggressiv genug, waren zu weit weg. Das war dann im zweiten Durchgang besser."

> 30.10.

***Eishockey:* Nichts zu holen gibt es für die Wohnbau Moskitos auswärts bei den Saale Bulls Halle, dem amtierenden Meister der Eishockey-Oberliga Nord. Eine große Überraschung ist das nicht, aber bei der 2:6-Niederlage in Sachsen liefern die Essener pünktlich zu Halloween eine Gruselvorstellung ab. „Wie wir in den letzten Spielen agiert haben, passt nicht zum Anspruch der Moskitos", stellt der Vereinsvorsitzende Thomas Böttcher klar.**

Frauenfußball: Es wird immer unbequemer in der Frauenfußball-Bundesliga für die SGS Essen. Während die Konkurrenz im Abstiegskampf punktet, kassiert Schönebeck in Leverkusen bereits die fünfte Pleite im sechsten Spiel. Und mehr noch: Es ist eine Klatsche, denn die Essenerinnen kommen mit 0:6 unter die Räder und bleiben auswärts den Nachweis der Erstligatauglichkeit weiter schuldig. Caroline Siems entscheidet die Partie mit einem Doppelschlag kurz vor der Pause. Danach gibt es ein Schützenfest.

***Jugendfußball:* Der Knoten ist geplatzt bei der U19 von Rot-Weiss Essen. Die Essener bejubeln in der A-Junioren-Bundesliga ihren ersten Saisonsieg. MSV Duisburg – RWE 0:2. Im achten Anlauf hat es geklappt für die Elf von Trainer Suat Tokat. Personell arg gebeutelt liefern die Gäste dem MSV Duisburg einen beherzten Kampf und gewinnen durch zwei Standards am Ende hochverdient mit 2:0. „Wir haben ein super Spiel gemacht und hatten eine extrem hohe Intensität", freut sich der RWE-Trainer.**

> 01.11.

Handball: Der Kapitän ist platt, einfach erschöpft. Von wegen Energiesparen. Jonas Ellwanger hat am Ende noch einmal alles rausgehauen und mit aller Entschlossenheit drei Tore in Folge gemacht. Wichtige Treffer sind das, denn die 26:25-Führung signalisiert sechs Minuten vor Schluss höchste Gefahr. Doch Ellwanger tankt sich durch zum 27:25, zum 28:26, das 29:26 ist die Entscheidung. Am Ende hat Tusem Essen den ambitionierten TuS N.-Lübbecke mit 30:27 in die Knie gezwungen. Und das verdient.

> 02.11.

Eishockey: Die Wohnbau Moskitos ziehen aus den den etlichen Enttäuschungen auf dem Eis die Konsequenzen und stellen Trainer Frank Petrozza frei. In beiderseitigem Einvernehmen, wie es in der Pressemitteilung heißt. „Nach einem weiteren intensiven Gespräch sind beide Seiten zu dem Ergebnis gekommen, dass die Mannschaft einen neuen Impuls benötigt." Beim überraschend überzeugenden 5:3-Heimsieg des Essener Eishockey-Oberligisten gegen die Saale Bulls Halle steht Sergej Hatkevitch, U20-Coach der Moskitos, hinter der Bande. Er übernimmt den Job interimsweise.

> 05.11.

Basketball: Es ist ein mühevoller, nervenaufreibender Abend für die Miners im Münsterland: Der Erstregionalligist erkämpft sich beim UBC Münster II ein 100:94 und thront damit weiter mit einem Sieg Vorsprung vor Recklinghausen an der Tabellenspitze. Wie intensiv es ist an diesem Abend, ist Headcoach Lars Wendt nach dem Spiel deutlich anzumerken. Auch er ist abgekämpft, hat zuvor alle Hände voll zu tun gehabt, um sein Team doch noch zum Erfolg zu führen. Er hat vor dem Gegner gewarnt, das Team sei besser, als es die Platzierung in der Tabelle aussage. Er darf sich bestätigt fühlen und bringt das auch zum Ausdruck. „Münster hat ein starkes Spiel gemacht", lobt der Headcoach müde, aber erleichtert.

***Handball:* Es ist eine gute Englische Woche für den Handball-Zweitligisten Tusem Essen. Mit dem 30:27 bei der HSG Konstanz fährt die Mannschaft von Trainer Michael Hegemann den zweiten Siege ein. Das Team hat sich stabilisiert, es scheint allmählich aufwärts zu gehen. Daran muss sich die Liga noch gewöhnen: Denn auf der Platte ist von Ehrfurcht des Mit-Aufsteigers vor dem einstigen Europapokalsieger übrigens gar nichts zu spüren. Selbstbewusst und engagiert hatten die Hausherren dagegen und sind in der ersten Hälfte ebenbürtig.**

> 06.11.

Frauenfußball: Die SGS Essen landet in der Frauenfußball-Bundesliga einen Befreiungsschlag: Gegen Schlusslicht Turbine Potsdam erarbeitet sich die Elf von Trainer Markus Högner nach zuletzt vier Niederlagen in Serien einen verdienten 2:1-Sieg. Mit sechs Punkten auf dem Konto hat Schönebeck vorerst etwas mehr Luft im Abstiegskampf. Dafür müssen die Essenerinnen in der hektischen Schlussphase aber noch ordentlich zittern.

***Fußball:* Das Nahziel ist erreicht: Drittliga-Aufsteiger Rot-Weiss Essen wollte die 20-Punkte-Marke knacken – und beim VfB Oldenburg ist es schon so weit: Nach dem**

Tusem Essens Jonas Ellwanger war beim Spiel gegen Lübbecke der Matchwinner.

spektakulären 5:3-Erfolg beim Mit-Aufsteiger hat RWE bis zur Winterpause sogar noch zwei Bonusspiele, um sich noch mehr Winterspeck anzufuttern. „Die Jungs haben es heute nach dem 3:1 spannend gemacht", sagt RWE-Trainer Christoph Dabrowski nach der Partie.

Eishockey: Die Wohnbau Moskitos treffen nach der Freistellung von Trainer Frank Petrozza die nächsten Entscheidungen für den weiteren Saisonverlauf. Der Eishockey-Oberligist klärt die vertragliche Situation bei drei seiner vier Kontingentspielern. Der Kanadier Aaron McLeod und die Niederländer Mitch und Kevin Bruijsten hatten zunächst nur Verträge bis zum 30. November. Die Bruijsten-Brüder sind nun bis zum Saisonende verpflichtet worden, McLeod muss, wie bereits berichtet, zum Ende des Monats gehen. In der Liga geht es mit dem Aufwärtstrend nach der Trennung von Trainer Frank Petrozza weiter: Vier Punkte aus zwei Spielen – und das gegen zwei Top-Teams der Oberliga Nord: Nach dem überraschenden 5:3-Heimsieg gegen die Saale Bulls Halle entführen die Essener dank einer engagierten Leistung einen Zähler aus Leipzig. Dort unterliegen sie mit 0:1 nach Verlängerung.

***Hockey:* Die engagierte und intensive Nachwuchsarbeit des HC Essen zahlt sich erneut aus. Die U12-Jugend des Essener Hockeyclubs feiert nach dem Titel in der Halle auch auf dem Kunstrasen die Westdeutsche Meisterschaft in der höchsten Spielklasse des Verbandes. Es ist ein weiterer Triumph im Jahr des 100-jährigen Bestehens. Im Endspiel in Neuss befindet sich der Nachwuchs des HC Essen gegen den Dauerrivalen Uhlenhorst Mülheim zwar in der Außenseiter-Rolle. Zunächst geraten die Essener mit 0:1 in Rückstand, kämpfen sich aber durch die Tore von Nick Heinlein und Henri Fischbach zurück und gewinnen am Ende verdient mit 2:1.**

Eishockey: Die Wohnbau Moskitos scheinen wieder gefestigt, es ist Ruhe eingekehrt am Westbahnhof. Keine Panikwelle, keine öffentliche Kritik an der Mannschaft, keine Trainerdebatte: Und das nach einer 5:6-Heimniederlage gegen die Hammer Eisbären, einen direkten Konkurrenten. Interimslösung Sergej Hatkevitch befindet sich wohl weiter in der Pole-Position beim Rennen um den Trainerposten.

> 09.11.

Fußball: Rot-Weiss Essen ist seit sechs Spielen ungeschlagen, verpasst aber den möglichen Sprung in die obere Tabellenhälfte. Gegen den SV Meppen reicht es trotz Überzahl in der Schlussphase nur zu einem Punkt. Ole Käuper sieht in der 80. Minute Gelb-Rot, die Partie im Stadion an der Hafenstraße endet vor 16.467 Zuschauern – darunter rund 1000 Fans aus dem Emsland – 0:0. Das Spiel wird von einem medizinischen Notfall überschattet.

Seit sechs Spielen in Folge ungeschlagen: José-Enrique Rios Alonso und Rot-Weiss Essen

> 11.11.

Handball: Es geht weiter aufwärts für Tusem Essen in der 2. Liga. Die Essener bezwingen den Tabellenvierten VfL Potsdam verdient mit 28:20 und landen vor knapp 1600 Zuschauern am Hallo den dritten Sieg in Folge. „Wir haben heute beharrlich gespielt, das war eine reife Leistung", findet Tusem-Trainer Michael Hegemann. Es ist nicht immer schön, was die Gastgeber abliefern, aber sie bleiben ihrer Marschroute treu und setzen sich zehn Minuten vor Schluss gegen den ersatzgeschwächten Gast locker ab.

***Eishockey:* Der Effekt des Trainerwechsels scheint bei den Wohnbau Moskitos allmählich verflogen zu sein. Beim Herforder EV unterliegt der Essener Eishockey-Oberligist, unterstützt von rund 150 mitgereisten Anhängern, in der Overtime mit 3:4 und muss die Rückfahrt mit nur einem Punkt im Gepäck antreten. Der nächste Dämpfer für den anfänglichen Aufschwung unter Interimstrainer Sergej Hatkevitch. „Ich bin zufrieden mit der Einstellung meiner Mannschaft, weil sie alles gegeben hat. Ich kann keinem einzigen Spieler einen Vorwurf machen", sagt Hatkevitch trotz der Pleite. Thomas Böttcher sieht das anders.**

> 12.11.

Basketball: Siege sind immer schön. Doch es gibt diese Erfolgserlebnisse, die schmecken besonders gut. Das 83:80 der ETB Miners über die Bayer Giants Leverkusen II ist so ein Sieg – die Reaktionen der Mannschaft und der Fans auf den Rängen am Hallo lassen daran keinen Zweifel aufkommen. Dabei hätte eine Niederlage des Spitzenreiters der Ersten Basketball-Regionalliga im Zweifel noch nicht einmal fürchterlich schmerzen müssen. Nach sieben Siegen in Folge erwischt es einen vielleicht einfach einmal.

Rugby: Der Rugby Club Essen hat den Kontakt zur Tabellenspitze der Regionalliga NRW vorerst verloren. Das Topspiel gegen den Primus RC Paderborn verlieren die Essener zu Hause mit 23:36. Die Gäste aus Ostwestfalen (24 Punkte) haben damit nach fünf Spieltagen doppelt so viele Zähler auf dem Konto wie der drittplatzierte RCE. Platz eins – das ausgeschriebene Saisonziel – ist damit für die Überruhrer in weite Ferne gerückt. Es ist saisonübergreifend die vierte Niederlage in Serie für Essen gegen Paderborn.

> 14.11.

Fußball: Und dann fühlen sie sich wie die Sieger: Felix Bastians gleicht in der Nachspielzeit aus – Rot-Weiss Essen holt am Montagabend in allerletzter Sekunde ein 1:1-Remis beim TSV 1860 München. Würdiger hätte der Rahmen nicht sein können für das letzte Pflichtspiel des Jahres: Flutlichtspiel im Grünwalder Stadion, ein Traditionsduell, auf das viele hingefiebert hatten. So kommen dann auch eine ganze Menge Essener mit nach München, der Gästeblock: mit rund 1500 Fans ausverkauft. Sie sehen eine Partie, in der beide Mannschaften von Beginn an mit offenem Visier spielen.

> 18.11.

Eishockey: Die Moskitos erreichen einen Tiefpunkt. Beim Cheftrainer-Debüt von Sergej Hatkevitch blamiert sich der Eishockey-Oberligist gegen das Oberliga-Schlusslicht Krefelder EV zu Hause mit 2:3. Es ist die vierte Niederlage in Folge. Ein Impuls durch den Trainerwechsel? Nicht erkennbar. „Natürlich ist es enttäuschend gegen den Letztplatzierten zu verlieren, das ist ja ganz klar", hadert der erfahrene Stürmer Alexej Dmitriev. „Es tut weh, dass die Mannschaft alles gibt, bis zum Schluss kämpft, sich am Ende aber trotzdem nicht belohnt", meint Trainer Hatkevitch. „Auf uns wartet ein langer Weg."

***Basketball:* Ein breiter Kader mit einer enormen Leistungsdichte will gut moderiert werden, mittlerweile fügen sich die Mosaiksteinchen bei Basketball-Erstregionalligist ETB Miners aber immer mehr zu einem harmonischen Bild. Mit dem 100:81 beim Tabellendritten BBA Hagen feiern die Essener den nun schon neunten Sieg in Folge, einzig die Auftaktniederlage gegen Recklinghausen piesackt da noch ein bisschen.**

> 19.11.

Frauenfußball: Die SGS Essen steht im Viertelfinale des DFB-Pokals – und das völlig verdient: Gegen den Bundesliga-Rivalen Werder Bremen setzen sich die Essener Fußballerinnen mit 1:0 durch und überzeugen dabei vor allem im zweiten Durchgang. Dass es bei nur einem Treffer bleibt, den Vivien Endemann per Strafstoß erzielt, ist für die Gäste durchaus schmeichelhaft. Doch der Chancenwucher lässt den Jubel über den Sieg nicht kleiner ausfallen.

***Tennis:* Die beiden Mannschaften des TC Bredeney starten erfolgreich in der Winter-Hallenrunde. In der Tennis-Niederrheinliga setzt sich das Nachwuchsteam der Männer beim OTHC Oberhausen glatt mit 5:1 durch. Die Damen siegen beim Sportpark Moers-Asberg mit 6:0 und müssen zu den Doppeln gar nicht mehr antreten.**

Fechten: Frauke Hohlbein, Bettina Graf und Kerstin von Toll von der Essener Fechtsportgemeinschaft (EFG) werden in Erfurt Deutscher Mannschaftsmeister der Senioren. Die drei Degenspezialistinnen holen ungeschlagen die Goldmedaille, und das nicht nur mit Können, sondern auch durch große Nervenstärke auf der Planche. Die EFG startet mit einem deutlichen Sieg gegen das starke Hamburger Team. Beim Duell um Platz eins gegen Titelverteidiger Waldkirch/ Freiburg zeigen alle drei Essenerinnen ihre individuelle Klasse und siegen hochverdient mit großem Abstand.

Volleyball: Nein, bitter enttäuscht ist der VV Humann wohl kaum, dafür ist man zu realistisch in der Wolfskuhle. Zu klein ist die Chance der Essener Zweitliga-Volleyballer auf ein Erfolgserlebnis beim TuS Mondorf, dem Meister der Vorsaison, der mit sieben Siegen aus sieben Spielen auf Rang zwei rangiert, während VVH mit zwei Pünktchen am Tabellenende herumkrebst. Es wird schließlich und endlich der erwartete 3:0-Pflichtsieg des Favoriten.

> 20.11.

***Eishockey:* Aus der Oberliga-Mannschaft der Wohnbau Moskitos wird in dieser Saison niemand mehr so richtig schlau. Erst blamiert sie sich gegen das Schlusslicht Krefeld mit einer 2:3-Heimpleite. Danach wird nur noch über die Höhe der Niederlage beim Spitzenreiter Hannover Scorpions diskutiert. Punkte gibt es zwar keine, aber das 3:5 stimmt zumindest etwas zuversichtlicher, weil die Leistung passt, was in den vorherigen Wochen nur selten der Fall war.**

Schwimmen: Bei den deutschen Kurzbahn-Meisterschaften in der Wuppertaler Schwimmoper reicht es diesmal nicht zu einer Goldmedaille für die Startgemeinschaft Essen (SGE). Nach dem großen personellen Umbruch am Bundesstützpunkt in Essen holt die junge Mannschaft der SGE sechs Medaillen, drei silberne und drei bronzene. Wegen des fehlenden Titels reicht es im Medaillenspiegel nur zu einem Rang am Ende der Top 20, allerdings zeigen die insgesamt 16 Finalteilnahmen in der offenen Klasse, dass in Rüttenscheid weiterhin hoffnungsvolle Talente heranwachsen. Dazu gehört zweifelsohne Nina Sandrine Jazy, bei Wettkampf noch keine 17 Jahre alt und bei der DM die erfolgreichste Essener Schwimmerin ist. In Wuppertal holt sie jeweils Silber über 100 m Freistil (53,84 Sek., neue Bestzeit)) und 50 m Freistil (24,53 Sek.).

Handball: Ein letztes Mal ballt Tim Rozman die Faust und streckt sie in Richtung Hallendecke. Sein Treffer zum 25:18 für den Tusem

Ella Touon Mbenoun, Ramona Maier und Emely Joester (v. l.) freuen sich über den Einzug ins Viertelfinale des DFB-Pokals.

Essen markiert den Endstand im Auswärtsspiel beim TV Großwallstadt und sorgt auf der anderen Seite für hängende Köpfe. Die Essener bleiben also auf Erfolgskurs in der 2. Handball-Bundesliga. Zwar reist der Tusem ohne den erkälteten Kreisläufer Finn Wolfram nach Bayern, dafür aber mit viel Rückenwind nach drei Siegen in Serie.

> 25.11.

Handball: **Die letzte Kraft entlädt sich im großen Jubel nach dem Spiel. Die Handballer des Tusem Essen umarmen sich nach dem fünften Sieg in Serie, der allerdings hart erkämpft ist. Gegner HSC Coburg verlangt den Hausherren bis zur Schlussphase viel ab, unterliegt dennoch mit 20:27.**

> 26.11.

Basketball: Der zehnte Streich im elften Spiel: Erstregionalligist ETB Miners eilt weiter von Sieg zu Sieg, die Essener feiern einen souveränen 102:90-Erfolg bei den Münsterland Baskets Wulfen. 102 Punkte, und dies ohne den verletzten Milen Zahariev, der zuletzt seine Führungsrolle mit Topleistungen untermauern konnte. 102 Punkte, die einmal mehr deutlich machen, zu was die Miners in der Lage sind und wie tief ihr Kader besetzt ist. Viele Spieler in diesem Team sind dazu in der Lage, wesentlichen Input zu liefern und schwerwiegende Ausfälle zu kompensieren.

Volleyball: Und es geht doch – und wie es geht. Volleyball-Zweitligist VV Humann besiegt TuB Bocholt mit 3:2 und bietet dabei den Zuschauern in der voll besetzten Halle in der Wolfskuhle Krimi mit zahlreichen Wendungen, der aus Sicht der Gastgeber auch noch ein gutes Ende nahm. Humann-Herz, was willst du mehr?

Damenhockey: **Ein optimaler Saisonauftakt in der neu gegründeten Zweitliga für die HCE-Damen: Sie schlagen Eintracht Dortmund 4:0 und führen die Tabelle an. Im Duell der beiden ehemaligen Regionalligisten haben die Damen des Trainerduos Philipp Weide/Carsten Fischbach den besseren Start. Die zweifache Torschützin Nina Klinge zieht ein positives Fazit: „Wir sind stolz über die drei Punkte. Trotz der vielen Krankheitsfälle in den letzten zwei Wochen der Vorbereitung haben wir von Beginn an gut ins Spiel gefunden. Vor allem die Defensive hat kompakt gestanden."**

Herrenhockey: Der HCE wird für seine gute Leistung zum Saisonauftakt in der Gruppe West gegen einen der Aufstiegsanwärter nicht belohnt und verliert gegen SW Köln mit 6:8. Teammanager Jochen Bodenberg ist trotz der Niederlage mit der Mannschaft hoch zufrieden: „Wir haben gegen starke Kölner eine gute Leistung und eine tolle Moral gezeigt. Das Team hat nach dem 3:8-Rückstand nicht aufgesteckt und durch Fabian Verdaguer, Jan Zielinski und Fin Schmitz in den letzten fünf Minuten noch drei Tore erzielt. Die können im weiteren Saisonverlauf noch wichtig sein."

Fünfter Sieg in Serie: Markus Dangers und die Tusem-Handballer

Boxen: Die Essener Box-Fans bekommen zum Jahresende noch einmal etwas geboten. Veranstalter „Boxing Industry“ bietet den rund 300 Zuschauern im ChorForum an der Fischerstraße fünf Kämpfe, die aus Essener Sicht bis auf eine Ausnahme erfolgreich enden. Lokalmatador Nico Göer darf sich über seinen zweiten Sieg als Profi freuen. Allerdings erweist sich der erfahrene Bosnier Aleksander Kuvac als zäher Bursche, so dass der Essener nach vier Runden „nur“ Punktsieger wird. Gastboxer Jonas Peters (Hamburg) gewinnt bei seiner Profi-Premiere gegen Manuel Posada durch K. o.. Höhepunkt ist aber das temporeiche Duell von Ali El-Said mit dem Ukrainer Shcherbyna, das der El-Said nach Punkten verliert. Ebenfalls erfolgreich sind Tim Vößing (K. o.) und Marco Brandowski (technischer K. o.).

***Rugby:* Aufatmen beim Rugby Club Essen: Der NRW-Regionalligist kehrt nach zwei Niederlagen in Folge in die Erfolgsspur zurück. Bei der Überraschungsmannschaft SG Rheinland fahren die Überruhrer einen souveränen 36:7-Auswärtssieg ein – der erste Erfolg auf fremdem Platz in dieser Saison. Nach den zuletzt durchwachsenen Auftritten sei das mal wieder ein Spiel gewesen, „in dem die Mannschaft unheimlich gut funktioniert hat“, freut sich der Vereinsvorsitzende Frank Haberland.**

> 27.11.

Frauenfußball: Punkte bringt die SGS Essen aus München nicht mit. Dennoch ziehen sich die Essener Bundesliga-Fußballerinnen beim Tabellendritten achtbar aus der Affäre. Bis in die Schlussminute hält Schönebeck die Partie offen, ehe Bayern mit einem Konter den 2:0-Siegtreffer erzielt. Verdient ist der Heimsieg für den FCB schon. Und doch wissen die Essenerinnen mit einer engagierten Defensivleistung zu überzeugen. Das war in dieser Saison – insbesondere in der Fremde – bisher nicht häufig der Fall. Gänzlich unzufrieden ist Essens Trainer Markus Högner daher mit seiner Elf nicht.

Eishockey: Ersatz-Kapitän Henry Martens lässt seinen Frust in einem kurzen Schrei heraus, Trainer Sergej Hatkevitch rauft sich die Haare, und Torhüter Fabian Hegmann fährt zur Bank, um mit seinen Teamkollegen zu diskutieren. Gerade mal acht Minuten sind gespielt im Heimspiel der Wohnbau Moskitos gegen die Crocodiles Hamburg, da steht es bereits 0:2. Früh zeichnet sich ab, dass es für die „Mücken“ nichts zu holen gibt gegen den Tabellenzweiten der Oberliga Nord. Vier Gegentore kassieren die Moskitos in einem desolaten Anfangsdrittel, am Ende unterliegen sie hochverdient mit 1:6. „Und damit waren wir noch gut bedient“, räumt Hatkevitch ein. Das Heimdebakel vor 360 Zuschauern ist die sechste Niederlage in Folge unter dessen Regie, die Essener werden ihren Ansprüchen, mindestens die Pre-Playoffs zu erreichen, alles andere als gerecht.

Trainer Christian Knappmann heuert beim FC Kray an.

> 29.11.

***Jugendfußball:* Nach nur acht Punkten aus sieben Ligaspielen trennen sich der ETB Schwarz-Weiss Essen und Yannick Gonzalez einvernehmlich. „Das ist eine Entscheidung, die ich schon lange mit mir herum trage. In den letzten Wochen und Monaten habe ich keine Alternative gesehen“, berichtet Gonzalez. Nach einem starken Auftakt in der Niederrheinliga mit sieben Punkten aus den ersten drei Spielen ging es bergab am Krausen Bäumchen. Zuletzt gingen die beiden Derbys gegen den FC Kray (2:3) und die Spvg Schonnebeck (2:4) verloren, was sicherlich mithin ausschlaggebend war.**

> 02.12.

Eishockey: Die Wohnbau Moskitos stoppen nach sieben Niederlagen den Negativtrend und lösen die Pflichtaufgabe gegen die Rostock Piranhas. Überzeugen kann der Essener Eishockey-Oberligist beim 5:3-Arbeitssieg gegen den Tabellenvorletzten aber nicht. Zu deutlich sind die Nachwirkungen der vergangenen Wochen spürbar, nach einem Befreiungsschlag fühlt sich das jedenfalls nicht an. Der Heimerfolg sei aber „enorm wichtig“ gewesen, sagt Moskitos-Verteidiger Fabio Frick.

***Fußball:* Beim Tabellenvorletzten FC Kray wird es nicht langweilig. Erst muss der Sportliche Leiter und Interimstrainer Rudi Zedi gehen, kurz darauf wird die Verpflichtung von Christian Knappmann bekanntgegeben, der seine Zelte in Mintard kurzerhand abbricht und an die Buderusstraße überwechselt. Der weiß bei 13 Punkten Rückstand auf das rettende Ufer schon um sein Himmelfahrtskommando und versucht erst einmal, sein neues Team „zwischen Realismus und Fantasie“ einzunorden.**

> 03.12.

Volleyball: Mit einem vermeidbaren Punktverlust und einem 2:3 bei VV Schwerte kehren die Humann-Spielerinnen vom Tabellenletzten zurück. Nach zwei souveränen Durchgängen verpasst der VVH im dritten Spielabschnitt die Entscheidung und den damit verbundenen Dreier. So geht nämlich gegen stärker aufspielende Schwerterinnen auch der vierte Satz verloren. Im Tiebreak sorgen dann frühe Aufschlagserien von Sabrina Große-Wilde und Mila Jancar für eine 9:1-Führung für klare Verhältnisse. Damit haben die Essenerinnen die Teilnahme an der Aufstiegsrunde weiter in eigener Hand.

Basketball: Eine knappe Geschichte! Basketball-Erstregionalliga-Primus ETB Miners feiert im letzten Heimspiel vor Weihnachten am Hallo einen in vielerlei Hinsicht „dünnen" 91:86-Erfolg gegen Aufsteiger BG TVO/TV Jahn vom Biggesee. Positiv allein an diesem Abend sind der unbedingte Wille, die Partie noch drehen zu wollen – und die Fähigkeit, es auch zu können.

> 04.12.

Damenhockey: Für den HCE-Coach Philipp Weide läuft bisher alles nach Plan. Die Damen führen durch die Erfolge gegen Eintracht Dortmund und dem KHTC mit optimalen sechs Punkten die Tabelle an. Der 7:4-Sieg beim Kahlenberger HTC unterstreicht die Ambitionen der Essener einmal mehr. Weides Fazit: „Unsere geschlossene Teamleistung wurde in der zweiten Hälfte endlich mit Toren belohnt. Lernfelder bleiben die Chancenverwertung und kleine Feinabstimmungen im Spielaufbau. Die Defensive festigt sich immer mehr."

Herrenhockey: Das 3:4 beim Kahlenberger HTC bedeutet die zweite knappe Niederlage nach dem 6:8 zum Saisonauftakt gegen SW Köln für das Team von Trainer Oliver Plauk. In dem ausgeglichenen Spiel gehen die Essener in der 15. Minute durch Marc Heimeshoff in Führung. Anschließend hat die HCE-Offensive jedoch Ladehemmung. Dafür treffen aber die Kahlenberger.

Frauenfußball: Die SGS Essen teilt sich im letzten Heimspiel des Jahres die Punkte und hält Verfolger Werder Bremen damit zumindest auf Abstand. Der erhoffte Befreiungsschlag im Abstiegskampf der Frauenfußball-Bundesliga bleibt allerdings aus. Zwar haben die Essenerinnen insgesamt leichte Vorteile, doch vor allem offensiv ist das über 90 Minuten zu wenig.

***Ringen:* Der TV Essen-Dellwig besiegt in einer packenden Begegnung den KV Riegelsberg aus dem Saarland mit 14:12. Zur Pause liegen die Essener noch mit 5:11 – fast schon aussichtslos – in Rückstand. Mit einer fulminanten Aufholjagd kann im vorletzten Kampf der Gleichstand hergestellt werden. Die Entscheidung fällt im letzten Kampf, als Cavit Acar die Punkte gegen Georgiy Zlatov einfährt. Durch diesen Sieg gibt der TVD die „Rote Laterne" an den KV Riegelsberg ab. „Der Kampf war ein Highlight, wir hatten eine Bombenstimmung in der Halle. Unsere starken türkischen Ringer haben alle mit guten Leistungen gepunktet", fasst Trainer Christian Jäger zufrieden zusammen.**

Henrike Ehls und die Hockey-Damen des HCE feiern einen perfekten Saison-Auftakt gegen Eintracht Dortmund.

Eishockey: Das wäre er fast gewesen, dieser eine Moment, nach dem sich die Wohnbau Moskitos so gesehnt hatten. Aber nein, es sollte nicht sein. Der Distanzschuss von Robin Slanina prallte in letzter Sekunde vom linken Pfosten zurück ins Spielfeld. Das Klirren dürfte die Essener Fans noch im Schlaf verfolgt haben. „Wäre der Schuss zwei Zentimeter weiter rechts eingeschlagen, wäre er drin gewesen", haderte Moskitos-Kapitän Stephan Kreuzmann. Stattdessen riss die Schlusssirene die „Mücken" aus ihren Träumen.

> 05.12.

Handball: Mit der Schlusssirene machen die Köpfe einen kleinen Satz nach unten. In diesem Moment ist die erste Niederlage des Tusem Essen nach fünf Siegen in Serie besiegelt, denn den Eulen Ludwigshafen unterliegt er nach langem Kampf mit 26:27. Letztendlich fehlt nicht viel, um dem Favoriten mindestens einen Punkt abzuknöpfen, aber in den entscheidenden Momenten sind die Gastgeber dann doch etwas besser.

> 06.12.

Eishockey: Fast auf den Tag ein Jahr zuvor entführten die Wohnbau Moskitos drei Punkte vom Hannoveraner Pferdeturm. Am 5. Dezember 2021 landete der Essener Eishockey-Oberligist mit dem 2:1-Sieg bei den Indians einen wichtigen Befreiungsschlag. Zu gern hätten die „Mücken" den Streich wiederholt. Der Nikolaus hält in diesem Jahr zwar keine Zähler bereit, dafür aber den nächsten Auftritt, der dem ESC durchaus Hoffnung machen dürfte: Die Moskitos unterliegen dem Tabellenfünften vor rund 1500 Zuschauern am Pferdeturm knapp mit 2:3.

> 09.12.

Handball: Dieses Handballspiel dauert im Prinzip nur rund 40 Minuten. Zwar nicht auf der Uhr, aber gefühlt ist das Derby zwischen Tusem Essen und VfL Eintracht Hagen zu diesem Zeitpunkt schon entschieden. Die Mannschaft von der Margarethenhöhe nutzt die Unsicherheit der Gäste gnadenlos aus und feiert am Ende einen ungefährdeten 33:27-Erfolg. Die rund 100 mitgereisten Fans aus Hagen haben ihr grün-gelbes Konfetti bereits vor Anpfiff verschossen, ihre Mannschaft hat aber offensichtlich noch genug Pulver, um den Gegner ärgern zu können. „Wir hatten viele Höhen und Tiefen im Spiel", analysiert Tusem-Trainer Michael Hegemann, der vor allem mit der Chancenauswertung nicht zufrieden ist.

Die Chronik | Dezember 2022

Eishockey: Und dann dürfen sie endlich auf die Eisfläche fliegen, die bunten Teddybären, die die Wohnbau Moskitos für einen guten Zweck vor dem Heimspiel gegen die Füchse Duisburg in der Eissporthalle verkauft haben. Sehnsüchtig haben die Essener Fans auf den sogenannten „Teddy-Toss" gewartet. Nicht, weil sie die Stofftiere endlich loswerden, sondern weil der Moment gleichbedeutend ist mit dem Führungstreffer für den ESC im zweiten Spielabschnitt.

> 10.12.

***Basketball:* Das Dutzend ist voll: Basketball-Erstregionalligist ETB Miners feiert zum Abschluss der Hinrunde beim DTV Basketball Köln einen 103:84-Erfolg, es war der zwölfte Sieg in Serie. Und es war dann doch eine viel deutlichere Angelegenheit gegen einen ambitionierten Gegner als wartet. Den Fuß zu früh vom Gas genommen zu haben, nur das mussten sich die Essener ankreiden lassen.**

> 11.12.

***Frauenfußball:* Die SGS Essen überwintert in der Frauenfußball-Bundesliga frei von Sorgen. Durch den 6:0-Sieg im Ruhrderby beim MSV Duisburg baut die Elf von Trainer Markus Högner den Vorsprung auf den ersten Abstiegsplatz auf komfortable sieben Punkte aus. Eine frühe Führung verwalten die Gäste zunächst genügsam, ehe sie in Halbzeit zwei angeführt von Doppelpackerin Vivien Endemann wie entfesselt aufspielen und den MSV dank des Kantersiegs in der Tabelle überflügeln.**

Eishockey: Noch zwei Tage zuvor hat es der Eishockey-Gott gut gemeint mit den Wohnbau Moskitos. Der 2:1-Derbysieg gegen die Füchse Duisburg scheint wie leichter Balsam zu wirken für die Essener Seele. Doch zwei Tage später werden die Wunden der letzten Wochen ruckartig wieder aufgerissen. Bei den Hammer Eisbären unterliegen die „Mücken" zum Start in die zweiten Saisonhälfte der Oberliga Nord deutlich mit 2:6. Hat die Formkurve in den vorherigen vier Spielen – trotz nur fünf Punkten – zur Abwechslung zumindest mal leicht nach oben gezeigt, reißt die Pleite in Hamm sie wieder nach unten

Rollstuhlbasketball: Die Rollstuhlbasketballer der Hot Rolling Bears sind auch nach dem siebten Spieltag noch ohne Pluspunkt. Gegen den Tabellenfünften Rhine River Rhinos unterliegt der Essener Aufsteiger mit 36:78. Dass es schwer würde, gegen den Playoff-Kandidaten aus Wiesbaden zu bestehen, ist den Rolling Bears vor dem ersten Hochball klar. Erneut sind es mangelnde Konstanz in der Konzentration und die hohe Turnover-Rate (22), die das Ergebnis so deutlich werden lassen.

> 14.12.

***Handball:* Hoch in der Luft fängt Felix Klingler den Ball mit der linken Hand und versucht, ihn während des Fluges zum Ausgleich in letzter Sekunde im gegnerischen Tor unterzubringen. Doch der Rechtsaußen des Tusem Essen scheitert am starken Schlussmann Marino Mallwitz, der damit den 21:20-Sieg des HC Elbflorenz festhält. Eine bittere Niederlage für Gäste, die im Angriffsspiel große Probleme hatten.**

> 15.12.

Jugendhandball: Nachdem es der Handball-A-Jugend des Tusem nicht gelungen ist, die Meisterrunde zu erreichen, müssen die Essener Talente wie in der Vorsaison versuchen, sich über den Pokalwettbewerb für die nächste Bundesliga-Saison zu qualifizieren. Nachfolger von Trainer Lukas Ellwanger, der sich nur noch auf die zweite Mannschaft konzentriert, ist der gebürtige Remscheider Philipp Krüger. Er ist sowohl Co-Trainer bis zum Saisonende beim Longericher SC als auch hauptverantwortlicher Trainer beim Tusem.

> 16.12.

Eishockey: Nils Velm wirkt fast untröstlich. Der Torhüter der Wohnbau Moskitos lässt sich nach dem letzten Gegentreffer im Heimspiel gegen die Hannover Scorpions aufs Eis fallen, bleibt danach vor seinem Gehäuse hocken. Als die 3:7-Niederlage gegen den Spitzenreiter der Oberliga Nord besiegelt ist, versuchen ihn nicht nur die eigenen Teamkollegen, sondern auch die Gäste aufzumuntern – ohne Erfolg.

> 17.12.

***Rollstuhlbasketball:* Die Rollstuhlbasketballer der Hot Rolling Bears verlieren mit dem 53:93 bei den Dolphins Trier auch das letzte Spiel des Jahres und verabschieden sich ohne einen Sieg in die Weihnachtspause. „Ganz klar verschlafener Start", kommentiert Essens Trainer Dennis Nohl. Für den Aufsteiger aus Essen ist es das erwartet harte Spiel gegen den All-Star-Shooter der 1. Bundesliga und dessen Mitstreiter.**

Basketball: Revanche geglückt! Basketball-Erstregionalligist ETB Miners feiert bei Citybasket Recklinghausen einen 76:60-Erfolg und rückt damit nach der Pleite am ersten Spieltag – der bislang einzigen in dieser Saison – die Dinge wieder gerade. „Wir sind froh, dass wir gewonnen haben", so ETB-Headcoach Lars Wendt. „Aber wir sind auch froh, jetzt in eine kurze Pause gehen zu können."

Kevin Bruijsten und die Moskitos Essen unterliegen den Tilburg Trappers knapp mit 2:3.

Herrenhockey: **Der HC Essen geht nach vier Spieltagen ohne einen Punktgewinn in die Weihnachtspause. Nach der in den ersten drei Spielen und elf Treffern wenig effizienten Gladbacher Offensive hat der GHTC anscheinend Nachholbedarf. Gegen den HC gewinnt der Favorit deutlich mit 10:3. Der Portugiese David Ascenso Franko sorgt mit einem Doppelschlag für einen optimalen Start. Nach den Treffern von Rodrigo Costra und Niklas Braun erzielt der HCE im Gegenzug durch den Nachwuchsspieler Lars Bruder den ersten Treffer.**

> 18.12.

Eishockey: Die Wohnbau Moskitos befinden sich passend zur Weihnachtszeit nach wie vor in Geberlaune. Die Punkte gehen regelmäßig an die Konkurrenz. Nach dem peinlichen 1:8 beim Schlusslicht in Krefeld muss sich der Essener Eishockey-Oberligist dem Tabellenzweiten Crocodiles Hamburg auswärts mit 3:8 geschlagen geben. „Die Zahl acht liegt uns wahrscheinlich", flüchtet sich der frustrierte ESC-Coach Sergej Hatkevitch in Zynismus.

Damenhockey: Den Doppel-Spieltag beenden die Zweitliga-Damen mit einem Unentschieden und einer Niederlage. Beim DSD Düsseldorf steht es am Ende 2:2. Nina Klinge, die sich mit sieben Treffern auf Rang sechs der Torschützenliste verbessert, sorgt für die verdiente Pausenführung Die Düsseldorferinnen antworten mit zwei Eckentoren. Bei Spitzenreiter HC Raffelberg setzt es eine 0:7-Niederlage. Die HCE-Damen sind gegen den souveränen Spitzenreiter chancenlos und kassieren im vierten Spiel ihre erste Niederlage.

> 22.12.

Handball: Zweitligist Tusem Essen hat auf der Torhüter-Position nun endgültig Planungssicherheit für die Zukunft. Nachdem der Abgang vom langjährigen Stammtorhüter Sebastian Bliß verkündet worden ist, gibt der Traditionsklub zwei Vertragsverlängerungen bekannt. Lukas Diedrich und Arne Fuchs werden über die laufende Saison hinaus beim Tusem bleiben. „Für mich steht die sportliche Weiterentwicklung im absoluten Fokus und deshalb habe ich meinen Vertrag verlängert", sagt Diedrich, der bis Sommer 2025 in Essen bleiben wird.

> 23.12.

Fußball: Unter Ausschluss der Öffentlichkeit spielen die Rot-Weissen gegen den holländischen Zweitligisten De Graafschap Doetinchem 2:2. Ein etwas glückliches Remis gegen einen Gastgeber, der vor allem in der zweiten Hälfte dominierte. „Seit zehn Spielen ungeschlagen", sagt RWE-Trainer Christoph Dabrowski.

Eishockey: Damian Schneider hat noch reichlich Gesprächsbedarf. Der Stürmer der Wohnbau Moskitos diskutiert intensiv mit den Schiedsrichtern nach der 2:5-Derbyniederlage, während die Anhänger des Herner EV ihre Mannschaft ausgiebig feiern. Kritisieren will er die Unparteiischen aber nicht. „Sie machen auch nur ihren Job und kriegen immer ihr Fett weg, aber es ist auch wichtig, sie mal zu loben", sagt Schneider. Im Endeffekt habe er ihnen nur „schöne Weihnachten" gewünscht.

Klare Sache für Beke Sterner (r.) und die SGS: Sie schlagen den MSV Duisburg mit 6:0.

> 26.12.

Handball: Es ist der bislang wohl größte Moment seiner noch jungen Handball-Karriere. Nils Homscheid zielt am Torwart links vorbei und trifft für Tusem Essen in letzter Sekunde per Siebenmeter zum 31:30-Sieg beim TV Hüttenberg. Ein Erfolg, der nach komfortabler Führung beinahe noch in einer Niederlage geendet wäre

Volleyball: **Natürlich sind die Volleyballer des VV Humann Essen enttäuscht. Sie haben zum zweiten Mal in Folge mit 0:3 verloren. Während die Niederlage in Warnemünde nicht überraschend ist, haben sich die Humänner in der heimischen Wolfskuhle gegen den Aufsteiger Orderbase Volleys Münster (TSC Gievenbeck) schon etwas mehr ausgerechnet. Allerdings haben sie zu Saisonbeginn bereits im WVV-Pokal gegen dieses Team verloren. Nun verbringt die Mannschaft von Trainer Peter Bach die Weihnachtspause auf einem Abstiegsplatz.**

> 27.12.

Eishockey: Nun ist es amtlich und verkündet. Danny Albrecht ist neuer Trainer bei den Wohnbau Moskitos. „Wir als Vorstand haben jetzt die Aufgabe, Dinge zu verändern, und die Verantwortung, eine Kehrtwende herbeizuführen", hat der Vorsitzende Thomas Böttcher angekündigt.

> 29.12.

Eishockey: Geglückter Einstand von Danny Albrecht. Die Wohnbau Moskitos gewinnen das erste Spiel unter ihrem neuen Trainer beim Tabellenvorletzten Rostock Piranhas verdient mit 6:3. Damit hält der Essener Eishockey-Oberligist nicht nur Rostock auf Abstand, sondern verkürzt gleichzeitig den Rückstand auf den nächsten Gegner Herford auf fünf Punkte. Der erste Sieg nach sechs punktlosen Spielen in Folge, der erste Auswärtsdreier seit Mitte Oktober.

Learning by doing – in der 2. Bundesliga

Cheftrainer Michael Hegemann hat in seinem ersten Jahr viel erfahren müssen

„Langeweile habe ich noch nicht“, sagt Michael Hegemann grinsend. Der Trainer des Tusem Essen hat sein erstes Jahr als Chef an der Seitenlinie hinter sich gebracht und hätte eigentlich die Sommerpause in der 2. Handball-Bundesliga genießen können. Doch daran war für ihn igen nicht zu denken.

Die Saison 2022/23 war gerade erst vorbei, der Tusem hatte sie auf Rang neun beendet, da war ans Durchatmen für Hegemann nicht zu denken. Denn bereits kurz nach dem letzten Saisonspiel startete der Lehrgang zur A-Lizenz, der eine weitere Woche voller Handball in seinem Leben in Anspruch nahm. Immerhin: nach dem Lehrgang durfte er dann auch mal ein paar Tage im Urlaub abschalten.

Den Kopf freizubekommen, war für Michael Hegemann durchaus wichtig nach diesem fordernden Jahr. Der Trainer hatte das Amt von Jamal Naji übernommen und musste einen ersten Umbruch bewältigen. Dies gelang über die ganze Saison gesehen ordentlich, immerhin konnten die Neuzugänge und junge Spieler einige Fortschritte machen. Generell schafften es viele Spieler sich noch einmal individuell weiterzuentwickeln, darunter Nils Homscheid oder Alexander Schoss.

Die Essener sind vor eigenem Publikum stark

Die Mannschaft hatte jedoch schwankende Leistungen. Nach gutem Saisonstart lief es wochenlang nicht nach Plan und es hagelte Niederlagen. „Aber das Spiel in Balingen war aus meiner Sicht der Wendepunkt. Wir haben zwar verloren, aber von da an hatte ich das Gefühl, dass die Ideen der Trainer und der Spieler zusammenpassen und wir unseren Weg gefunden haben“, schaut Hegemann zurück. Dies war Ende Oktober – und in der Tat: seitdem blieb der Tusem zuhause ungeschlagen.

Nur auswärts stockte der Motor noch zu häufig, vor allem im Angriff. „Wären wir auswärts stabiler gewesen, wäre definitiv mehr möglich gewesen“, sagt der Trainer, der sich allerdings auch über die teils haarsträubende Chancenverwertung seiner Jungs ärgert: „Generell müssen wir mehr Kapital aus unserer starken Abwehr und unserem Tempospiel schlagen.“

Ursprünglich ein Ziel für die folgende Saison. Allerdings war in der Sommerpause klar, dass unter anderem mit Justin Müller (Wechsel zu Nordsjaelland Handbold) und Eloy Morante (Bergischer HC) zentrale Figuren auf dem Spielfeld fehlen werden. „Es ist eine enorme Herausforderung, auf die ich mich aber freue. Ich bin fest davon überzeugt, dass wir das hinbekommen“, gibt sich Hegemann optimistisch.

Der Tusem-Coach hat viel reflektiert: „Ich habe gemerkt, dass es extrem schwierig ist es allen recht machen zu können. Das geht eben nicht, und ich muss lernen damit umzugehen.“

Bei aller Anstrengung war dieses erste Jahr aber auch eine Erfahrung, die den Grundschullehrer glücklich gemacht hat: „Wenn man mit einem Spieler in der Trainingswoche etwas bespricht, er es dann im Spiel umsetzt und es auch noch gut funktioniert, dann gibt es einem ein tolles Gefühl.“

Joshua Windelschmidt

Geschafft! Das erste Jahr als Tusem-Cheftrainer war für Michael Hegemann besonders hart.

Noch einige Bretter zu bohren

Zweitligist Tusem Essen hat einen weiteren Umbruch hinter sich

In der Werkstatt des Tusem Essen wurde vor dem Saisonstart in der 2. Handball-Bundesliga noch ordentlich gehobelt und gefeilt, um eine schlagkräftige Mannschaft auf die Platte zu stellen. Die Vorbereitung verlief dabei nicht ganz nach Plan, wie Trainer Michael Hegemann verrät.

Hegemann musste schnellstmöglich eine Einheit formen, um in der zweiten Liga bestehen zu können. Einige Abgänge haben Lücken hinterlassen, die nicht ohne Weiteres kurzfristig gestopft werden können. Immerhin hat der Trainer einen guten Eindruck von seinen Neuzugängen und das Gefühl, dass der Kader „in der Breite gute Spieler hinzugewonnen" habe. Zwar blickt Hegemann „sehr zufriedenstellend" auf die Entwicklung seiner Neulinge, allerdings mussten einige von ihnen phasenweise wegen Verletzungen oder Infekten pausieren und konnten zum Auftakt noch nicht in Topform sein.

Man wolle die Aufgaben „nehmen, wie sie kommen", gab sich aber auch realistisch. Der erneute Umbruch im Sommer wird Zeit brauchen, große Sprünge können die Tusem-Fans wohl noch nicht erwarten. Zumal die Vorbereitung durchaus besser hätte verlaufen können, wie der Trainer berichtet: „Wir hatten immer wieder Ausfälle und kamen dadurch nicht ideal in den Rhythmus."

Verletzungspech begleitet die Essener

Unter anderem musste Dennis Szczesny nach seinem Mittelhandbruch erst einmal langsam wieder herangeführt werden, zudem hatte Malte Seidel Probleme mit seinem Knie und Luis Buschhaus musste aufgrund seines Kreuzbandrisses ohnehin lange aussetzen. „Das tut mir für Luis sehr leid, aber auch uns als Mannschaft tut der Ausfall sehr weh", sagt Hegemann.

Trotz einiger Probleme gibt sich der Weltmeister von 2007 optimistisch und sieht das Positive: „Wir haben uns einen Grundrahmen erarbeitet. Klar ist aber auch, dass die Feinabstimmung noch einige Zeit dauern wird."

Dementsprechend gibt sich der Tusem auch einigermaßen bescheiden in Bezug auf das Saisonziel. Wobei er offensichtlich gar nicht so weit schauen will, das Saisonende sei dafür zu weit entfernt. Stattdessen stecke man sich Etappenziele: „Wir haben uns mit der Mannschaft darauf geeinigt, dass wir von Monat zu Monat schauen, je nachdem gegen wen wir spielen und wie weit die Entwicklung fortschreitet. Wir wollen uns schnell finden und nichts mit dem Abstieg zu tun haben. Wenn wir auf eine ähnliche Punktzahl wie in der letzten Saison kommen, dann wäre das sicherlich in Ordnung", meint der Cheftrainer. Dabei ließen sich die Ziele immer auch flexibel anpassen, gerne auch nach oben korrigieren.

Die Generalprobe, das Testspiel gegen den Drittligisten HSG Krefeld (28:28), lief auch eher durchwachsen. „Die erste Halbzeit war gut, die zweite eher dürftig", fasst Hegemann zusammen und führt aus: „Es war für uns ein Stresstest. Wir haben gesehen, dass wir in einem guten Fluss spielen können, wenn es gut läuft. Unter Stress brauchen wir teilweise noch etwas mehr Führung und Kontrolle. Aber das werden wir uns erarbeiten."

Joshua Windelschmidt

Bitterer Ausfall: Tusem-Talent Luis Buschhaus fiel zum Saisonstart wegen eines Kreuzbandrisses aus.

„Es braucht neue Gedanken und neuen Schwung"

Tusem-Geschäftsführer Niels Ellwanger arbeitet Nachfolger Jonathan Krause ein

Noch bevor die neue Saison in der 2. Handball-Bundesliga startete, haben die Verantwortlichen beim Tusem Essen schon ein paar Jahre vorausgeschaut. Niels Ellwanger will mittelfristig seine Funktion als Geschäftsführer abgeben und setzt gemeinsam mit den anderen Gesellschaftern künftig auf Jonathan Krause. Er soll neuen Schwung in den Traditionsklub bringen. Im Interview sprechen Ellwanger und Krause über die geplante Zukunft.

- **Herr Ellwanger, warum fiel die Wahl auf Jonathan Krause?**

Ellwanger: Weil er es kann. Weil er mit Umsicht, Organisationstalent und Geschick ohnehin schon in den letzten Jahren beim Tusem die Dinge gemanaged hat. Das ist kein komplett neues Aufgabenfeld, aber eine andere Verantwortung. Er kennt alles und kann alles – insofern war es aus unserer Sicht der richtige Schritt.

- **Herr Krause, Sie waren zuletzt beim Tusem im Bereich Sponsoring und Vertrieb tätig. Nun sind sie Geschäftsführer. Wie war es für Sie, als Niels Ellwanger mit diesem Vorschlag auf Sie zukam?**

Jonathan Krause (l.) und Niels Ellwanger

Krause: Es hat sich in einigen Gesprächen so ergeben und ich habe mir dann Gedanken darüber gemacht, ob ich es mir vorstellen kann. Aber das ging ehrlicherweise recht schnell. Mir war wichtig, dass einige Rahmenbedingungen erfüllt sind.

- **Welche zum Beispiel?**

Krause: Genauso wie Niels Ellwanger komme ich ursprünglich nicht aus dem Handball. Ich habe Volleyball gespielt und war beim Zweitligisten VV Humann in Essen aktiv. Niels kommt ja vom Kanu-Rennsport. Deswegen war es mir wichtig, dass der Part der sportlichen Expertise abgedeckt ist. Und da haben wir weiterhin Herbert Stauber als Sportlichen Leiter, zusammen mit unserem Trainerteam und dem Nachwuchskoordinator. Diese Expertise musste für mich eben gegeben sein.

- **Wo sehen Sie Ihre Aufgaben in Zukunft?**

Krause: Wir brauchen keine Kurskorrektur, unsere tragende Säule bleibt die Nachwuchsarbeit und -ausbildung. Dem fühle ich mich total verpflichtet und das trage ich zu eintausend Prozent. Wo wir strategisch immer mal hinschielen und wofür wir im Hintergrund schon ein paar Strukturen schaffen wollen, ist, dass wir ein bisschen weiter ins Ruhrgebiet rücken. Unsere Zielgruppe, Fans und Sponsoren kommen größtenteils aus Essen, was auch gut ist. Trotzdem sind

Auf der Tribüne ist noch Platz: Zweitligist Tusem Essen soll wieder mehr Strahlkraft erlangen.

wir ein Leuchtturm des Handballs in der ganzen Region und dürfen vielleicht auch mal 30 Kilometer in den Westen und in den Osten gehen, um dort Fans und Sponsoren zu gewinnen.

- **Herr Ellwanger, Sie werden diesen Weg mitgestalten, wollen sich in absehbarer Zukunft aber als Geschäftsführer verabschieden. Seit 2008 leiten Sie die Geschicke, wie kamen Sie nun zu diesem Entschluss?**

Ellwanger: Ich habe es lange gemacht, aber jetzt müssen mal neue Ideen eingebracht werden. Vieles ist naturgemäß etwas eingefahren und irgendwann wird es auch nicht mehr besser und stagniert. Deswegen braucht es nun neue Leute, neue Gedanken und neuen Schwung.

- **Also Sie haben bei dieser Entscheidung mehr an den Verein gedacht als an sich selbst?**

Ellwanger: Es ist tatsächlich so, dass ich glaube, dass es Andere jetzt besser können als ich. Dann sollen sie es machen, dann muss es auch einen Wechsel geben. Das neue Team um Jonathan kann jetzt wachsen und einiges neu ausrichten. Das ist kein Weglaufen, ich bin ja nicht auf der Flucht, aber ich möchte gerne die Aufgaben allmählich abgeben und das Ganze auf geordnetem Wege machen.

- **Herr Krause, Sie können also ab sofort noch mehr die Zukunft des Tusem mitgestalten. Wo sehen Sie den Verein in fünf Jahren?**

Krause: Natürlich immer jeden Tag besser als gestern. Also 2028 besser als 2023. Es ist ja klar, dass wir als Sportverein maximal erfolgreich sein wollen – im Seniorenbereich, wie auch in der Jugend.

- **Ellwanger: Aber wir wollen schon auch wieder aufsteigen. Das ist das Ziel, das wir wieder anpeilen wollen und auch müssen.**

Krause: Ja, sicher. Es wäre ja auch verrückt, wenn wir sagen würden, dass wir im letzten Jahr Neunter geworden sind und in den nächsten Jahren in dem Bereich bleiben wollen. Natürlich muss es auch zu unseren Möglichkeiten und zum Team immer passen.

- **Wie viel Anteil hat denn ein Geschäftsführer am Aufstieg, Herr Ellwanger? Zweimal ist es in Ihrer Amtszeit schon gelungen …**

Ellwanger: Unmittelbar keinen, aber mittelbar einen großen Anteil. Natürlich kann ein Geschäftsführer kein Tor werfen oder einen Punkt holen. Aber die Rahmenbedingungen so hinzustellen, dass eine Mannschaft an den Start kommt, die das mit unseren Möglichkeiten schaffen kann, ist eine maßgebliche Aufgabe der Geschäftsführung.

Interview: Joshua Windelschmidt

Vertrauen statt Druck

Der Auftakt in die Saison 2023/24 war ordentlich – trotzdem bekommt der Tusem Zeit

Im Hochseilgarten haben die Handballer des Tusem Essen nicht nur gegen ihre Höhenangst gekämpft, sondern auch für den Teamgeist. Diese Teambuilding-Maßnahme dürfte eine gute Übung gewesen sein, um die Balance zu halten. Denn das ist auch in der aktuellen Saison der 2. Bundesliga wichtig. Die Balance zwischen der Entwicklung junger Spieler auf der einen und dem tabellarischen Erfolg auf der anderen Seite.

Zum Auftakt sah es so aus, als würde der Essener Zweitligist ebendiese Balance halten können. Zwar ging die erste Partie gehörig daneben, aber nach dem 23:36 gegen das Spitzenteam ASV Hamm-Westfalen fing sich die Mannschaft von Trainer Michael Hegemann wieder. Und noch mehr: Nach der Auftakt-Pleite lief es sogar besser als erwartet. Den Zähler aus dem 22:22-Remis gegen Absteiger GWD Minden hatte der Tusem nicht zwangsläufig einkalkuliert, ebenso wenig wiee den 31:28-Sieg gegen den TuS N-Lübecke.

Kämpferisch, aber realistisch: Tusem-Kapitän Jonas Ellwanger

Abstürze wie in der Partie gegen Hamm gelte es zu vermeiden, meint Jonas Ellwanger. Der Kapitän des Tusem blickt auf die Saison 2022/23 zurück und hält fest: „Wir müssen es schaffen unsere Leistung auf einem konstant hohen Niveau zu halten. Wir hatten zu viele Ausschläge nach unten, vor allem vor heimischem Publikum. Das darf uns nicht noch einmal passieren." Ein gewisser Druck ist also schon da. In der heimischen Sporthalle „Am Hallo" gewann der Tusem nur neun von 19 Heimspielen und sorgte somit nicht gerade dafür, dass die Halle voller wurde.

Doch mit Druck wollten die Essener eben nicht in die neue Zweitligasaison starten. Das soll dieses Mal anders sein. „Letztes Jahr waren wir der Absteiger aus der ersten Liga, der gerne direkt wieder hoch wollte. Aus vielen verschiedenen Gründen, die wir uns nicht alle erklären können, hat das aber nicht geklappt. Es ist vielleicht etwas einfacher in eine Saison zu starten, wenn man eine veränderte Mannschaft hat, die nicht automatisch zu den absoluten Aufstiegskandidaten zählt", sagt Ellwanger. Natürlich will er bald unbedingt wieder im Oberhaus des deutschen Handballs auflaufen, aber nicht mit aller Macht und sofort.

Den ultimativen Punktedruck wird der Tusem damit nicht haben. Der Aufstieg bleibt zwar der Traum, doch nicht das realistische Ziel für die Saison 2023/24. Die Mannschaft solle mal wieder befreit aufspielen und Zeit haben sich zu entwickeln, heißt es daher auch aus der Sportlichen Leitung. Primär geht es den Essenern also darum durch Spaß am Handball zurück zu einem guten Selbstvertrauen zu finden. ***Joshua Windelschmidt***

Die Neuen schlagen voll ein

Vor allem Max Neuhaus muss beim Tusem eine große Aufgabe meistern

Trotz einiger Abgänge wichtiger Leistungsträger verlief der Start in die neue Zweitliga-Saison sehr ordentlich – vielleicht sogar besser als erwartet. Ein Grund dafür sind die Neuzugänge, die sich schnell als Verstärkungen erweisen konnten.

Die wohl schwierigste Rolle muss Max Neuhaus mit Leben füllen. Der Rückraumspieler kam im Sommer vom Ligakonkurrenten Eulen Ludwigshafen und wird beim Tusem auf der Position des Spielmachers eingesetzt. Also da, wo in den vergangenen Jahren Justin Müller teilweise für Furore sorgte und das Spiel der Essener antrieb. Die Lücke, die Müller hinterließ, war ziemlich groß. Doch mit reichlich Selbstvertrauen füllt Neuhaus diese gut aus und ist für die Mannschaft von Trainer Michael Hegemann schon zu einer echten Stütze geworden. „Er hat das gezeigt, was wir uns von ihm versprochen haben und wozu er in der Lage ist. Dementsprechend war das von ihm gut“, lobt der Chef seinen Neuling.

Neuhaus wirkt bereits recht zufrieden, fühlt sich in seiner neuen sportlichen Heimat angekommen: „Ich wohne auf der Margarethenhöhe, das ist ein schönes Viertel. Außerdem ist die Mannschaft gut drauf, sie ist sehr jung und viele Spieler haben auch mal Unsinn im Kopf.“

Neuhaus‘ Spielweise zeichnet aus, dass er viele Wege in die Tiefe sucht und da hingeht, wo es auch mal wehtut – gerade im Handball. So hat er bereits einige wichtige Treffer erzielt und durch seine Körpersprache und Durchschlagskraft zieht er die Kollegen mit.

Einer von ihnen ist Philipp Asmussen auf der rechten Rückraumposition. Nach anfänglichen Schwierigkeiten zum Saisonstart ist auch er eine Verstärkung. Ähnlich wie Neuhaus sucht auch Asmussen den schnellen Weg zum Tor und beweist Präzision beim Abschluss. Ebenso hat der ehemalige Spieler des HC Empor Rostock in der Abwehr durchaus Stärken gezeigt. „Es ist natürlich noch ein bisschen Luft nach oben, vor allem anfangs war ich noch nicht so zufrieden“, sagt das Nordlicht, das für den Tusem brennen will.

In seiner neuen Heimat sei er sehr gut aufgenommen worden, habe viel Unterstützung von seinen neuen Teamkollegen erfahren. Und das merkt auch sein Trainer Michael Hegemann: „Er hat uns schon eine Menge gegeben und bildet mit Alexander Schoss zusammen ein gutes Duo. Er hat etwas gebraucht, aber er war vorher auch länger verletzt. Das darf man nicht vergessen.“

Und dann wären da noch Julius Rose und Christian Wilhelm. Rose kam vom Zweitliga-Absteiger Wölfe Würzburg nach Essen und bewies im halblinken Rückraum, dass er viel Kraft in seinem rechten Arm hat. Seine wuchtigen Abschlüsse sind eine neue Waffe für den Tusem und freut auch die Kollegen, wie zum Beispiel Dennis Szczesny: „Mit Julius haben wir endlich mal wieder einen echten Shooter.“

Und dass Christian Wilhelm eine Verstärkung werden könnte, war abzusehen. Immerhin ist der ehemalige Rostocker im Sommer U21-Weltmeister geworden und hat dabei vor allem in der Abwehr geglänzt.

Joshua Windelschmidt

Max Neuhaus hat die Tusem-Verantwortlichen direkt überzeugt.

Und plötzlich muss das Maskottchen ran

Das Benefizspiel zwischen den Allstars und den Profis sorgt für Überraschungen

Wenn die besten Handballer Essens antreten, dann kann es nur Gewinner geben. Und tatsächlich: In diesem Jahr ging das Benefizspiel zwischen den Allbau Allstars und dem Zweitligisten Tusem deutlich mit 48:31 an die Amateure. Was aber bei diesem Ereignis absolut nebensächlich ist. Vor allem die gute Laune auf und neben dem Spielfeld wird in den Köpfen bleiben, ebenso die Spenden für den guten Zweck.

Die Sporthalle auf der Margarethenhöhe war mit 750 Handballfans gut gefüllt, ebenso wie die Spendendose für das Stadtteilprojekt „Storp9". Insgesamt kamen 9050 Euro zusammen, die nun in neue Stadtteil-Fahrräder für das Südostviertel investiert werden sollen. Außerdem soll es bei „Storp9" in Zukunft kostenlose Lernkurse für das Fahrradfahren geben.

Aber auch die Stadtauswahl war – nicht nur wegen des Ergebnisses – ein Gewinner. Die besten Amateurhandballer der Stadt durften sich diesmal einem großen Publikum zeigen und jeden Moment genießen. So Tobias Immel vom Landesligisten TV Cronenberg, der einige Treffer gegen die Profis erzielen konnte: „Es hat Bock gemacht. Vor so einer Kulisse habe ich noch nie gespielt, das war einfach geil."

Freigetränke für die schnellsten Zuschauer

Die gute Laune schwappte mehrfach von der Platte auf die Tribüne und zurück. Jedes Tor der Allstars wurde genauso gefeiert wie ein Pfosten- oder Lattentreffer. Denn jeder Fan, der schnell genug „Pfosten" oder „Latte" rief, bekam ein Freigetränk. Zudem durften die Trainer der Allstars, Dirk Bril und Michael Hegemann, einige Joker ziehen. Unter anderem zählten in einem Zeitraum von zwei Minuten die Tore der Stadtauswahl doppelt.

Aber auch auf der Platte gab es mehr zu sehen als nur Handball. Nach 40 Minuten holten die Tusem-Profis plötzlich den Fußball heraus und die Teams wechselten für wenige Minuten die Sportart. Oder sie holten ausgewählte Zuschauer auf das Spielfeld, die sich einmal wie Profis fühlen durften. Einen Höhepunkt setzte aber das Maskottchen des Sponsors Allbau. „Albert" spielte ebenfalls für wenige Minuten mit, ehe er nach einem Foul eine Zeitstrafe bekam.

Eichhörnchen „Albert" musste vom Feld und nahm den Kopf ab. Eigentlich ein No-Go für Maskottchen, aber der Überraschungseffekt war groß, denn darunter steckte Tusem-Spieler Malte Seidel. „Die Rolle hat mir nur so halb gut gefallen, weil es in dem Kostüm unfassbar heiß ist. Aber sonst war es ganz witzig", sagte der schwitzende Handball-Profi.

Die gute Laune war ansteckend. Und wie familiär Handball in Essen sein kann, zeigte sich nach der Schlusssirene. Die Allstars feierten und tanzten im Kreis, ehe die Tusem-Spieler hinzukamen und einfach mitfeierten. Eine bleibende Erinnerung, und Immel verriet, was er mit seinem Allstar-Trikot machen wird: „Das hänge ich mir wohl über den Fernseher. Und meine Freundin bekommt den Aufwärmpulli, der ist mir nämlich zu klein."

Joshua Windelschmidt

Treffen in Freundschaft: die Zweitliga-Profis von Tusem Essen mit den Allbau Allstars

Angst um das eigene Image

Der MTG Horst stellt seinen umstrittenen Trainer frei

Nach 37 Tagen wieder ohne Engagement: Handball-Trainer André Fuhr

Nur etwas mehr als einen Monat nach der Verpflichtung von André Fuhr hat der MTG Horst seinen Trainer im September freigestellt. Gegen den Coach standen Vorwürfe der psychischen Gewalt im Raum, umstritten war die Personale von Beginn an. Der Verbandsligist wollte Fuhr wegen dessen sportlicher Erfolge: Mit dem Frauenteam von Borussia Dortmund war er Deutscher Meister geworden.

„Die Vereinsführung sieht sich gezwungen, André Fuhr freizustellen, da sich im Vereinsumfeld ein öffentlicher Druck aufgebaut hat, der das einwandfreie Image des Vereins nachhaltig schädigen könnte", heißt es in einer Stellungnahme des Klubs, die dieser Redaktion vorliegt.

Unter anderem war der Verein mit dem Essener Sportbund (Espo), dem Jugendamt der Stadt Essen und auch der Krupp-Stiftung im engen Austausch. Mit allen drei Institutionen arbeitet die MTG zusammen – und erhält teils finanzielle Zuwendungen und Spenden.

„Im Espo haben wir einen Ethik-Code, der für Toleranz, Respekt und Würde steht und keine Toleranz gegenüber jeder Form von Gewalt zulässt", sagt Thorsten Flügel, Geschäftsführer des Espo. Zwar sei es wichtig, jede Form der Vorverurteilung zu verhindern, gleichzeitig betont Flügel aber auch: „Wir haben dem Verein sehr deutlich empfohlen, die Zusammenarbeit so lange ruhen zu lassen, bis die vom DHB einberufene Kommission zu einem Ergebnis gekommen ist."

Der Verein bedauert die Entlassung

Diese Kommission arbeitet die Vorfälle gegen den ausgebildeten Pädagogen Fuhr auf. Rund 50 Handballspielerinnen werfen ihm den systematischen Aufbau von Abhängigkeitsverhältnissen, das Ausnutzen seiner Machtstellung sowie psychische Gewalt vor. Fuhr wollte sich nicht zu den Vorwürfen äußern.

Der MTG Horst bedauert diese Entwicklung. „Für die Vereinsführung war diese Entscheidung nicht einfach, da sie und insbesondere die Abteilungsleitung Handball mit dem Einsatz von André Fuhr außerordentlich zufrieden ist", heißt es von Vereinsseite.

Kritisch war auch die Essener Krupp von Bohlen und Halbach-Stiftung, mit der die MTG an vielen Stellen kooperiert. Und anderem in dem Projekt „Vorsorgen. Erkennen. Handeln – Essener Sportvereine gegen sexualisierte Gewalt" – das mit einer Fördersumme von 3000 Euro dotiert ist. „Als gemeinnützige Stiftung dienen wir dem Wohl der Gesellschaft. In unserem Förderhandeln spiegeln sich Werte wie Toleranz, Vertrauen, Respekt und Menschenwürde wider. Wir verurteilen jeden Verstoß gegen diese Werte", heißt es von der Stiftung.

Künftig weniger oder nicht mehr gefördert zu werden war wohl auch eine der Sorgen der MTG Horst. „Der Verein arbeitet mit öffentlichen Einrichtungen zusammen. Natürlich ist da das Risiko gegeben, das jemand Konsequenzen zieht", sagt auch Espo-Geschäftsführer Thorsten Flügel.

Maximilian Lazar

Essener sind bestes deutsches Team

Im Europacup endet zwar die Titelreise, verstecken müssen sich die Moskitos aber nicht

Der Essener Skaterhockey-Express ist auf seiner Titelreise durch Europa gestoppt worden. Nachdem die Hockeyskater der Moskitos zuletzt sechs Mal in Folge beim Europacup der Pokalsieger triumphiert hatten, riss die Erfolgsserie beim „Men Challenge Cups“ in Avenches (Französische Schweiz). Die „Mücken“ scheiterten im Halbfinale am Schweizer Club SHC Buix (3:5) und unterlagen auch dem Gastgeber SHC Rolling Aventicum im Spiel um Platz drei deutlich mit 2:6.

„Es wäre mehr drin gewesen, aber wir haben den Titel sechs Mal hintereinander gewonnen. Dann gewinnst du ihn eben einmal nicht“, sagte Moskitos-Chef Thomas Böttcher relativ gelassen. „Wenn man sieht, dass wir in den vergangenen zehn Jahren neun europäische Titel geholt haben, sind und bleiben wir international die erfolgreichste Mannschaft.“ Daran ändere auch der vierte Platz nichts.

Verstecken müssen sich die Essener nicht: Sie verpassten zwar knapp einen Platz auf dem Treppchen, kamen aber knapp gefolgt von den Duisburg Ducks (5.) und den Ahauser Maidy Dogs (6.), die sie im Viertelfinale mit 6:2 abfertigt hatten, als bestplatzierter deutscher Verein ins Ziel. „Wir haben das Maximale herausgeholt mit einem kleinen Team“, so Böttcher. „Wären wir zwei, drei Leute mehr gewesen, hätten wir das Ding wieder geholt.“

Die Moskitos reisten mit nur zehn Feldspielern und zwei Torhütern in die Schweiz. Über weite Strecken schafften sie es zwar, auch ohne die Leistungsträger Dominik Luft, Enrico Saccomani und Fabian Lenz mit hoher individueller Qualität die numerische Überlegenheit der Konkurrenten zu kompensieren, dennoch mussten sie dem Kräfteverschleiß am Finaltag Tribut zollen. Die Moskitos robbten sie sich im Halbfinale gegen Buix in den Schlussminuten noch einmal von 1:4 auf 3:4 heran, ehe die Schweizer dem ESC den Gnadenstoß verpassten.

„Wir waren in dem Spiel die bessere Mannschaft und haben unglücklich verloren“, haderte Böttcher. „Im Spiel um Platz drei haben wir dann auch aufgrund einiger diskussionswürdiger Schiedsrichterentscheidungen verloren.“

Gegen Rolling Aventicum hatte Essen im letzten Spiel zwar mit 2:0 geführt, bevor das Momentum umschlug und der ESC nicht mehr zurückkam. „Auf diesem Niveau fehlen dir dann einfach Spieler. Hinten raus waren die Jungs echt platt und Marvin Frenzel hat uns ein paar Mal gut im Spiel gehalten.“ Der Torhüter spielte zwei Mal zu Null und wurde nach dem Turnier als bester Torhüter ausgezeichnet – genauso wie Assistenzkapitän Sebastian Schneider zum besten Verteidiger.

Julian Lötte

Sebastian Schneider wurde zum besten Verteidiger des Turniers gewählt.

Mission Titelverteidigung gescheitert

Für die Moskitos ist im ISHD-Pokal im Halbfinale Endstation

Am Ende blieb den Essenern allenfalls Schadensbegrenzung. Im ISHD-Pokal hatte der Skaterhockey-Erstligist Moskitos die Titelverteidigung verpasst. Am Ende blieb der undankbare dritte Rang. Immerhin: Die Qualifikation für den Europacup der Pokalsieger, den „Men Challenge Cup“, war mit dem 8:4 gegen Zweitligist Deggendorf Pflanz im Spiel um Platz 3 eingetütet.

Für die „Mücken“ war das Abschneiden „sehr enttäuschend“, befand Moskitos-Chef Thomas Böttcher nach dem Turnier. „Wir sind sicherlich der Favorit im Halbfinale gewesen.“ Der Rolle wurden die Essener im Spiel gegen den späteren Pokalsieger Duisburg Ducks allerdings nie gerecht – vor allem nicht in den ersten beiden Dritteln.

Hatten die Moskitos die Ducks etwa unterschätzt? „Ja“, meinte Böttcher. „Duisburg ist auch nur mit zehn Leuten angetreten. Das haben wir vielleicht am Anfang zu locker genommen, weil wir sie in den letzten Jahren immer geschlagen haben.“ So oder so: Für die Moskitos war auf dem geplanten Weg zur Titelverteidigung nach der 7:8-Niederlage nach Penaltyschießen Endstation.

Nach 40 Minuten lagen die Moskitos, die 3:1 geführt hatten, mit 3:6 hinten. „Wir sind erst nach zwei Dritteln aufgewacht und haben dann das abgerufen, was eigentlich in uns steckt“, erklärt Böttcher. Man habe das Spiel einfach „leichtfertig“ hergeschenkt.

Zwar retteten sich die Essener durch den späten Ausgleich von Fabian Lenz in die Overtime und dann ins Penaltyschießen, doch dort war Duisburg kaltschnäuziger. Duisburg habe es mehr gewollt, meint Clubchef Böttcher, der aber relativ gelassen blieb: „Dann holst du eben mal keinen Titel.“

Im Spiel um Platz drei schossen sich die Moskitos zügig eine 5:0-Führung heraus, bevor Deggendorf nach dem Essener Torwart-Wechsel von Marvin Frenzel zu Mika Gleixner noch mal enger gestalten konnte.

Für die Moskitos war Platz drei vor allem deshalb enttäuschend, weil sie nach dem 15:6-Kantersieg gegen den späteren Play-off-Gegner Düsseldorf Rams im Viertelfinale als haushoher Favorit in die Runde der letzten Vier gegangen waren. „Es war hinten raus relativ souverän. Ab der zehnten Minute haben wir das Spiel bestimmt und dann hatte Düsseldorf auch keine Chance mehr“, beschrieb Moskitos-Chef Böttcher den Spielverlauf.

Nachdem beide Torhüter aus dem Nichts und laut Böttcher „völlig unbegründet“ die Rote Karte erhalten hatten und mit einer Matchstrafe der Platte verwiesen wurden, verkürzten die Rams noch einmal auf 3:5. Danach aber machten die Hausherren kurzen Prozess und legten bis zur zweiten Drittelpause noch vier Treffer nach. „Dann haben wir sie dominiert“, meinte Böttcher. 9:3 – und die Messe war schon vor Beginn der letzten 20 Minuten gelesen. ***Julian Lötte/Dominik Hamers***

Auch von zwei Gegenspielern kaum zu stoppen: Der überragende Enrico Saccomani (l.) steuerte gleich vier Treffer zum Viertelfinalsieg der Moskitos bei.

Mit großer Moral ins Halbfinale

Dramatisches Entscheidungsspiel ist der vorläufige Höhepunkt der Saison

Daniel Breves von den Moskitos freut sich über den Sieg.

Wann hatte es das schon mal gegeben an der Raumerstraße? Eine Stimmung wie diese habe er zuletzt bei den Deutschen Meisterschaften 2016 und 2019 erlebt, meinte Klubchef Thomas Böttcher. Gerade hatten die Hockeyskater der Moskitos Essen eine Achterbahn der Gefühle beendet – und waren auf einem Hoch stehengeblieben.

Nachdem beide Erstligisten jeweils ihr Heimspiel der Best-of-Three-Serie für sich entschieden hatten, war das letzte Duell an Spannung nicht zu überbieten. Im entscheidenden Playoff-Viertelfinalspiel lagen sie in der Verlängerung schon mit 6:8 in Rückstand, zogen allerdings dank einer spektakulären Aufholjagd nach dem 9:8-Heimsieg im Penaltyschießen gegen die Düsseldorf Rams doch noch ins Playoff-Halbfinale ein – Dramatik pur.

„Ich will nicht sagen, dass hier gerade etwas entsteht oder zusammenwächst, aber die Mannschaft hat einfach an sich geglaubt und einen unfassbaren Willen an den Tag gelegt", freute sich ein euphorisierter Klubchef Thomas Böttcher. Stellvertretend dafür stünden Kapitän Daniel Breves und Florian Breves – zwei „Identifikationsfiguren, die immer vorangehen", wie er betont, und im Penaltyschießen als einzige Essener Schützen verwandelten.

Sebastian Bürgers beweist große Nervenstärke

„Düsseldorf war nicht schlechter als wir. Sie hätten das Weiterkommen genauso verdient", räumte Böttcher ein. Überhaupt möglich gemacht hatte die Verlängerung und damit das Weiterkommen Sebastian Bürgers: Drei Sekunden vor Ablauf der regulären Spielzeit pfiff der Schiedsrichter beim Stand von 5:6 Penalty für Essen, Bürgers hielt dem unmenschlichen Druck stand und verwandelte souverän. Wäre der Angreifer gescheitert, wäre die Saison für die Moskitos beendet gewesen. So ging es für die Mannschaft in die Verlängerung.

Wenige Wochen zuvor hatten die Essener den zwölften Saisonsieg in der Bundesliga eingefahren und damit sowohl Platz zwei, als auch das Halbfinal-Heimrecht in den Playoffs gesichert. In die Endausscheidung um die Deutsche Meisterschaft waren die Essener mit argen Personalproblemen gegangen. Gleich zum Auftakt drohte der krankheits- und verletzungsbedingte Ausfall von elf Akteuren.

Außerdem waren Fabian Lenz und Sebastian Bürgers beim Auftaktspiel gegen die Düsseldorf Rams im Urlaub. „Es ist natürlich ungünstig, wenn Spieler in der entscheidenden Phase um die Meisterschaft im Urlaub sind. Da sieht man, dass wir eben immer noch eine Randsportart sind", so Thomas Böttcher. Er hatte schon zu Beginn der Playoffs Zuversicht verbreitet: „In allen drei Jahren, in denen die Essener den deutschen Meistertitel holten, haben sie nie eine Serie in den Play-offs nach zwei Spielen beendet."

Julian Lötte/Dominik Hamers

Zum Abschluss die Versöhnung

Drei Trainer schaffen es nicht, die Moskitos zu stabilisieren

Ein Schuss reichte, um die Anhänger der Wohnbau Moskitos die unzähligen Enttäuschungen der vorherigen Monate für einen kurzen Moment vergessen zu lassen: Robin Slanina nahm Maß, wuchtete die Scheibe fünf Minuten vor der Schlusssirene bedingungslos in den Winkel und setzte den wohl lautesten Jubelschrei frei, den der Westbahnhof in diesem Jahr gehört hat. Sportlich war der 1:0-Heimsieg gegen die Icefighters Leipzig zum Saisonabschluss aus Essener Sicht bedeutungslos – anders als für den Herner EV.

Die „Mücken“ um den Herner Ex-Coach Danny Albrecht leisteten dem ungeliebten Erzrivalen die entscheidende Schützenhilfe im Fernduell um Platz sechs. Während es für die Miners damit in den Playoffs weitergehen kann, ist die qualvolle Spielzeit für den ESC nach der Hauptrunde beendet – endlich, oder? „Ich hätte gerne noch ein paar Wochen gespielt – in den Playoffs“, entgegnet der ESC-Vorsitzende Thomas Böttcher.

Davon waren die Moskitos in der Spielzeit jedoch meilenweit entfernt. Das Saisonziel, zwischen Platz sechs und acht einzulaufen, hat der Essener Eishockey-Oberligist krachend verfehlt. Dass die „Mücken“ letztlich doch nicht um den Ligaverbleib bangen mussten, haben sie allein der EG Diez-Limburg, dem freiwilligen Absteiger, und dem Deutschen Eishockey-Bund (DEB), der die Playdowns kürzlich komplett abgesetzt hat, zu verdanken – sportlich verdient haben sich die Moskitos den Klassenerhalt nicht.

Es fehlt an Mentalität, Fitness und Qualität

Nach mageren 50 Punkten aus 56 Spielen schließt der ESC die Saison auf Rang zwölf ab, die nun sportlich und wirtschaftlich zügig aufgearbeitet werde, erklärt Böttcher. „Dann geht die Planung nur noch nach vorne.“ In Frank Petrozza, Sergej Hatkevitch und Danny Albrecht schafften es drei Trainer nicht, die Mannschaft dauerhaft zu stabilisieren. Dem Kader fehlte es vor allem an der richtigen Mentalität und Fitness, aber teilweise auch an der nötigen Qualität.

Auch er habe in der bisherigen Zeit am Westbahnhof viel gelernt, sagt Danny Albrecht, der den Trainerposten kurz vor dem Jahreswechsel übernahm und dessen Vertrag bis 2025 gültig ist. „Dass man in solchen Phasen vielleicht nicht zu so einem späten Zeitpunkt mehr übernehmen sollte“, erklärt der Coach. Die Aufarbeitung der verkorksten Spielzeit begann bereits in den letzten Wochen, alles wurde und wird auf den Prüfstand gestellt.

Dass ausgerechnet Slanina mit seinem Tor den „Mücken“ einen versöhnlichen Abschluss auf dem Eis bereitete, passte ins Bild der Saison: Slanina, im Sommer 2022 wegen seiner Essener Vergangenheit von den Fans mit großen Zweifeln am Westbahnhof wieder empfangen, war zweifelsohne der beste ESC-Spieler in dieser Saison. „Es geht immer besser“, bleibt Slanina demütig. Eine Aussage, die wohl auch auf sein Team zutrifft.

Julian Lötte

Robin Slanina gehörte in der abgelaufenen Saison zu den wenigen Lichtblicken bei den Moskitos.

Der Umbau des Danny Albrecht

Wie der neue Coach die Moskitos professionalisiert hat

Ein Umbruch sei „alternativlos“, hatte Danny Albrecht nach dem Ausklang der enttäuschenden Saison 2022/23 gesagt. In der Sommerpause hat der Trainer der Moskitos Essen den Eishockey-Oberligisten auf mehreren Ebenen umgebaut, um den Verein zu professionalisieren und damit die neue Spielzeit wieder eine erfolgreichere wird.

Insgesamt 13 Abgänge, 13 Zugänge, nur sechs Spieler sind geblieben: Danny Albrecht hat den Kader nach seinen Vorstellungen umgekrempelt. „In der Spitze mehr Talent, mehr Durchschlagskraft. In der Breite sehr viele junge, hungrige Spieler, die das neue System umsetzen können, was sehr laufintensiv und sehr körperbetont sein soll“, erklärt der Coach. Für das „Vier-Reihen-Projekt“, das er in Essen starte, brauche er eine Vielzahl an Spielern, die auch die Kooperationen mit der Düsseldorfer EG und den Krefeld Pinguinen liefern sollen.

Insgesamt fünf Spieler hat Albrecht von seinem ehemaligen Verein, dem Herner EV, nach Essen geholt, „weil sie damals wegen mir nach Herne gekommen sind und mit Blick auf das Preis-Leistungs-Verhältnis die talentiertesten jungen Spielern sind, die ich in der Oberliga bekomme“. Ein wichtiger Punkt sei für ihn, dass sich viele Spieler schon kennen. Darauf hat er auch bei der Auswahl der Kontingentspieler geachtet.

Die lettischen Angreifer Elvijs Biezais und Sandis Zolmanis kennen sich bereits von Lehrgängen der Nationalmannschaft, der dritte Ausländer wird ein lettischer Verteidiger sein, den der Verein noch nicht vorgestellt hat. „Ich brauche eine gute Verbindung in der Mannschaft – ein gutes Klima“, so der Coach. In Bastian Flott-Kucis hat er seine klare Nummer eins verpflichtet. Nicolas Cornett habe eine „sehr gute Vorbildfunktion“, Fabio Frick müsse mehr Verantwortung übernehmen. „Von den jungen Spielern kann sich jeder gerne in eine Leader-Position reinbringen.“

Der Ort, an dem Eishockey-Spieler während einer Saison neben dem Eis und dem Bus am meisten Zeit verbringen, ist zweifelsohne: die Kabine. „Wir haben ganz, ganz viel für die Atmosphäre getan.“ Unter anderem wurde ein „Chillout“-Room eingerichtet, ein Ort zum Entspannen mit Couch und Kicker, an dem aber auch die Physiotherapeuten arbeiten können. Die Umkleide als solche wurde hingegen kleiner gestaltet, „weil wir uns mehr auf die Arbeit fokussieren wollen, als in der Umkleide mit dem Handy zu sitzen.“

Ein weiterer Schritt zur Professionalisierung sind die neuen Trainingszeiten: Statt abends, wie es in den Jahren zuvor der Fall war, trainieren die Moskitos jetzt vor allem vormittags und mittags trainieren, sich aber gleichzeitig weiterhin den Gegebenheiten in der Eishalle anpassen müssen. „Es ist besser für den Rhythmus eines Sportlerkörpers, wenn er nicht den ganzen Tag auf das Training warten muss und nachts bis um vier Uhr wach ist, um bis elf schlafen zu können“, erläutert Albrecht den Gedanken hinter den neuen Trainingszeiten.

Julian Lötte

Moskitos-Coach Danny Albrecht während einer Auszeit

Auflagen erfüllt, Zulassung erhalten

Für das „grüne Licht" vom DEB mussten die Moskitos ein wenig „basteln"

Selbstbewusst – schon vor Erteilung der Zulassung: Moskitos-Boss Thomas Böttcher

Bereits vorab hatte Thomas Böttcher in den sozialen Netzwerken ein Bild aus der Eissporthalle am Westbahnhof geteilt mit den Worten: „Eins, zwei, drei … Essen ist dabei!" Zu diesem Zeitpunkt dürfte der Vorsitzende der Moskitos Essen bereits die entscheidende Nachricht erhalten haben, die ihn zu diesem Beitrag verleitet hatte.

Tags darauf verkündete der Eishockey-Oberligist schließlich den Inhalt der Nachricht. Der Deutsche Eishockey-Bund (DEB) hat grünes Licht gegeben: Die Moskitos haben ihre Auflagen nach eigenen Angaben erfüllt und die finale Zulassung zur Oberliga-Saison 2023/24 erhalten. „Wir freuen uns jetzt auf die kommende Eishockey-Saison in der Oberliga Nord", so Böttcher.

Die Essener konnten die Bürgschaft in Höhe von 50.000 Euro fristgerecht hinterlegen, die der DEB aufgrund unterschiedlicher Auffassungen bezüglich des kalkulierten Schnitts von 900 Zuschauern bei den Heimspielen verlangt hatte. Weitere Auflagen muss der ESC laut Böttcher im Laufe der Saison nicht erfüllen.

Nie an der Zulassung gezweifelt

Von Beginn an seien die Verantwortlichen zuversichtlich gewesen, die Auflagen erfüllen zu können. Im Hintergrund liefen die Saisonplanungen wie gewohnt weiter. Raum für Zweifel? Gab es offenbar keinen. „Ich hatte überhaupt keinen Zweifel daran, dass wir die Auflagen erfüllen, und habe keinen Gedanken an irgendein anderes Szenario verschwendet", erklärt Böttcher. „Wir haben uns durch die Unruhen nicht von unserem Weg abbringen oder beeinflussen lassen."

Trotzdem sei es immer eine Herausforderung. Die „Mücken" sind in der neuen Saison auf die Unterstützung ihrer Anhänger angewiesen, es muss eine Aufbruchstimmung erzeugt werden. Denn klar ist auch: Verfehlt der Verein seine kalkulierten Zuschauerschnitt deutlich, wird es sehr schnell wirtschaftlich eng – das weiß auch Böttcher.

Daran möchten Verantwortliche, Spieler oder Fans aber wohl genauso wenig Gedanken verschwenden, wie Böttcher zuvor an eine Nicht-Zulassung zur Oberliga. Die Vorfreude auf die neue Spielzeit überwiegt, der ESC will wieder begeistern – und hat es offenbar schon getan. Mehr als 250 Dauerkarten sind bereits über die Ladentheke in der Geschäftsstelle am Westbahnhof gegangen – eine starke Zahl.

„Vielleicht schaffen wir tatsächlich mal die 300. Wir haben noch ein bisschen Zeit – auch in der Vorbereitung", meinte Böttcher kurz vor dem Trainingsauftakt. Nicht mehr zur Trainingsgruppe werden dann Tim Junge und Maximilian Herz gehören, deren Verträge, die jeweils noch für eine Saison gültig waren, aufgelöst wurden. Die beiden wussten in der Saison 2022/23 eher zu enttäuschen als zu überzeugen. Die Vertragsauflösungen? Keine überraschende Entscheidung.

Julian Lötte

Aufstieg verpasst: Saison trotzdem ein Riesenerfolg

Der Basketball-Standort Essen ist wieder zum Leben erwacht – das war das Ziel

Welch ein bitterer Nachmittag für die ETB Miners: In einer dramatischen Finalserie hatte der Basketball-Erstregionalligist gegen Ibbenbüren im entscheidenden dritten Duell das Nachsehen gehabt (72:84), der Traum von der Pro B – erst einmal zerplatzt.

Die schwarz-weiße Kulisse während der Playoffs – mit jeweils über 2000 Fans am Hallo während der Finals – verstärkte sogar noch einmal den Schmerz. Was für eine Stimmung, auch nach der Pleite gab es viel Applaus, wurde die Mannschaft verabschiedet. Das Ziel, den Basketball-Standort wieder zum Leben zu erwecken – mehr als erreicht.

Doch wenn die sportliche Entwicklung nicht mithält, droht ein Rückschritt in allen Bereichen. Umso dringender – und schwieriger – zu beantworten, ist nun die Frage: Wie kann es weitergehen in Essen?

Unmittelbar nach Saisonende hatten sich die Vorstände Dieter Homscheidt und Robert Hildebrandt sowie die sportliche Führung Raphael Wilder (Sportlicher Leiter) und Lars Wendt (Headcoach) zu einem mehrstündigen Gespräch getroffen. Auf der Agenda: die Nachbereitung der alten Saison und die Möglichkeiten für die neue Saison. Was auffällt: Es scheint kein Blatt zu passen zwischen allen Beteiligten.

Die Saison: ein Riesenerfolg in der „administrativen“ Hinsicht, mit wiederkehrendem Interesse am Basketball in Essen bei Fans und Sponsoren. „Was wir da erreicht haben, dafür gebührt gerade Dieter Homscheidt und Robert Hildebrandt der allergrößte Respekt“, so Raphael Wilder.

Die Saison in sportlicher Hinsicht: Man könnte schnell von Misserfolg sprechen. Stimmen waren laut geworden, die Mannschaft sei zwar erfahren, aber damit vielleicht auch zu alt gewesen. Eine müßige Diskussion, wenn ein Team erst auf dem allerletzten Meter scheitert. Im Erfolgsfall wäre wohl die Erfahrung als entscheidender Skill herangezogen worden.

Eine Diskussion, die dieser Spielzeit kaum gerecht würde, wie auch Vorstand Robert Hildebrandt betont. „Vieles ist genauso gekommen, wie wir das erwartet haben, auch mit Ibbenbüren als Finalgegner“, so Robert Hildebrandt. „Wir waren souveräner Erster, sind bis in die Finals gekommen und mussten uns einem starken Gegner knapp geschlagen geben. Für sportlichen Erfolg gibt es eben keine Garantien. Das will ja auch keiner und jetzt werden wir damit umgehen.“

Wilder hatte sofort nach Saisonende die Arbeit aufgenommen. Doch die Aufgabe, erneut einen Kader in einen aussichtsreichen Aufstiegskampf zu schicken, ist schwer. Der Zeitpunkt: ein später.

Viele interessante Spieler standen da bereits unter Vertrag, die Konkurrenz in unmittelbarer Nähe zu Essen ist gerade in der Ersten Regionalliga noch sehr groß. Die Trümpfe: der ETB als Gesamtverein, die Halle und das Zuschauerpotenzial.

Achim Faust

Bedankt sich beim tollen Essener Publikum: Sadiq Ajagbe (r.) von den ETB Miners

„Der Stachel sitzt tief"

Miners-Coach Lars Wendt blickt auf die Saison zurück

Die ETB Miners haben den Aufstieg in die 2. Bundesliga Pro B verpasst. Wie geht es weiter beim Erstregionallisten? Wir sprachen mit Trainer Lars Wendt.

- **Herr Wendt, die Enttäuschung nach der verlorenen Finalserie gegen Ibbenbüren war riesig. Seit ein paar Tagen ist klar, dass es auch am „Grünen Tisch" nicht in die Pro B geht. Wie geht es Ihnen heute damit?**

Wendt: Das war natürlich ganz bitter und ist es immer noch. Der Stachel, es nicht geschafft zu haben, sitzt tief. Doch daraus ziehen wir die ganz große Motivation, nachzuholen, was uns in diesem Jahr verwehrt war. Wir wollen aufsteigen, dafür tun wir alles.

- **Mit ein wenig Abstand: Wie fällt ihr Saisonfazit aus?**

Man muss schon sagen: Wir haben uns ein bisschen durchgeschleppt am Ende. Es hat sich herausgestellt, dass wir ein, zwei Qualitäten nicht in dem Maße hatten, wie es wünschenswert gewesen wäre. Shooting auf den Guard-Positionen beispielsweise. Und unsere Defense war sicher bis zum Ende eine kleine Baustelle. Aber ich glaube, wir haben insgesamt guten Basketball gezeigt, was die Leute auch honoriert haben.

- **Ein weiterer Punkt vielleicht: Man musste den Eindruck gewinnen, das Team hat keinen Anführer. Keine Führungsspieler, die in schwierigen Phasen vorangehen.**

Der Eindruck ist nicht falsch.

- **Noch einmal: Kann der ETB nach den verlorenen Finals noch einmal angreifen und ernsthafter Aufstiegskandidat in die Pro B sein?**

Davon gehe ich ganz fest aus, das ist unser Ziel.

- **Und was passiert, wenn es nicht gelingt, eine entsprechende Mannschaft zusammenzustellen?**

Damit beschäftige ich mich nicht.

Interview: Achim Faust

Miners-Coach Lars Wendt

■ ADLER UNION STEIGT VORZEITIG AB

Schon am drittletzten Spieltag der Zweiten Basketball-Regionalliga stand Adler Union Frintrop als Absteiger fest: Das Team von Headcoach Tobias Stadtmann unterlag bei der BG Dorsten mit 71:83. Weil in Iserlohn und Herford die direkte Konkurrenz im Kampf um den Klassenerhalt ihre Spiele gewinnen konnte, müssen die Essener den Gang in die Oberliga antreten.
Man hatte sich emotional darauf vorbereiten können in Frintrop. Schon die vergangene Spielzeit 2021/22 war eine zähe Angelegenheit gewesen – der unbedingte Wille, alles für den sportlichen Erfolg zu tun, schien auch in dieser Saison zu fehlen.
Der Zweitregionalliga-Meister von 2020 konnte sich nicht mehr aus dem Corona-Loch befreien, so sah es auch Tobias Stadtmann: „Der Abstieg ist vor allem unseren knappen Besetzungen in den Auswärtsspielen, aber auch der mangelnden Trainingsbereitschaft geschuldet. Da sind wir leider nicht wieder voll in Fahrt gekommen. Insgesamt geht der Abstieg sicher in Ordnung und war unter den Rahmenbedingungen auch folgerichtig."

Achim Faust

> 02.01.

Fußball: Zum Jahresbeginn 2023 hat der ETB eine richtige Top-Meldung für seine Anhänger parat: ETB-Kapitän Frederik „Fredi" Lach verlängert seinen Vertrag am Uhlenkrug bis zum 30. Juni 2025! Der Leader des Tabellenzweiten spielt eine überragende Saison und verpasste in der Oberliga Niederrhein keine einzige Minute. Der zweikampfstarke Abwehrspieler konnte zudem zwei Treffer zum Höhenflug der Schwarz-Weißen beisteuern.

Bleibt beim ETB: Frederik Lach

> 03.01.

***Eishockey:* Die Trennung von Frank Petrozza von den Wohnbau Moskitos ging relativ geräuschlos über die Bühne. Anfang November wurde der Trainer und Sportlicher Leiter von seinen Aufgaben entbunden. Mit „sofortiger Wirkung und in gegenseitigem Einvernehmen", hieß es damals in Pressemitteilung des Vereins. Nun aber gibt es doch noch Nebengeräusche, denn Petrozza klagt auf Weiterbeschäftigung.**

> 04.01.

Eishockey: Robin Slanina versucht, noch einmal Geschwindigkeit aufzunehmen, wirft sich im Lauf auf das Eis und stochert nach der Scheibe – alles vergeblich. Sein Mitspieler, der Kanadier Devon Daniels, hat in der Angriffszone den Puck verloren, der Erfurter Fritz Denner zieht davon, bedient D'Artagnan Joly, der 15 Sekunden vor der Schlusssirene nur noch ins verwaiste Essener Tor einschieben muss. Damit ist die 1:3-Niederlage der Wohnbau Moskitos bei den TecArt Black Dragons besiegelt – und sie hat schwerwiegende Folgen.

> 06.01.

Eishockey: „Wir wollen die Euphorie gerne wieder entfachen", hat Danny Albrecht vor seiner Heimpremiere als Trainer der Wohnbau Moskitos angekündigt. Das Vorhaben kann der Oberligist im ersten Heimspiel des neuen Jahres allerdings nur bedingt auf dem Eis umsetzen. Vor einer stimmungsvollen Kulisse von 1.050 Zuschauern am Westbahnhof können die „Mücken" zwar phasenweise mal wieder für etwas Begeisterung auf den Rängen sorgen, müssen sich den Hannover Indians aber letztlich mit 4:7 geschlagen geben.

> 07.01.

***Basketball:* Die ETB Miners machen da weiter, wo sie vor Weihnachten aufgehört haben: Der Erstregionalligist siegt – mit dem klaren 99:82-Erfolg im Spitzenspiel gegen den Zweiten Ibbenbüren setzt der Spitzenreiter auch zum Restart ein Ausrufezeichen. „Wir sind sehr zufrieden, wie bereit und fokussiert die Mannschaft war", so Headcoach Lars Wendt.**

> 08.01.

Rollstuhlbasketball: Ohne Abraham Mamo, der aus persönlichen Gründen verhindert ist, reisen die Hot Rolling Bears zum ersten der beiden Kellerduelle gegen die BG Baskets Hamburg. Dennoch starten die Bären hochmotiviert in die Partie. Die Hamburger, nicht minder hungrig auf die ersten Punkte, werden lautstark von gut 250 Zuschauern unterstützt und haben so den berüchtigten sechsten Mann im Rücken. Das scheint die HSV-Rollstuhlbasketballer zu beflügeln.

***Fußball:* Für Drittligist Rot-Weiss Essen ist der „Schauinsland-Reisen-Cup" in Gummersbach eine nette Abwechslung zur alltäglichen Pflicht. Und eine erfolgreiche dazu, denn die Rot-Weissen, die von zahlreichen Fans ins Oberbergische begleitet werden, gewinnen das Hallenturnier mit einem 8:3-Finalsieg gegen den Regionalligisten BW Lohne. Den Sieger-Pokal darf Felix Herzenbruch entgegennehmen. Der strahlt natürlich. „Im dritten Anlauf habe ich es endlich geschafft", feixt „Herze", „damit kann ich meine Hallen-Karriere beenden."**

> 11.01.

Fußball: Oberligist ETB Schwarz-Weiß Essen verkleinert in der Winterpause seinen Kader noch einmal stark. In Bubakarry Fadika (vom FC Kray) und Arman Corovic (1. FC Bocholt) hat die Mannschaft von ETB-Coach Damian Apfeld bekanntlich noch mal zwei Hochkaräter für die Rückrunde dazugewonnen. Demgegenüber stehen sieben Abgänge, die in dieser Saison nicht die erhofften Einsatzzeiten beim Tabellenzweiten sammeln konnten: Emre Ayan, Alper Islam, Jason Togbedji, Ferhat Mumcu, Junior Landry Dongue Tsanou, Fatih Gönül und Djibril Camara verlassen den Uhlenkrug.

> 13.01.

***Eishockey:* Gänsehaut-Atmosphäre in Hannover. Für die dort heimischen Indians ist es das erste Oberliga-Heimspiel nach der bitteren Nachricht, dass bei ihrem Torhüter Jan Dalgic ein bösartiger Hirntumor entdeckt worden ist. Der Großteil der 4000 Zuschauer hält vor dem ersten Bully weiße Zettel in die Luft, auf denen die Rückennummer „90" abgedruckt ist und es gibt Sprechchöre für den Goalie. Auch die Fans der Wohnbau Moskitos beteiligen sich mit einer kleinen Choreo. Sportlich sehen sie ihre Mannschaft verbessert. Nach zuvor vier punktlosen Spielen in Folge knöpfen die Moskitos den viertplatzierten Indians bei der 2:3-Niederlage nach Penaltyschießen immerhin einen Zähler ab und verkürzen den Rückstand auf den rettenden elften Platz auf neun Punkte. „Ein Schritt in die richtige Richtung", findet Trainer Danny Albrecht.**

> 14.01.

Fußball: Es ist ein zäher Drittliga-Auftakt an der Hafenstraße im neuen Jahr. Nichts wird es mit dem dritten Heimsieg für Rot-Weiss Essen in dieser Saison. Gegen einen engagierten Halleschen FC langt es bei schwierigen Bedingungen nur zu einem 0:0. Wenigstens einen Punkt geholt, damit sind am Ende zumindest beide Trainer zufrieden. „Aufgrund der Platzverhältnisse war sehr viel auf Zufall ausgerichtet", sagt RWE-Coach Christoph Dabrowski, der das Ergebnis wie sein Kollege Andre Meyer als gerecht bezeichnet. „Mehr hatten beide auch nicht verdient", ist hier und da im Umfeld zu hören. Doch die Bedingungen sind schon grenzwertig nach den ergiebigen Regenfällen.

Basketball: Auch die beeindruckendste Serie endet mal: Nach 14 Siegen in Folge unterliegt Erstregionalligist ETB Miners überraschend klar Gastgeber Haspe 70 mit 73:99. Das Team von Headcoach Lars Wendt erwischt in Hagen einen rabenschwarzen Abend. Die große Herausforderung wird nun sein, dieses Spiel einzuordnen und die richtigen Lehren daraus zu ziehen. Denn eins ist klar: Die Wahrscheinlichkeit, dass ein bislang so souveränes Team auch einmal patzt, steigt von Woche zu Woche. Diesmal hat es den Spitzenreiter erwischt, nachdem das Team vor Weihnachten in zwei, drei Spielen den Kopf noch mal aus der Schlinge hatte ziehen können. Dies wurde den Miners als Qualität ausgelegt, in Haspe sind die Essener aber meist viel zu weit weg für einen Comeback-Versuch.

***Damenhockey:* Das Fazit von HCE-Trainer Philipp Weide zum Doppelspieltag fällt bescheiden aus: „Die Gegner waren einfach besser." Beim Tabellenzweiten BW Köln kassieren die Essenerinnen eine 1:14-Niederlage. Die Domstädterinnen gehen bis zur 12. Minute mit 4:0 in Führung. Nach dem Ehrentreffer durch Nina Klinge bauen die Blau-Weißen den Vorsprung weiter aus gegen die überforderten HCE-Damen. Das 2:7 bei Eintracht Dortmund ist hingegen eine Überraschung, auch wenn Essen mit personellen Problemen zu kämpfen hat: Da sich Torfrau Lara Rütten verletzt hat, muss eine Feldspielerin aushelfen. Beide Essener Tore erzielt Nina Klinge.**

> 15.01.

Eishockey: „Der ESC ist wieder da!", schallt es von den Rängen am Essener Westbahnhof. Für die Wohnbau Moskitos tut sich nach Monaten der sportlichen Dauerkrise ein Licht am Ende des Tunnels auf – ganz zur Freude der 600 Zuschauer beim Heimspiel gegen die Saale Bulls Halle. Mit dem verdienten 4:3-Sensationssieg gegen den amtierenden Meister der Eishockey-Oberliga Nord senden die Moskitos ein dickes Ausrufezeichen an die Konkurrenz. Zumal der Heimerfolg nach dem Punktgewinn in Hannover der nächste Schritt in die richtige Richtung ist – auch wenn der Rückstand auf das sichere Terrain weiterhin neun Punkte beträgt. „Die Mannschaft glaubt wieder an sich. Du siehst, dass Danny sie nach vorne gebracht hat in den letzten zwei Wochen", freut sich der ESC-Vorsitzende Thomas Böttcher.

Endlich wieder Jubel bei den Moskitos

> 20.01.

Eishockey: Die Wohnbau Moskitos einigen sich mit Danny Albrecht auf eine langfristige Zusammenarbeit. Der Trainer verlängert seinen Vertrag vorzeitig um zwei Jahre. Albrecht hat den Job in Essen erst vor dreieineinhalb Wochen übernommen und unterschrieb damals einen Vertrag bis 31. März 2023. „Wir haben in den letzten Wochen einen klaren Unterschied gemerkt", erklärt der Moskitos-Vorsitzende Thomas Böttcher. „Danny ist ein Perfektionist. Er ist super vernetzt, hat alles klar organisiert und bereitet die Spieler akribisch vor."

Basketball: Erstregionallist ETB Miners ist zurück in der Erfolgsspur: Der Spitzenreiter setzt sich nach der Klatsche in Haspe zu Hause gegen TuS 59 HammStars knapp mit 97:91 durch. Es ist ein Sieg, der aber Raum für Zweifel lässt, wie stabil die Leitplanken sind, die den Kurs absichern sollen. Gerade defensiv ist das nicht überzeugend, was die Essener abliefern. „Es ist sehr schwer, nach so einer Niederlage wie der in Haspe zu gewinnen. Das haben wir geschafft", freut sich Raphael Wilder, Co-Trainer und Sportlicher Leiter.

***Eishockey:* Wer nach einem Beispiel für perfektes Timing sucht, würde am Essener Westbahnhof fündig werden. Fabio Frick, Verteidiger der Wohnbau Moskitos, darf genau im richtigen Moment die Strafbank verlassen, hat freie Bahn mit dem Puck am Schläger und muss nur noch den gegnerischen Torhüter überwinden. „Dann habe ich gar nichts mehr gedacht, einfach den Kopf ausgeschaltet", schildert Frick, der unmittelbar vor dem Tor noch zwei, drei Haken schlägt. „Ich habe gesehen, dass der Torwart recht weit draußen stand. Es hätte weniger Sinn ergeben, zu schießen. Dann habe ich einfach versucht, ihn in die andere Ecke zu schicken."**

Frauenfußball: Die SGS Essen trifft zwei Zukunftsentscheidungen: Torfrau Kim Sindermann und Felicitas Kockmann bleiben dem Frauenfußball-Bundesligisten treu und verlängern ihre auslaufenden Verträge um zwei Jahre. Während Sindermann schon in der Jugend für Schönebeck auflief und zu den Dienstältesten im Kader gehört, kam Kockmann als Talent an die Ardelhütte und gab bereits mit 16 Jahren ihr Debüt in der Eliteliga. „Ich freue mich sehr über die Verlängerung von Fee", sagt SGS-Trainer Markus Högner. „Sie bringt alles mit und konnte das bereits in der vergangenen und in der laufenden Saison zeigen."

> 21.01.

Damenhockey: Sie erleben zuletzt ein Wochenende zum Vergessen. Der HCE verliert gegen Köln und Dortmund mit einem Torverhältnis von insgesamt 3:21 – gegen den Kahlenberger HTC meldet sich das Team zurück – mit einem 2:2-Remis. Trainer Philipp Weide, der im Kampf um den Klassenerhalt gegen den Mitkonkurrenten aber eigentlich einen Sieg eingeplant hat, muss sich mit einem Punkt zufrieden geben. Die Mülheimerin Vivian Klempel durchkreuzt mit ihrem Ausgleich die Pläne Coaches. Dabei läuft zunächst alles nach Plan. Top-Torjägerin Nina Klinge wird erneut ihrem Ruf gerecht. Nach der Führung in der zehnten Minute sorgt sie im zweiten Viertel auch für das 2:0. Der KHTC kommt zurück, erzielt durch Lena Grein den Anschluss und feiert den späten Gleichstand.

Drei Gegenspieler sind nötig, um Essens Lars Bruder (M.) zu stoppen.

Herrenhockey: Das 8:3 gegen den Kahlenberger HTC ist ein ganz wichtiger Sieg: Nach sechs Niederlagen feiert der HC Essen seinen ersten Erfolg und revanchiert sich gleichzeitig für die 3:4-Hinspielniederlage gegen die Mülheimer. Der HCE steht nun punktgleich mit dem KHTC am Tabellenende. Für den Mannschaftsbetreuer Jochen Boddenberg ist damit der Klassenerhalt wieder ein Thema. „Voraussichtlich steigt nur eine Mannschaft ab", sagt er, aber: „Ein Problem ist unser sehr schlechtes Torverhältnis."

Volleyball: Die Moral ist unerschütterlich, an Ehrgeiz und Leidenschaft mangelt es auch nicht. Aber ein Umbruch, wie er zu dieser Saison beim Volleyball-Zweitligisten VV Humann stattgefunden hat, ist nur schwer zu meistern. Und kommt noch Verletzungspech hinzu, ist der Misserfolg praktisch schon programmiert. So wie bei der 2:3-Niederlage gegen das Schlusslicht ETV Hamburg. Viel Hoffnung hat die blutjunge Mannschaft von Trainer Peter Bach gerade in dieses Duell gesetzt. Der VVH-Coach bleibt optimistisch: „Bemerkenswert, dass die jungen Spieler wie Tom Borchert, Fynn Ole Bach und Luc Lüftner sich ständig weiterentwickeln. Nach sehr schwachem Start war es ab Mitte des zweiten Satzes eine ansprechende Leistung, die man hoch bewerten muss."

***Fußball:* Remis im letzten Hinrundenspiel: In der Nachspielzeit kassiert Rot-Weiss Essen beim SC Verl den entscheidenden Treffer zum 1:1. Es ist ein gerechtes Unentschieden vor 3614 Zuschauern, 2358 davon waren Essener. Felix Bastians' Führungstreffer gleicht Nicolas Sessa spät aus. „Im ersten Moment fühlt es sich extrem bitter an", sagt Trainer Christoph Dabrowski. Er ärgert sich über den späten Treffer und ergänzt: „Wir müssen uns an die eigene Nase fassen. Wir haben eine Überzahl in der Box, hatten dort aber keine Zuordnung im Rückraum. Über die Passivität in der zweiten Halbzeit müssen wir reden."**

> 22.01.

Eishockey: Nach zwei Siegen in Folge unterliegen die Moskitos bei den Icefighters Leipzig mit 3:4 nach Verlängerung. Vor 1700 Zuschauern im Leipziger Kohlrabizirkus haben die Essener bereits mit 3:1 geführt, müssen sich aber nach dem späten Ausgleich und Siegtreffer des Tabellensiebten in der Overtime mit einem Punkt begnügen. „So aufopferungsvoll wie wir gekämpft haben, hätten wir die drei Punkte verdient gehabt, aber den einen Punkt nehme ich auch mit", bilanziert Moskitos-Coach Danny Albrecht. Doch der eine Zähler hilft den „Mücken" im Kampf um den direkten Klassenerhalt nicht großartig weiter. Das rettende Ufer ist noch immer acht Zähler entfernt – 13 Spiele sind es noch in der Hauptrunde.

***Rollstuhlbasketball:* Die Hot Rolling Bears bleiben in der 1. Bundesliga punktlos Tabellenletzter. Im Elxleben unterliegt der Aufsteiger den RSB Thuringia Bulls mit 31:112. Der deutsche Vize-Meister lässt von Beginn an keine Zweifel an seiner Überlegenheit und bietet seinen Fans ein Punkte-Feuerwerk. Die Bears finden wie erwartet kein Rezept gegen die Schnelligkeit und Überlegenheit und sind überfordert. „Das Spiel startete gut für uns", findet Trainer Dennis Nohl. „Auch wenn wir solche Spiele aktuell nicht gewinnen können, erwarte ich mehr Ehrgeiz und Disziplin in unserer Spielweise."**

> 24.01.

Fußball: Manchmal rollt der Ball schneller, als man glaubt. Noch am vergangenen Wochenende hat sich so mancher RWE-Fan gefragt, wer denn wohl im Auswärtsspiel bei der SV Elversberg aus der Essener Startelf fliegen würde, wenn Kapitän Daniel Heber wieder fit ist. Die Antwort hat sich erübrigt, Heber wird nicht mehr zurückkommen. Der Innenverteidiger verlässt Rot-Weiss Essen noch in der Winterpause und wird ab sofort für den 1. FC Magdeburg in der 2. Bundesliga auflaufen. Insgesamt achteinhalb Jahre – inklusive Jugend – hat Daniel Heber das rot-weisse Trikot getragen, hat mit RWE den Aufstieg in die dritte Liga gefeiert, nun nimmt er die Chance wahr, den nächsten Schritt in seiner Profikarriere zu machen.

> 27.01.

Basketball: **Es ist am Ende ein souveräner Sieg gegen einen Gegner, der zuletzt einen beeindruckenden Aufwärtstrend gezeigt hat: Der 102:81-Erfolg der ETB Miners bei den Hertener Löwen macht den Essenern gleich aus mehreren Gründen Laune. Der Basketball-Erstregionalliga-Spitzenreiter dokumentiert im Vest deutliche Fortschritte beim Zuschütten der größten und wichtigsten Baustelle: der Defense. „Das war ein guter Schritt in die richtige Richtung", ist ETB-Coach Lars Wendt zufrieden.**

Fußball: Der Spitzenreiter der dritten Liga marschiert. Die SV Elversberg lässt sich auch von Rot-Weiss Essen nicht stoppen und gewinnt vor 5334 Zuschauern mit 3:0. RWE ist besser in Hälfte eins, kann aber die Chancen nicht nutzen. Nach der Pause erhöht der Gastgeber den Druck und besitzt Vorteile. Dennoch ist's ein gutes Spiel der Essener, die nach neun Spielen erstmals wieder verlieren. „In der ersten Halbzeit haben wir ein ordentliches Spiel gemacht, in dem wir einige Chancen hatten. Die Gegentore haben wir nicht gut verteidigt", sagt Trainer Christoph Dabrowski. RWE müsse aber effizienter spielen.

Eishockey: Hin und her geht es im Oberliga-Ruhrderby. Es ist ein mitreißendes Schlussdrittel. Haben die Füchse Duisburg ihre Führung gerade ausgebaut, verkürzen die Moskitos im nächsten Moment. Sieben Tore fallen in den letzten 20 Minuten, aber am Ende behält der EVD beim 5:4-Spektakel vor über 2000 Zuschauern an der Wedau die Oberhand. „Im ersten Drittel haben wir es defensiv sehr gut gemacht", meint Coach Danny Albrecht. Duisburg habe zwar knapp 80 Prozent Scheibenbesitz gehabt, „aber wir hatten, glaube ich, die gefährlicheren Chancen."

> 28.01.

Volleyball: Allmählich kommen die Volleyballerinnen des Zweitligisten VC Allbau in Fahrt. Nach Hamburg und Köln fährt das Team von Trainer Marcel Werzinger am Hallo gegen Aufsteiger BSV Ostbevern mit 3:1 den dritten Dreier in Folge ein. An die starke Leistung aus der Vorwoche, als die Essenerinnen beim Tabellenvierten SnowTrex Köln mit 3:1 gewannen, kann der VCA allerdings nicht anknüpfen. „Auf der einen Seite ist uns das eigene Spiel nicht so leicht gefallen, auf der anderen Seite entpuppten sich die Gäste als harte Nuss", fasst Werzinger zusammen. „Aber mit den neun Punkten zuletzt können wir sehr zufrieden sein." Und die Zuschauer-Resonanz am Hallo ist mit gut 350 Gästen ebenfalls ordentlich.

Isabelle Zwingmann und der VC Allbau holen den dritten Sieg in Folge.

> 29.01.

Rollstuhlbasketball: Der Essener Bundesligist verliert mit 41:82 gegen den RSV Lahn-Dill. Dem Spiel ging eine schwere und von Krankheit geprägte Trainingswoche voraus, die nur wenig Vorbereitung auf den deutschen Meister zuließ. Die Hot Rolling Bears zeigen dennoch keine. Sie spielen zur Freude der Fans befreit auf. Gegen ein Topteam wie den Tabellenführer Lahn-Dill reicht das nicht – dennoch verbessern sich die Essener im Vergleich zum Hinspiel, das 38:90 ausging. „Wir haben gutes Umschaltverhalten gezeigt, hatten sogar Fastbreak-Möglichkeiten, sodass wir alles in allem zufrieden sind, auch wenn die große Überraschung natürlich ausblieb", so Trainer Dennis Nohl.

Damenhockey: **Die Damen des HCE warten in diesem Jahr noch auf den ersten Dreier. Gegen den DSD Düsseldorf setzt es eine 2:3-Pleite. Die Gäste gehen durch Silja Drewitz, die zwei kurze Ecken verwandelt, in Führung. Nach dem Anschluss durch Nina Klinge verwandelt Henrike Ehls einen Siebenmeter zum Ausgleich. In der Schlussminute erzielt Lilly Clair Otten den Siegtreffer für die Gäste. HCE-Angreiferin Klinge ist trotz Niederlage mit der Leistung der Mannschaft zufrieden: „Wir haben ein gutes Spiel gemacht und uns nicht aufgegeben. Es ist allerdings enttäuschend, ohne Punkte aus dem Duell zu gehen."**

Herrenhockey: Der abstiegsbedrohte HCE überrascht mit einem 7:7 gegen den Tabellenzweiten Gladbacher HTC. Der HCE, der im Hinspiel noch mit 3:10 untergegangen war, verlässt den Abstiegsplatz und gibt die „rote Laterne" an den Kahlenberger HTC weiter. Für Mannschaftsbetreuer Jochen Boddenberg ist es ein Spiel auf Augenhöhe: „Wir haben gegen den hohen Favoriten ein spannendes und ausgeglichenes Spiel geliefert. Der Punktgewinn war absolut verdient. Damit sind unsere Chancen auf den Klassenerhalt sehr gestiegen."

Frauenfußball: **Die SGS Essen schießt sich vor dem Wiederbeginn in der Frauenfußball-Bundesliga schon einmal warm: Gegen den klassentieferen FSV Gütersloh setzt sich die Elf von Trainer Markus Högner in letzten Test überraschend deutlich mit 7:2 durch. Bereits zur Pause führen die Essenerinnen komfortabel mit 4:1, nachdem Beke Sterner und Natasha Kowalski jeweils einen Doppelpack geschnürt haben. „Wir wollen den Sieg jetzt aber nicht überbewerten", meint Högner. „Wir haben unsere Aufgabe souverän gelöst und haben jetzt noch eine Woche, um uns auf Köln vorzubereiten."**

Eishockey: Die Wohnbau Moskitos schnuppern im Kampf um den direkten Klassenerhalt Morgenluft. Der Oberligist ist nach dem wichtigen 3:2-Heimerfolg gegen die Hammer Eisbären zurück im Rennen um den rettenden elften Platz. Der Rückstand beträgt nunmehr sechs Punkte. Enrico Saccomani sichert mit seinem späten Treffer den dritten Heimsieg in Folge. Der zuvor elftplatzierte Herforder EV gewinnt zwar in Rostock knapp mit 7:6, dafür belegen nun die Black Dragons Erfurt eben jenen Rang elf. „Der späte Siegtreffer war wichtig für das Selbstvertrauen", meint Stürmer Marc Zajic. „Aber auch, damit wir wissen, dass wir 60 Minuten mithalten und auch am Ende die Spiele entscheiden können."

> 01.02.

Eishockey: Die Wohnbau Moskitos erleiden einen empfindlichen Rückschlag im Kampf um den direkten Klassenerhalt. Der Eishockey-Oberligist unterliegt den TecArt Black Dragons Erfurt nach zwei späten Gegentoren mit 4:6. Statt den Rückstand auf den rettenden elften Platz auf drei Punkte zu verringern, ist er wieder auf acht gewachsen. Moskitos-Trainer Danny Albrecht attestiert seiner Mannschaft in Erfurt ein „hervorragendes Auswärtsspiel", hadert allerdings gewaltig mit den Schiedsrichterentscheidungen, aufgrund dessen zwei Tore gefallen seien, „was ich einfach irgendwann nicht akzeptieren kann".

> 03.02.

Frauenfußball: Die SGS Essen schließt die Hinrunde in der Frauenfußball-Bundesliga mit einem hochverdienten Sieg ab: Gegen den 1. FC Köln zeigen die Gastgeberinnen an der Hafenstraße eine blitzsaubere Leistung und kommen zu einem in der Höhe überraschenden 4:0-Erfolg. Auf dem Rasen ist die Angelegenheit genauso klar, wie sich das Ergebnis liest. Die SGS spielt gegen die vielleicht meist überschätzte Mannschaft der Liga groß auf. Mit nun 13 Punkten setzen sich die Essenerinnen ins Mittelfeld der Tabelle ab und dürfen sich langsam auf die kommende 20. Saison im Oberhaus einstellen. „Die ersten 15, 20 Minuten waren noch ausgeglichen oder sogar mit leichten Vorteilen für den FC", findet SGS-Trainer Markus Högner.

Der Spitzenreiter müht sich: Noah Westerhaus und die ETB Miners schlagen Aachen knapp.

***Eishockey:* Vier Buchstaben reichen aus, um das Heimspiel der Wohnbau Moskitos gegen den Krefelder EV auf den Punkt zu bringen: Wild. Egal, wohin man hört: Diese Beschreibung ist nach der Schlusssirene am Westbahnhof immer wieder zu hören. Mehrere Male läuft der Essener Eishockey-Oberligist einem Rückstand hinterher, beweist jedoch Comeback-Qualität – und behält beim wenig überzeugenden 6:5-Heimsieg gegen den Tabellenvorletzten die Oberhand. Die „Mücken" bauen ihre Heimserie vor 700 Zuschauern aus, vier Spiele in Folge hat der ESC zuletzt am Westbahnhof gewonnen, aber Danny Albrecht kann der Leistung nicht viel Positives abgewinnen. Er freue sich über die drei Punkte, aber „am Ende war es kein gutes Spiel von uns", bilanziert der Moskitos-Coach.**

Handball: Gerade so retten sich die Handballer von Tusem Essen noch an Land. Gegen den VfL Lübeck-Schwartau droht der Kahn kurz vor dem Ende zu sinken, doch Kapitän Jonas Ellwanger und Co. reißen das Ruder noch einmal herum. Am Ende eines hart umkämpften und nervenraubenden Heimspiels gewinnen die Essener das erste Zweitliga-Duell des Jahres hauchdünn mit 23:22. Rückraumspieler Justin Müller: „Vor einem halben Jahr hätten wir das Spiel so nicht mehr gewonnen. Aber wir haben einen Step in die richtige Richtung gemacht und am Ende muss man es erstmal dann so über die Zeit bringen. Sieg ist Sieg – und den nehmen wir gerne."

> 04.02.

***Basketball:* Eine zähe Angelegenheit – abhaken, vergessen, weitermachen. Erstregionalligist ETB Miners besiegt die BG Aachen zwar mit 70:59, doch der Spitzenreiter müht sich gegen das noch dazu ersatzgeschwächt angereiste Schlusslicht (ohne Top-Spieler Tim Schönborn) zu diesem Erfolgserlebnis. „Es war nicht schön anzuschauen", resümiert Headcoach Lars Wendt ehrlich, aber erleichtert, diesen Abend noch zu einem guten Ende gebracht zu haben. Augenscheinlich sind viele seiner Jungs an diesem Tag nicht auf Betriebstemperatur. Und doch hätte der ETB die Partie durchaus klarer und damit entspannter gestalten können – aber die Miners haben ein eiskaltes Händchen an diesem Abend. „Wir haben von Beginn an auch unsere freien Würfe nicht getroffen", fasst es Wendt zusammen.**

Volleyball: Beim Volleyball-Zweitligisten VV Humann Essen läuft alles wie gehabt in dieser Saison. Beim PSV Neustrelitz verlieren die Essener mit 1:3. Drei von vier Sätzen hält die junge Truppe von Trainer Peter Bach beim Tabellenfünften PSV Neustrelitz sehr gut mit. Lob gab es sogar vom Gegner, doch keine Punkte. Nur genau die benötigt Humann im Abstiegskampf. Durch das 1:3 bleibt der VVH Vorletzter.

> 05.02.

Fußball: Das 1:1 im Derby gegen den MSV Duisburg schmeckt bitter, weil Rot-Weiss Essen bis kurz vor Schluss wie der verdiente Sieger aussieht. Bis MSV-Kapitän Moritz Stoppelkamp mit einer Aktion das Spiel auf den Kopf stellt. Entsprechend sauer ist RWE-Trainer Christoph Dabrowski nach dem Abpfiff: „Einen Schritt weit fühl"ich mich aber verarscht vom Schiedsrichter. In der ersten Halbzeit muss es einen Elfmeter gegen Torben Müsel geben. Da können wir uns tausend Bilder anschauen. Wenn ich dann noch die Position vom Schiedsrichter sehe, da bin ich extrem wütend."

Eishockey: Danny Albrecht redet erst gar nicht um den heißen Brei herum, als er auf der Pressekonferenz danach gefragt wurde, was er in dieser Saison noch mit den Wohnbau Moskitos vorhabe. „Den Abstieg verhindern", antwortet der Essener Trainer nach der 2:7-Niederlage bei den Hannover Scorpions, die sich damit auch offiziell zum vorzeitigen Meister der Oberliga Nord krönen. Am Westbahnhof kann hingegen nichts anderes das Ziel sein als der Klassenerhalt – am besten auf direktem Weg.

> 08.02.

***Handball:* Der Tusem Essen bindet Nils Homscheid bis 2025. Der Rückraumspieler verlängert seinen Vertrag, weil er beim Tusem die „besten Voraussetzungen" sieht, sich weiterzuentwickeln. „Nils ist ein großes Talent und kommt aus unserer eigenen Jugend, insofern ist er ein absoluter Wunschspieler", sagt Tusem-Geschäftsführer Niels Ellwanger.**

> 10.02.

Eishockey: Torhüter Fabian Hegmann verleiht den Wohnbau Moskitos gegen Hamburg zwei Drittel lang die nötige Stabilität, die es schon im Anfangsdrittel gebraucht hätte. Die Essener steigern sich danach zwar deutlich, aber auch Hegmann, der kein Gegentor kassiert, kann die knappe 3:4-Heimniederlage nicht mehr verhindern. Damit verpassen die „Mücken", den Rückstand auf den rettenden elften Platz zu verkürzen, aber Hegmann zeigt sich weiter selbstbewusst. „Für mich ist klar, dass wir nicht in den Playdowns spielen werden. Wir werden kämpfen bis zum Ende", sagt Hegmann. „Wir wollen alle nach oben und noch die Pre-Playoffs erreichen – egal, wie."

Handball: Der Ärger unmittelbar nach dem Schlusshorn in der Rostocker Stadthalle hält sich bei den Handballern des Tusem Essen in Grenzen – zumindest macht es nach außen hin den Anschein. Kaum eine Miene verziehen sie, dürften aber viele Gedanken im Kopf haben. Denn sie haben gerade ein Spiel verloren, das sie eigentlich nicht hätten verlieren dürfen. Bei der 25:28-Niederlage gegen den Tabellenvorletzten HC Empor Rostock mangelt es an Durchschlagskraft, Konzentration und Kraft. „Wir haben es im Angriff nicht geschafft in die tiefen Räume zu kommen und hatten am Ende leider keinen Spieler, der einen herausragenden Tag hatte. Den hätte es wohl gebraucht", ärgert sich Trainer Michael Hegemann nach der Niederlage.

> 11.02.

Basketball: Nicht jede Geschichte hat ein Happy End, obwohl es gerade im Sport auch immer im Auge des Betrachters liegt: Des einen Leid ist hier des anderen Freud. Nehmen wir also die Perspektive der ETB Miners ein – da ist dieser Nachmittag mit einer knappen, dramatischen 108:115-Niederlage nach Verlängerung in Bonn ein unglücklicher. Gejubelt wird am Ende aufseiten der Rheinländer. Es gelingt einfach nicht, den Schalter umzulegen, was bei Headcoach Lars Wendt für Stirnrunzeln sorgt. „Wir haben defensiv offenbar nicht den IQ, den wir erwartet hatten. Wie wir da in Bonn agiert haben, ist schon ein Stück weit besorgniserregend."

***Volleyball:* Verletzungspech, Krankheit, klare Niederlagen – der VV Humann gibt sich trotzdem nicht auf und wehrt sich mit allem, was er hat, gegen den Abstieg aus der 2. Volleyball-Bundesliga. Und der Aufwärtstrend gibt den Humännern recht, mit dem 3:1-Heimsieg über den FC Schüttorf 09 sind die Chancen auf den Klassenerhalt wieder etwas realistischer geworden. „Wir haben kurz bevor die Tür zugefallen ist, noch einen Fuß dazwischen bekommen", sagt Libero Tim Dißmann. „Der Sieg hat Mut gemacht und kommt zum richtigen Zeitpunkt. Wir werden noch einmal alle Kräfte mobilisieren. Wir sind heiß, und greifen in Schöneiche weiter an."**

> 12.02.

Frauenfußball: Keine Punkte, aber viel Applaus gibt es für die Bundesliga-Fußballerinnen der SGS Essen für eine tolle Vorstellung gegen den Spitzenreiter VfL Wolfsburg. Fast 70 Minuten halten die Gastgeberinnen die Partie dank einer kämpferischen Top-Leistung ausgeglichen. Erst als die Beine schwerer werden, schlägt der VfL drei Mal eiskalt zu. Vor einer Rekordkulisse von 3389 Zuschauern dürfen sich die Essenerinnen dennoch für einen Achtungserfolg feiern lassen. SGS-Trainer Markus Högner: „Trotz der Niederlage können wir auf diese Leistung aufbauen. Die Mädels haben gesehen, wie gut sie verteidigen können."

Hockey: Der HC Essen ist auch in der kommenden Hallensaison mit beiden Mannschaften in der 2. Bundesliga vertreten. Am letzten Spieltag läuft für die Essener alles nach Wunsch. Bei den Damen kassiert

3:0 gegen Wolfsburg: Natasha Kowalski und die SGS Essen

Schlusslicht Eintracht Dortmund nach dem 5:5 gegen Kahlenberg ein 2:7 in Raffelberg und steigt in die Regionalliga ab. Den HCE-Männern reichen fünf Punkte für den vorletzten Tabellenplatz, da Kahlenberg (3 Punkte) nach dem 6:11 bei SW Köln auch gegen Raffelberg mit 4:6 unterliegt. HCE-Sprecherin Henrike Ehls schwärmt von der Stimmung in der Kupferdreher Sporthalle: „Viele Zuschauer haben beide Teams angefeuert und bis zum Schluss mit gefiebert. Wir sind stolz, dass beide Mannschaften den Verbleib in der 2. Liga geschafft haben."

Rote Karte: Isaiah Young von Rot-Weiss Essen

> 13.02.

Fußball: Rot-Weiss Essen muss die zweite Saisonniederlage in diesem Jahr hinnehmen. Das Team von Trainer Christoph Dabrowski verliert zum Abschluss des 22. Spieltags bei Viktoria Köln mit 0:1. Vor 4604 Zuschauern im Sportpark Höhenberg – darunter 2000 mitgereiste Essener – erzielt Routinier Mike Wunderlich per Abstauber den entscheidenden Treffer. RWE-Flügelspieler Isaiah Young sieht in der 68. Minute wegen wiederholten Foulspiels Gelb-Rot. Während die Kölner den ersten Erfolg im neuen Jahr feiern, geht die Sieglosserie der Essener weiter. Sie warten nun seit sieben Spielen auf einen Dreier. Die Fans sind genervt, machen zum ersten Mal in dieser Saison ihrem Unmut Luft und skandieren: „Wir wollen euch kämpfen sehen!"

> 14.02.

***Eishockey:* Danny Albrecht geht mit seinen Spielern hart ins Gericht. „Das war heute gar nichts", bilanziert der Trainer der Wohnbau Moskitos nach der verdienten 3:6-Heimpleite gegen die Black Dragons Erfurt. Besonders über das Anfangsdrittel ärgert sich Albrecht gewaltig. „Ich habe zu den Jungs in der ersten Drittelpause gesagt: Wenn wir so ein Spiel um Platz zehn angehen, in dem es darum geht, ob wir es noch einmal schaffen, kannst du gleich die weiße Fahne hissen." Das Ziel Pre-Playoffs können die „Mücken" nun wohl abhaken. 16 Punkte beträgt der Rückstand auf den zehnten Rang, den weiterhin die Erfurter belegen, 18 Punkte könnte der ESC im Optimalfall in der Hauptrunde noch sammeln – illusorisch.**

> 16.02.

Handball: Das Heimspiel des Tusem in der 2. Bundesliga wird kurzfristig abgesagt, weil Gegner Wölfe Würzburg zu viele Krankheitsausfälle in der Mannschaft hat.

> 17.02.

Eishockey: Die Hoffnung am Essener Westbahnhof rund um den Jahreswechsel war groß, dass die Wohnbau Moskitos diese qualvolle Oberliga-Saison noch zu einem versöhnlichen Ende bringen könnten. Nun aber plätschert die Spielzeit im Endspurt für die Essener nur noch dahin. Der jüngste Negativtrend des ESC hält auch in Tilburg an. In den Niederlanden zeigen die „Mücken" zwar 40 Minuten lang die richtige Reaktion auf die bittere 3:6-Heimpleite gegen Erfurt, müssen sich den Trappers aber letztlich deutlich mit 2:6 geschlagen geben. „Wir haben hart gekämpft. Es reicht nicht aus, um zu gewinnen, aber insgesamt war es ein gutes Spiel von uns", resümiert Trainer Danny Albrecht.

> 19.02.

Rollstuhlbasketball: Nächste Pleite für die Hot Rolling Baers: Sie verlieren 35:87 gegen die RBC Köln 99ers. Gut 15 Minuten präsentieren sich die Essener Rollstuhlbasketballer mit den Gästen auf Augenhöhe, halten die Distanz zu den formstarken Kölnern in Wurfweite. In der zweiten Halbzeit setzt dann der Totalausfall ein. Während die Gäste sich immer mehr in Rage spielen, verlieren die Hausherren den Ball zu leicht und verlegen Korb um Korb. Trainer Dennis Nohl: „Leider waren wir nur die ersten 15 Minuten konkurrenzfähig. Eine desolate Trefferquote bis zur Halbzeit nahm uns schon früh die Möglichkeit, das Spiel noch eng zu gestalten."

***Fußball:* Als Schiedsrichter Lukas Benen das Spiel abpfeift, setzen die Fans an der Essener Hafenstraße zu einem lauten, langgezogenen Jubelschrei an, wie es ihn im Stadion seit einer gefühlten Ewigkeit nicht mehr gegeben hat. Der 2:0-Sieg von Rot-Weiss Essen gegen Borussia Dortmunds U23 ist der erste Heimdreier seit 22 Wochen. Für Trainer Christoph Dabrowski vor allem ein „verdienter Sieg", wie er sagt: „Über die ganze Distanz nicht eine Torchance zugelassen – ich bin sehr froh, dass wir zu Null gespielt haben." Seine Mannschaft habe eine „super Reaktion" auf die jüngsten Rückschläge während der Sieglos-Serie gezeigt.**

Schach: Mit einem 6,5:1,5-Kantersieg gegen Hansa Dortmund übernehmen die Schachfreunde Katernberg die Tabellenführung in der Oberliga und dürfen weiter vom Aufstieg in die 2. Bundesliga träumen. In der NRW-Liga fallen die Schachfreunde Werden nach der zweiten Saisonniederlage auf Rang drei zurück, während Katernberg II mit einem deutlichen Sieg in Kamen die Abstiegsränge verlässt. Hansa Dortmund, der Absteiger aus der 2. Liga, tritt stark ersatzgeschwächt an und ist an den hinteren Brettern nicht wirklich konkurrenzfähig. Nach einem schnellen Remis von Großmeister Sebastian Siebrecht am Spitzenbrett siegt zunächst Armin Meyer im Königsangriff. Danach manövriert Bosko

Tomic den früheren Katernberger Dr. Christian Scholz in eine tödliche Fesselung und gewinnt ebenfalls.

> 24.02.

Eishockey: Moskitos-Kapitän Mitch Bruijsten beugt sich über die Bande und schüttelt nur mit dem Kopf, Essens Trainer Danny Albrecht stütze den rechten Arm auf sein linkes Knie und blickt ins Leere. Im Hintergrund bejubeln die Herner Fans den fünften Treffer ihrer Mannschaft – ein weiterer sollte noch hinzukommen. Für die Wohnbau Moskitos bleibt hingegen nur die Enttäuschung: Der Oberligist unterliegt den Miners vor 2000 Zuschauern am Gysenberg mit 2:6 und verpasst damit auch die letzte Chance auf einen Derbysieg gegen den HEV in dieser Saison. „Ich kann meiner Mannschaft zumindest vom Kampf her keinen Vorwurf machen", resümiert Albrecht.

> 25.02.

***Fußball:* Manchmal kann einem RWE-Trainer Christoph Dabrowski extrem leid tun. Dann kommt er einem vor wie ein überforderter Familienvater, der eine Horde schwer erziehbarer Jungs einfach nicht in den Griff bekommt. So sitzt er wieder einmal ziemlich bedröppelt da auf der Pressekonferenz nach dem 1:1 beim FC Ingolstadt und muss zerknirscht feststellen: „So ein Tor in der 90. Minute tut schon extrem weh, wo wir uns nicht clever verhalten, wo wir eigentlich auf Zeit spielen wollen, den Ball nicht festmachen, die Innenbahn aufgeben und Ingolstadt dann den Ausgleich macht."**

Basketball: Ein Klassenunterschied an diesem Abend – und die zeitliche Eingrenzung ist durchaus mit bedacht gewählt: Basketball-Erstregionalliga-Spitzenreiter ETB Miners feiert im Duell mit dem Zweiten UBC Münster II einen glasklaren 102:58-Sieg, über dessen Aussagekraft freilich nach Lust und Laune diskutiert werden darf. Großen Respekt hat Wendt den Münsteranern vor dem Spiel gezollt, er tut es auch danach. „Stark, wie der Gegner auch in der zweiten Halbzeit weitergespielt hat. Ich bin davon überzeugt, eine so junge Mannschaft wird daran wachsen." Und weiter: „Wir haben bei uns eigentlich niemanden herauszuheben. Es war eine tolle Mannschaftsleistung."

> 26.02.

***Handball:* Die etwas glücklicheren Gesichter nach der Schlusssirene machen die Essener. Immerhin holen sie in einem Abnutzungskampf mit massig Fehlern auf beiden Seiten einen Punkt, aber ein wirklicher Handball-Leckerbissen ist das 17:17 zwischen dem Tusem und der HSG Nordhorn-Lingen bei Weitem nicht. Rückraumspieler Nils Homscheid: „Für uns war es ein Punktgewinn. Wir hatten erst nicht so den Zug zum Tor, haben uns in der zweiten Halbzeit aber besser auf Nordhorn eingestellt und den Ball länger laufen lassen. Das war für uns deutlich besser."**

Knappe Kiste: Felix Eißing und der Tusem spielten gegen Nordhorn Unentschieden.

Eishockey: Nach dem 4:7 gegen den Herforder EV muss Essener Oberligist vielleicht nochmal zittern. Grund dafür ist gleichermaßen die Heimniederlage, nach der die ESC-Fans geradezu fluchtartig den Heimweg antreten, wie der deutliche Rostocker 6:1-Sieg gegen Erfurt, mit dem die Piranhas den Rückstand auf die Moskitos auf sechs Punkte verkürzen. Der Tabellenvierzehnte von der Ostsee, der nach jetzigem Stand in den Playdowns auf Krefeld treffen würde, kann zwar mit den Essenern nach Punkten nur noch gleichziehen, hat allerdings sein Torverhältnis gegen Erfurt gründlich aufpoliert. War die Rostocker Tordifferenz im Vergleich zu der der Moskitos vor dem Wochenende noch 20 Tore schlechter, konnten die Piranhas die Lücke nun auf nur noch zehn Tore verkleinern. „Wenn das nicht jedem bewusst ist, haben wir ein Problem", betont Moskitos-Coach Danny Albrecht.

> 28.02.

Fußball: Jakob Golz wird weiter für Rot-Weiss Essen im Tor stehen. Der Torhüter verlängert seinen im Sommer auslaufenden Vertrag um zwei Jahre bis zum 30. Juni 2025. „Jakob ist nun schon seit vier Jahren bei uns und steht beispielhaft für die sportliche Entwicklung unseres Vereins in dieser Zeit. Er hat immer hart gearbeitet, an seine Chance geglaubt und ist nun unser unangefochtener Stammtorwart, der uns in dieser Saison schon einige Punkte gesichert hat. Wir glauben, dass seine Entwicklung noch nicht zu Ende ist", so Sportdirektor Jörn Nowak.

***Frauenfußball:* Aus der Traum vom Endspiel in Köln: Die Bundesliga-Fußballerinnen der SGS Essen scheitern im Viertelfinale des DFB-Pokals krachend mit 1:6 am klassentieferen RB Leipzig. Was für eine bitterer Moment. Mit einem guten Lauf und einer Menge Selbstvertrauen ist die Elf von Trainer Markus Högner nach Sachsen gereist – und enttäuscht auf ganzer Linie. Ja, Leipzig ist das Spitzenteam der zweiten Liga, doch ein 0:4-Rückstand zur Pause ist nichts anderes als blamabel für den Erstligisten, der einen kollektiven Blackout hat. „Alles, was ich jetzt sage, ist wahrscheinlich falsch", ärgert sich Högner.**

Die Chronik | März 2023

> 01.03.

Fußball: Beim Blick auf den Aufstellungsbogen wird so manch einem Rot-Weissen sicherlich mulmig. Gleich elf Spieler fehlen im Niederrheinpokal-Derby beim Wuppertaler SV. Die Grippewelle hat die Hafenstraße erreicht. Doch das macht den Essenern nichts aus. Sie gewinnen mit 1:0 und stehen im Halbfinale und treffen dort auf den Regionalligisten 1. FC Bocholt. Dann gibt es ein Wiedersehen mit den ehemaligen Rot-Weissen Kevin Grund und Marcel Platzek sowie mit dem ausgeliehenen Sascha Voelcke.

> 03.03.

***Handball:* Zweitligist Tusem Essen muss den Abgang eines weiteren Leistungsträgers verkraften. Nachdem bereits Rückraumspieler Eloy Morante seinen Wechsel zum Bergischen HC angekündigt hat, wird nun auch Spielmacher Justin Müller gehen. Er wird sich dem dänischen Erstligisten Nordsjaelland Handbold nördlich von Kopenhagen anschließen. „Die einzige Konstante im Leben ist die Veränderung und ich denke, dass der Schritt aus der Komfortzone für meinen weiteren Weg wichtig ist", begründet Müller seine Entscheidung.**

> 04.03.

Rollstuhlbasketball: In der Rollstuhlbasketball-Bundesliga unterliegen die Hot Rolling Bears bei den Rhine River Rhinos in Wiesbaden 29:82. Die Gastgeber ziehen damit in die Playoffs ein. Ein bisschen können die punktlosen Essener den Gegner im zweiten Viertel ärgern und das Spiel bis zur Halbzeit mit neun Punkten Differenz halbwegs offen gestalten. Im Kellerduell mit Hamburg wollen sich die Essener nun versöhnlich aus 1. Bundesliga verabschieden.

Volleyball: Die Zweitliga-Volleyballer des VV Humann unterliegen in der Wolfskuhle dem überragenden Tabellenführer TuS Mondorf mit 1:3. Aber Respekt: Die Gastgeber dürfen zumindest für einen Moment an der Sensation schnuppern, als sie den ersten Durchgang gewinnen. Immerhin gehören sie damit zu den nur fünf Teams der Liga, die wenigstens einen Satz gegen diese Top-Mannschaft holten. Vier Spiele (gegen Bocholt, Kiel, Warnemünde und Münster) bleiben dem Team von Trainer Peter Bach nun noch, dem Abstieg zu entkommen, davon müssen sie drei auswärts bestreiten. Die jungen Humänner brauchen aber auch fremde Hilfe, um Schüttorf oder Schöneiche (beide ein Spiel weniger) noch überholen zu können.

Luke Eisenblätter und Elia Michel vom RCE schlagen Düsseldorf souverän.

***Rugby:* Der Rasen hat sich an den Beinen festgesetzt, die Hosen und Stutzen sind braun gefärbt – der Nachweis eines harten Arbeitstages für die Spieler des Rugby Club Essen. „Die Jungs sind an ihre Grenzen gegangen", sagt der RCE-Vorsitzende Frank Haberland nach dem 27:7-Heimsieg gegen TuS Düsseldorf II. „Die fünf Punkte tun uns natürlich gut. Das gibt noch einmal Schwung für den Start in die Rückrunde", ergänzt Essens Kapitän Hagen Schomberg. Der Abstand auf Spitzenreiter RC Paderborn bleibt zwar derselbe für den drittplatzierten Regionalligisten, aber eine wichtige Erkenntnis können die Überruhrer gewinnen: „Wenn wir in den nächsten Spielen diese Leistung halten und noch steigern können, bin ich sehr optimistisch, dass wir uns vor keiner Mannschaft in der Liga verstecken müssen", so Schomberg.**

Skaterhockey: Kein Trainer? Kein Problem! Die Hockeyskater der Wohnbau Moskitos setzen sich zum Bundesliga-Auftakt auch in der Höhe verdient mit 10:1 gegen den TV Augsburg durch und stellen klar, dass auch in dieser Saison mit ihnen zu rechnen ist. Ohne festen Übungsleiter sind die Essener in die neue Spielzeit gestartet und beim Blick an die Bande vor dem ersten Bully ist tatsächlich niemand zu finden, der den Trainerposten übernommen hat. Die Mannschaft aber scheint sich in Eigenverantwortlichkeit pudelwohl zu fühlen, fährt den Auftaktdreier souverän ein und muss dabei nicht mal ans Limit gehen.

> 05.03.

Fußball: Es ist ein hartes Stück Arbeit, die erste Hälfte eine schwierige Geschichte gegen einen mutigen und selbstbewussten Gast. Aber in der zweiten Hälfte platzt der Knoten. Rot-Weiss Essen besiegt Mitaufsteiger SpVgg. Bayreuth am der Hafenstraße am Ende verdient mit 2:0 und wahrt damit in der Tabelle die Distanz von acht Punkten zur Abstiegszone. Nach der Pause habe seine Mannschaft dann aber noch eine Schippe draufgelegt. Nicht selbstverständlich, findet Essens Coach Christoph Dabrowski: „Kompliment an meine Mannschaft nach der intensiven Woche und den extrem vielen Ausfällen unter der Woche."

Frauenfußball: Die SGS Essen bleibt dank des Punktgewinns beim Verfolger SV Meppen weiter auf Kurs Klassenerhalt. Die Essener Bundesliga-Fußballerinnen kommen im Emsland zwar schwer in die Partie, steigern sich aber im zweiten Durchgang merklich. Die Punkteteilung ist gerecht, auch wenn die SGS dafür hinten raus eine Portion Glück benötigt. So wächst das Polster auf den ersten Abstiegsplatz wieder auf vier Zähler an. „Ich bin zufrieden mit dem Punkt", fasst SGS-

Trainer Markus Högner zusammen. „In der ersten Halbzeit hat man uns ein Stück weit Verunsicherung angemerkt. Nach der Pause hatten wir aber sofort mehr Zugriff und haben besser nach vorne gespielt."

Eishockey: Ein Schuss reicht, um die Anhänger der Wohnbau Moskitos die unzähligen Enttäuschungen der letzten Monate für einen kurzen Moment vergessen zu lassen: Robin Slanina wuchtet die Scheibe fünf Minuten vor der Schlusssirene bedingungslos in den Winkel und setzt den wohl lautesten Jubelschrei frei, den der Westbahnhof in diesem Jahr gehört hat. Sportlich ist der 1:0-Heimsieg gegen die Icefighters Leipzig zum Saisonabschluss aus Essener Sicht bedeutungslos. Die qualvolle Spielzeit für den ESC ist nach der Hauptrunde beendet – endlich, oder? „Ich hätte gerne noch ein paar Wochen gespielt – in den Playoffs", entgegnet der ESC-Vorsitzende Thomas Böttcher.

Handball: Mit Harz verklebten, aber leeren Händen gehen die Zweitliga-Handballer des Tusem von der Platte. Bei der SG BBM Bietigheim unterliegt das Team von der Margarethenhöhe mit 29:34 und kann beste Chancen nicht nutzen – weder die vor dem gegnerischen Tor, noch die zum Punktgewinn. „Wir hatten in der ersten Halbzeit gegen ihre Kreisläufer und das Tempospiel keine Mittel. Aber in der zweiten haben wir sehr gute Moral bewiesen und hätten gewinnen können. Vielleicht fehlt uns auch das Quäntchen Glück", sagt Kapitän Jonas Ellwanger.

> 08.03.

***Handball:* Zweitligist Tusem Essen hat einen Ersatz für Mittelmann Justin Müller gefunden, der im Sommer zum dänischen Erstligisten Nordsjaelland Handbold wechseln wird. Vom Essener Ligakonkurrenten Eulen Ludwigshafen wechselt Max Neuhaus auf die Margarethenhöhe. Der Rückraumspieler erhält beim Tusem einen Vertrag bis Sommer 2025. „Max ist unser Wunschspieler gewesen", freut sich der Sportliche Leiter Herbert Stauber über den Transfer und führt aus: „Als Jugend- und Juniorennationalspieler gehörte er in seinem Jahrgang zu den besten Nachwuchsspielern Deutschlands. Er ist erfolgshungrig, hat eine Top-Einstellung und ist sehr talentiert. Gerade im Rückraum wird er uns helfen, uns weiterzuentwickeln."**

> 11.03.

Skaterhockey: Zweites Saisonspiel, zweiter Heimsieg: Die Hockeyskater der Wohnbau Moskitos haben in der Bundesliga einen Auftakt nach Maß hingelegt. Nach dem 10:1 gegen den TV Augsburg feiern die Essener gegen den Aufsteiger IHC Atting einen 16:4-Kantersieg. Damit haben sich die Essener gleich mal an die Tabellenspitze gesetzt. Abheben werden die erfolgsverwöhnten „Mücken" trotz der beiden Machtdemonstrationen nicht, die Spieler wissen den erfolgreichen Saisonstart einzuordnen. „Die beiden Spiele waren perfekt, um reinzukommen und an den Defiziten zu arbeiten", erklärt Co-Kapitän Sebastian Schneider. Das Personal bei beiden Gegnern bewegte sich doch eher auf Zweitliga-Niveau und erwies sich nicht als ernsthafte Konkurrenz für den ESC.

Zweites Spiel, klare Sache: Kevin Porsch und die Hockeyskater legen einen Auftakt nach Maß hin.

***Rugby:* In einen Flow wollte sich der Rugby Club Essen bei der SG Dortmund/Bochum spielen. Doch die Überruhrer werden ausgebremst. Beim Tabellenvorletzten unterliegt der Essener Regionalligist überraschend mit 21:27 und verpasst damit die große Chance, den Rückstand auf den angepeilten Platz zwei deutlich zu verkürzen. „Man muss auch festhalten, dass wir einen Punkt für die Tabelle mitgenommen haben", hebt RCE-Kapitän Hagen Schomberg das Positive hervor.**

Basketball: Der schwarz-weiße Motor schnurrt auch gegen Hagen nicht, doch Erstregionalligist ETB Miners feiert gegen die BBA am heimischen Hallo immerhin einen Sieg. Einen der Kategorie „harte Arbeit", was aller Ehren wert ist. Der 81:70-Erfolg verdeutlicht aber auch, dass sich das Team des Sandes im Getriebe noch nicht hat entledigen können. „Unser Spiel insgesamt war nicht schön anzuschauen", sagt Coach Lars Wendt nach der Partie ehrlich und erleichtert ob des eingefahrenen Erfolges. „Schon die erste Halbzeit nicht. Es war zäh."

Fußball: Welcher Trainer das Spiel gewonnen hat, ist offensichtlich. Bei der Pressekonferenz schaut Christoph Dabrowski, der Mann von Rot-Weiss Essen, mit eingefrorenem Gesicht ins Leere. Neben ihm strahlt Pavel Dotchev vom FC Erzgebirge Aue große Zufriedenheit aus. Gastgeber Aue hat unter dem neuen Coach den Aufschwung fortgesetzt und sich mit dem 2:1-Heimsieg für die Hinspielniederlage revanchiert. Das Duell ist genauso umkämpft wie im Vorjahr an der Hafenstraße, doch so sehr sich beide Traditionsklubs auch beharkt haben, so kollegial lief's in der PK. „Wir haben zwei unterschiedliche Halbzeiten gesehen", meinte Dotchev.

> 12.03.

***Frauenfußball:* Großer Jubel und Erleichterung an der Hafenstraße! Die SGS Essen feiert im Abstiegskampf der Frauenfußball-Bundesliga einen überraschenden 2:1-Heimsieg gegen den Champions-Lea-**

gue-Aspiranten SC Freiburg und klettert damit auf Tabellenplatz sechs – Ramona Maier sei Dank. Die Essener Angreiferin avanciert durch ihren Doppelpack zur Matchwinnerin vor rund 1000 Zuschauern an der Hafenstraße. „Das war natürlich ein eminent wichtiger Sieg für uns. Wir konnten jetzt mal den Druck abgeben", freut sich SGS-Trainer Markus Högner über die „Big Points" im Rennen um den Klassenerhalt.

Tischtennis: Der SG Steele gelingt Dank der mannschaftlichen Geschlossenheit ein klarer 8:2-Sieg beim Schlusslicht MJK Herten, der den Klassenerhalt vorzeitig perfekt gemacht hat. Schon in den Anfangsdoppeln stellt das Steeler Team um Spitzenspielerin Kornelia Ruthenbeck die Weichen auf Sieg und liegt mit 2:0 vorne. Dabei schlagen Monika Hußmann/Stefanie Finkenbrink das gegnerische Spitzendoppel denkbar knapp mit 14:12 im Entscheidungssatz und auch die Paarung Kornelia Ruthenbeck/Alexandra Höffken ist mit einem 3:0 erfolgreich.

> 14.03.

Fußball: Es wird gegrätscht, gefightet, unermüdlich nach vorn gespielt. Rot-Weiss Essen und der VfL Osnabrück liefern sich vor gut 17.600 Zuschauern ein rassiges und packendes Drittliga-Duell, das an die Nerven geht. Es endet mit 1:1 – nach Chancen gerecht, aber nach Spielanteilen hat RWE durchaus auch einen Dreier verdient gehabt. „Den Punkt nehmen wir gerne mit", sagen Christoph Dabrowski und Tobias Schweinsteiger, die beiden Trainer. „Wir haben eine richtig geile zweite Halbzeit gespielt, der Punkt ist hochverdient", ergänzt RWE-Coach Dabrowski. „Wir waren dem Sieg in der zweiten Halbzeit sogar ein bisschen näher."

> 17.03.

Handball: „Eine unglaubliche Energie" verspürt Essens Rückraumspieler Alexander Schoss beim 28:24-Heimsieg seines Tusem gegen den ThSV Eisenach. Gegen den Topfavoriten aus Thüringen kämpfen die Hausherren über die vollen 60 Minuten und holen sich am Ende den verdienten Lohn. Dank einer kompakten Abwehr und eines cleveren Offensivspiels knacken sie den Tabellenzweiten, der im Rennen um den Aufstieg einen Rückschlag einstecken muss. „Auch mit Blick auf die anstehenden Spiele war dieser Sieg mega und enorm goldwert", freut sich Trainer Michael Hegemann.

> 18.03.

***Rugby:* Der Rugby Club Essen muss die zweite überraschende Pleite in Folge einstecken: Nach der 21:27-Niederlage bei der SG Dortmund/ Bochum muss sich der Rugby-Regionalligist nun auch der Zweitvertretung von TuS Düsseldorf auswärts mit 5:24 geschlagen geben – zwei Spiele, in denen die Überruhrer die Punkte fest einkalkuliert haben. Die Rechnung ist im Nachhinein immerhin zur Hälfte aufgegangen, denn für das Spiel in Dortmund bekommen die Essener nun die vollen fünf Punkte geschenkt. Für den Gegner laufen Spieler auf, die nicht spielberechtigt sind, weswegen die Partie mit 50:0 für Essen gewertet wird. Das Ergebnis in Düsseldorf sei dann allerdings nicht das gewesen, „was wir uns gewünscht haben, aber aus dem Spiel können wir sehr viel mitnehmen", erklärt Kapitän Hagen Schomberg.**

Basketball: Basketball-Erstregionalligist ETB Miners stolpert in Richtung Playoffs: Die Essener unterliegen zu Hause mit 85:93 gegen die Münsterland Baskets Wulfen und kassieren damit bereits die vierte Niederlage aus den letzten acht Spielen. Es ist die erste Heimpleite nach zehn Siegen in Serie am Hallo. Ein Team an diesem Abend spielt vor rund 700 Fans energiegeladen und aggressiv. Ein Team spielte mit dem unbedingten Willen, die Partie zu gewinnen. Es sind nicht die Miners. „Wir suchen derzeit ein wenig unsere Form", kommentiert Coach Lars Wendt.

Volleyball: Die Hoffnung schwindet beim Volleyball-Zweitligisten VV Humann Essen von Spieltag zu Spieltag ein bisschen mehr. Die Chancen auf den Klassenerhalt sind nur noch theoretischer Natur nach der 2:3-Niederlage bei TuB Bocholt. Die Humänner kämpfen zwar leidenschaftlich, beweisen auch Moral und Comeback-Qualität, indem sie gleich drei Mal ins Spiel zurück finden, doch der eine Punkt ist im Abstiegskampf zu wenig, der Abstand zum rettenden zehnten Platz beträgt unverändert vier Zähler – und es bleiben nur noch drei Spiele.

Hitziges Duell auf dem Platz und auf den Rängen: Rot-Weiss Essen und der VfL Osnabrück liefern sich ein packendes Spiel.

Fußball: Es ist ein Tag zum Vergessen, darin sind sie sich bei Rot-Weiss Essen alle einig. Nichts hat wirklich funktioniert im Ludwigspark, nicht annähernd können die Rot-Weissen vor allem in Hälfte zwei die starke Leistung unter der Woche gegen Osnabrück (1:1) abrufen. Folgerichtig unterliegen sie beim Aufstiegsaspiranten 1. FC Saarbrücken mit 0:3. „Hochverdient", wie RWE-Trainer Christoph Dabrowski einräumt. Auf die Leistung hin angesprochen, antwortet Kapitän Felix Bastians kurz und knapp: „Wir haben 0:3 verloren. Da hat vieles nicht funktioniert."

***Skaterhockey:* Enrico Saccomani legt den Ball noch einmal quer, Erik Sparka nimmt Maß und verwandelt mühelos ins verwaiste Duisburger Tor – eine Co-Produktion, die die rund 200 Zuschauer in der Sporthalle Duisburg-Süd nicht zum ersten Mal gesehen ha-**

ben. Einmal noch fällt sich das Sturm-Duo der Moskitos Essen in die Arme, einmal noch darf ein Tor bejubelt werden und wenige Sekunden später der Essener Derbysieg. Mit dem dritten Treffer Sparkas – nach dem vierten Assist Saccomanis – zurrt der Skaterhockey-Bundesligist den 10:6-Erfolg beim Rivalen Duisburg Ducks fest.

> 19.03.

Frauenfußball: Eine Woche nach dem überraschenden Sieg über den SC Freiburg sind die Bundesliga-Fußballerinnen der SGS Essen wieder auf dem Boden der Tatsachen angekommen. Eintracht Frankfurt, das die Champions League weiter fest im Blick hat, ist beim 1:4 eine Nummer zu groß. Vor allem die erste halbe Stunde ist eine Machtdemonstration der Hausherrinnen. Fast wären die Essenerinnen noch einmal zurückgekommen, doch individuelle Fehler besiegeln die klare Niederlage. Vom Anpfiff weg wird die SGS förmlich überrollt. „Frankfurt wollte ein schnelles Tor. Sie haben losgelegt wie die Feuerwehr", erklärt SGS-Trainer Markus Högner.

SGS-Trainer Markus Högner

Volleyball: Damit hat am Hallo wohl niemand so wirklich gerechnet. Für die Zweitliga-Volleyballerinnen des VC Allbau ist es eine Saison der Probleme, personell wie spielerisch. Es gab bereits viele Enttäuschungen, doch diesmal passt alles. Nach 113 Spielminuten haben die Volleyballerinnen den Spitzenreiter Skurios Volleys Borken überraschend mit 3:2 besiegt. Die Gäste haben sich dieses Gastspiel natürlich anders vorgestellt und im Endspurt des Titelrennens die drei Punkte in Essen fest im Blick. Doch sie bleiben schließlich weit unterhalb ihrer Normalform.

> 20.03.

Eishockey: Dass die Wohnbau Moskitos nach der enttäuschenden Oberliga-Saison viele Spieler verabschieden würden, war klar. Dass nur wenige Spieler einen Vertrag am Westbahnhof für die nächste Spielzeit erhalten würden, damit ebenfalls. Bei einem allerdings war davon auszugehen, dass er weiterhin für Essen auf dem Eis stehen wird: René Behrens. Die Moskitos haben das Arbeitspapier des Verteidigers um ein Jahr verlängert. Behrens, zur abgelaufenen Saison vom Erzrivale Herner EV zum ESC zurückgekehrt, fiel in der chaotischen Essener Defensive noch am seltensten negativ auf, agierte am wenigsten fehleranfällig und konnte immerhin durch seine läuferischen Qualitäten punkten.

> 22.03.

***Handball:* Mit Selbstvertrauen und Zuversicht reist Zweitligist Tusem Essen nach Dessau. Gegen den Tabellenzweiten Eisenach hat er zuletzt am Hallo eine starke Leistung aufs Parkett gelegt und den Aufstiegsanwärter mit 28:24 entzaubert. Doch der Vierte Dessau-Roßlauer HV stellt die Essener vor eine nicht minder knifflige Aufgabe. In der Heimbilanz sind die Gastgeber mit nur zwei Niederlagen das drittbeste Team der Liga. Der Tusem kann diese Bilanz nicht annähernd gefährden und verliert in Sachsen Anhalt verdient 30:38.**

> 23.03.

Eishockey: Spiele entscheiden – und vor allem Tore schießen. Das ist der Hauptauftrag für ausländische Stürmer in deutschen Eishockey-Ligen. Bei den Moskitos Essen erfüllten die offensiven Kontingentspieler in den vergangenen beiden Jahren – Aaron McLeod, Mitch Bruijsten, Kevin Bruijsten und Sam Coatta – diesen Auftrag viel zu selten. Was sich mit der Verpflichtung von Sandis Zolmanis ändern soll: Der Essener Eishockey-Oberligist hat seine erste von voraussichtlich drei Kontingentstellen für die Saison 2023/24 mit dem lettischen Mittelstürmer besetzt. In der letzten Saison hatten die „Mücken" von dieser Position viel zu wenig Torgefahr ausstrahlen können. „Nach der letzten Saison haben wir gemerkt, wie wichtig ein erfahrener Mittelstürmer ist", erklärt Moskitos-Coach Danny Albrecht.

> 25.03.

***Fußball:* Zu Beginn der zweiten Halbzeit skandieren erste Fans zaghaft den Namen ihres Helden. Der Chor wird immer lauter, immer mehr steigen ein, bis gefühlt alles, was einen rot-weissen Schal um den Hals trägt, seinen Namen ruft. RWE liegt da gerade 1:2 gegen den SV Wehen Wiesbaden hinten, stemmt sich mit aller Macht gegen die drohende Heimniederlage. Die Essener schlagen die Bälle in den Strafraum, die Flanken kommen scharf in die Mitte – doch dort fehlt ein Abnehmer, einer wie Simon Engelmann. Selten war es so laut wie bei seiner Einwechslung. „Aber", schiebt er nach, „ich hätte am liebsten ein Tor geschossen und gewonnen." Ein weiteres schießen dafür die Gäste, die das Spiel mit 3:1 gewinnen.**

Basketball: Basketball-Erstregionalligist ETB Miners feiert am Biggesee beim Schlusslicht BG Olpe/Siegen den erwartet deutlichen 102:73-Pflichtsieg. Der Liga-Primus hat keine Mühe gegen einen eindrucksvoll kämpfenden Gegner, der in seinen Mitteln nach personellem Aderlass aber dann doch beschränkt ist. Überspitzt formuliert ist es kaum mehr als eine Trainingseinheit, die die Essener dazu nutzen, gerade auch an den offensiven Systemen zu feilen, die ein wenig in Unordnung geraten sind.

> 26.03.

Handball: Nur noch ein roter Fetzen hängt an seinem Körper. Felix Eißing trifft für den Tusem Essen in der letzten Sekunde gegen den HBW Balingen-Weilstetten zum umjubelten 21:21-Unentschieden und lässt seine Freude am Trikot aus. Der Punkt gegen den Spitzenreiter der 2. Handball-Bundesliga ist hart umkämpft, geht in Ordnung. Auch, weil der Favorit nicht seinen besten Tag hat. Während die Freude beim Tusem über diesen gefühlten Sieg riesig ist, hadern die Baden-Württemberger mit dem Punktverlust. Dies haben sie sich an diesem Nachmittag allerdings selbst anzukreiden. Letztendlich ist es ein Unentschieden, das sich vor allem die Defensiven beider Seiten verdient haben. Wichtig: Die Festung „Am Hallo" bleibt im neunten Spiel in Serie bestehen.

Frauenfußball: Die SGS Essen kann gegen die Top vier der Frauenfußball-Bundesliga nicht punkten. Am nächsten dran war sie noch im Hinspiel gegen die TSG Hoffenheim, als sie sich erst mit 2:3 geschlagen geben musste. Im Rückspiel ist die Angelegenheit klarer: Die von SGS-Trainer Markus Högner geforderte „tadellose Defensivleistung" bleibt aus. Und so ist die 0:2-Niederlage nun schon die siebte im siebten Spiel gegen die Mannschaften aus der Spitzengruppe der Eliteliga.

> 27.03.

***Eishockey:* Fabio Frick wird auch in der nächsten Spielzeit, seiner insgesamt fünften, am Westbahnhof auflaufen. Dass das Arbeitspapier des Verteidigers verlängert werden würde, hatte sich bereits angedeutet, nachdem Frick als Zugang für die Bundesliga-Mannschaft der Hockeyskater der Moskitos vorgestellt wurde – eine Selbstverständlichkeit war die Verlängerung aber nicht. „Wir hatten sehr gute Gespräche mit Fricko bezüglich der Vertragsverlängerung. Beide Seiten wissen, dass wir im Sommer im athletischen Bereich arbeiten müssen", erklärt Trainer Danny Albrecht.**

Fußball: Neuzugang für den Oberligisten ETB Schwarz-Weiß: Almedin Gusic wechselt im Sommer vom FC Kray an den Uhlenkrug. Er gehört bei den Krayern zum Stammpersonal, für ihn ist es eine Rückkehr: Gusic wurde beim ETB in der C- und B-Jugend ausgebildet. Der flexible Defensivspieler soll das Team mit „seiner körperlichen Robustheit und guten Zweikampfführung verstärken", sagt Trainer Damian Apfeld. „Wir freuen uns, mit Almedin Gusic einen weiteren sehr talentierten Essener Jungen von unserem Weg überzeugt zu haben. Es ist schön, dass er als ehemaliger ETB-Jugendspieler wieder den Weg zurück zum Uhlenkrug gewählt hat."

> 28.03.

***Fußball:* Mit zwei blauen Augen zieht Drittligist Rot-Weiss Essen ins Niederrhein-Pokalfinale ein. Nach einer in der Verlängerung indiskutablen Leistung rettet sich der Favorit ins Elfmeterschießen, in dem Kapitän Felix Bastians den ersten Versuch in die Wolken jagt. Am Ende zeigen die Bocholter Nerven. So ist es Isi Young, der mit dem letzten Elfmeter die Blamage verhindert – RWE siegt 6:5. Nach der regulären Spielzeit steht es 1:1. Im Finale wartet nun der ewige Revierschlager gegen Rot-Weiß Oberhausen.**

> 30.03.

Handball: Philipp Asmussen wechselt im Sommer zu Tusem. Der Rückraumspieler kommt vom HC Empor Rostock und hat einen Vertrag bis 2025 unterschrieben. „Ich freue mich sehr über den Wechsel zum Traditionsklub Tusem. Das Team spielt einen sehr schnellen und attraktiven Ball. Ich habe sehr gute Gespräche sowohl mit dem Trainer als auch der Geschäftsführung geführt und bin vom Umfeld des Vereins sehr überzeugt", sagt Asmussen.

> 31.03.

***Skaterhockey:* Ungläubige Blicke beim Gäste-Anhang, Schweigen auf der Essener Bank, Jubel auf der Gegenseite – und das gleich sieben Mal in den ersten 20 Minuten. Die Moskitos Essen erleben beim Skaterhockey-Klassiker in der Kaarster Stadtparkhalle ein Anfangsdrittel zum Vergessen. Im Mittel- und Schlussabschnitt können die Essener den Schaden zwar im Rahmen halten, unterliegen den Crash Eagles Kaarst aber dennoch mit 7:12 und verpassen es, zumindest für eine Nacht wieder die Bundesliga-Tabellenspitze zu übernehmen. „Es ist noch früh in der Saison, da macht sich noch niemand Gedanken. Wir rechnen aber nicht damit, dass wir am Saisonende unter den ersten Drei stehen werden", erklärt Kapitän Daniel Breves.**

> 01.04.

Fußball: Welch eine Woche für Rot-Weiss Essen: Niederlage gegen Wehen-Wiesbaden, Einzug ins Pokalfinale in Bocholt (6:5 nach Elfmeterschießen) mit anschließendem Rassismus-Eklat im Gästeblock, „Trainer raus"-Rufe – und nun der befreiende 2:0-Sieg gegen Freiburgs U23. Marcus Uhlig, der RWE-Vorstandsvorsitzende will noch etwas loswerden. „Wir gewinnen das Halbfinale, aber kaum ein Sieg hat sich schlechter angefühlt. Wir haben die Thematik mit den rassistischen Beleidigungen, den ‚Dabrowski raus'-Rufen", sagt Uhlig.

Handball: Von einem „psychologischen Säckchen", das man mit in die Halbzeitpause geschleppt habe, spricht Michael Hegemann nach der 35:41-Niederlage von Tusem Essen

Wechselt innerhalb der Stadtgrenzen: Almedin Music vom FC Kray

beim Top-Team TuS Nettelstedt-Lübbecke. Den ersten heftigeren Nackenschlag sieht der Tusem-Trainer kurz vor dem Wechsel, der zweite sollte kurz danach folgen. Und somit wirs dieses „Säckchen" doch zu einer Last, die der Essener Handball-Zweitligist nicht mehr los wird. „Wir hätten mindestens mit einem Unentschieden in die Pause gehen müssen", ärgert sich Hegemann.

Basketball: **Erstregionalligist ETB Miners verabschiedet sich mit einer Niederlage aus der regulären Saison: Die Essener unterliegen am Hallo dem Dritten DTV Basketball Köln mit 88:90, bleiben aber Tabellenerster und treffen in der ersten Playoff-Runde auf die Telekom Baskets Bonn II (Platz 8). Zum Abschluss gib es eine Pleite gegen Köln, die man im Essener Lager nur zu gerne vermieden hätte. „Wir wollten mit einem guten Gefühl in die Playoffs gehen", räumt ETB-Headcoach Lars Wendt ein.**

Devin Peterson und die ETB Miners verlieren zum Saisonausklang.

> 03.04.

Eishockey: Es geht Schlag auf Schlag bei den Moskitos, der Kader für die nächste Oberliga-Saison nimmt langsam Formen an. Nach der Verpflichtung des Letten Elvijs Biezais hat sich der Eishockey-Oberligist erneut beim Liga-Rivalen am Herner Gysenberg bedient und Außenstürmer Alexander Komov verpflichtet. So wie es aussieht, wird es nicht der letzte Zugang aus Herne sein. Der 21-jährige Komov gilt als vielversprechender Youngster und lief für die Herne Miners knapp zwei Jahre lang unter dem aktuellen Moskitos-Coach Danny Albrecht auf, zu dem ihm ein sehr gutes Verhältnis nachgesagt wird. „Alex ist ein Spieler, der sich immer für das Team zerreißt. Er hat hervorragende Anlagen und ist noch nicht am Ende seiner Entwicklung angelangt", erklärt Albrecht.

> 04.04.

Fußball: Die Planungen für die neue Saison sind eigentlich schon weit gediehen. Oberligist Kray hat zwei neue Co-Trainer gefunden und sie mit Verträgen bis zum Sommer 2025 ausgestattet. Trainer Christian Knappmann selbst verlängerte seinen Kontrakt daraufhin ebenfalls bis zum Sommer 2025 – mit sechswöchiger Kündigungsfrist. Es lief eben gut, man verstand sich blendend. Jetzt aber trennen sich die Wege: Knappmann hat die Möglichkeit erhalten, den TuS Bövinghausen zu übernehmen. Mit dem westfälischen Oberligisten winkt ihm der Aufstieg in die Regionalliga West. Das müsse Knappmann versuchen.

> 07.04.

Frauenfußball: **Innenverteidigerin Nina Räcke wird den Frauenfußball-Bundesligisten SGS Essen zum Saisonende verlassen und sich dem designierten Zweitliga-Meister RB Leipzig anschließen. Nach drei Jahren im Ruhrgebiet sucht sie eine neue Herausforderung. „Wir verlieren eine Spielerin, die über die typischen SGS-Tugenden verfügt. Sie ist immer positiv gestimmt und war jederzeit ein wertvoller Bestandteil unserer Mannschaft", sagt SGS-Chef-Coach Markus Högner.**

> 08.04.

Handball: Gegen die HSG Konstanz wird Zweitligist Tusem Essen seiner Favoritenrolle gerecht und erledigt seine Aufgabe solide. Am Ende gibt es einen verdienten 34:27-Sieg, der zu keiner Zeit gefährdet ist, weil die Gastgeber eine erwachsene Leistung auf die Platte bringen. „Das war ein Start-Ziel-Sieg. Ich hatte zu keinem Zeitpunkt das Gefühl, dass wir dieses Spiel verlieren könnten", freut sich Tusem-Trainer Michael Hegemann.

Fußball: **Christoph Dabrowski hat sich so gefreut auf diese Atmosphäre, doch sie sollte ein Grund werden, weshalb sein Team verliert. „Dresden hat die Wucht des Stadions mitgenommen", sagt der Trainer von Rot-Weiss Essen nach der 1:2-Niederlage bei der SG Dynamo vor 30.669 Zuschauern, rund 2500 davon aus dem Ruhrgebiet. Der schwarz-gelbe Hexenkessel wird seinem Ruf gerecht. Der Dresdner K-Block zeigt zum Anpfiff eine beeindruckende Choreographie. Die Stimmung: Alles andere als drittligareif, das ist schon mehr, und Dynamo will ja auch wieder nach oben.**

> 13.04.

Fußball: Die Rot-Weissen sind mit den Gedanken schon beim kniffligen Heimspiel gegen Waldhof Mannheim, da erwischt sie der Hammer: „Rot-Weiss Essen trennt sich von Sportdirektor Jörn Nowak!" Nichts hat auf die Trennung zu diesem Zeitpunkt hingedeutet, und doch hat man sich bei RWE offenbar schon viel länger mit der Personalie beschäftigt: Vier Jahre RWE-Sportchef – darauf kann Jörn Nowak zurecht stolz sein. „Diese Zeit bleibt in positiver Erinnerung."

> 14.04.

Frauenfußball: Die SGS Essen bleibt ihrem Ruf als Ausbildungsverein treu und bindet Defensivspielerin Emely Joester für zwei weitere Jahre an sich. Zum Zeitpunkt der Vertragsverlängerung hat die Nachwuchsspielerin kein Bundesliga-Spiel bestritten. „Ganz sicher wird es nicht mehr lange dauern, bis sie ihren ersten Einsatz in der höchsten deutschen Spielklasse erhält. Wir können uns glücklich schätzen, ein solches Talent in unseren Reihen zu haben", sagt SGS-Trainer Markus Högner.

Handball: „Da war mehr drin, das ist sehr ärgerlich", sagt ein enttäuschter Felix Klingler nach dem Spiel seines Tusem Essen beim 1. VfL Potsdam. Der Rechtsaußen ist mit acht Treffern der beste Schütze bei den Gäste, doch am Ende reicht es bei der knappen 27:28-Niederlage nicht zu etwas Zählbarem. Auch, weil die Potsdamer dank ihrer hohen individuellen Qualität in den entscheidenden Situationen besser sind.

> 15.04.

***Basketball:* „Perfekt" mag ein großes Wort sein. Doch zum einen ist der 99:64-Sieg der ETB Miners im ersten Playoff-Viertelfinalspiel gegen die Telekom Baskets Bonn II gar nicht mal so weit weg von einer optimalen sportlichen Leistung, der Basketball-Erstregionalligist ist dominant, lässt zu keinem Zeitpunkt Zweifel aufkommen, wer am Ende das Feld als Sieger verlassen würde.**

Frauenfußball: Den Klassenerhalt in der Frauenfußball-Bundesliga hat die SGS Essen noch nicht sicher, aber sie hat ihn dicht vor Augen. Denn im Nachholspiel gegen Bayer Leverkusen ergattern die Gastgeberinnen einen weiteren Punkt und bauen den Vorsprung auf die Abstiegsränge durch das torlose Remis auf fünf Zähler aus. Und es ist noch mehr drin. So sind die Essenerinnen dem Sieg in einer zerfahrenen Partie näher als die Werkself, wenngleich sich beide Mannschaften kaum klare Torchancen erspielen.

***Skaterhockey:* Die Hockeyskater der Moskitos Essen kehren nach dem 7:12-Debakel in Kaarst in die Erfolgsspur zurück: Eine halbe Stunde lang tun sich die dezimierten Essener gegen die Bissendorfer Panther schwer, schaukeln den 7:5-Heimsieg letztlich aber relativ souverän über die Runden. Durch den vierten Sieg im fünften Saisonspiel festigen die „Mücken" ihren Platz im Spitzentrio der Bundesliga erst einmal. Wollen sie sich sich im oberen Tabellendrittel halten, müssen sie sich aber steigern.**

Heimsieg gegen Köln: Marvin Frenzel und die Moskitos

> 16.04.

Fußball: „Wir haben die Schnauze", skandiert die West-Tribüne, „Dabrowski raus", schallt es auch von den Rängen. Gerade hat Marten Winkler mit einem satten Schuss ins kurze Eck den 3:0-Endstand für Waldhof Mannheim erzielt. Natürlich ist es die Entscheidung, denn schon zuvor hat Rot-Weiss Essen recht wenig zustande gebracht. Die Essener unterliegen nach einer sehr schwachen Leistung deutlich, wobei dem Aufstiegskandidaten Mannheim eine solide Leistung reicht. Das Theater um die Trennung von Sportdirektor Jörn Nowak unter Woche ist abgehakt, das Sportliche steht wieder im Scheinwerferlicht an der Hafenstraße.

> 20.04.

***Handball:* Zweitligist Tusem Essen hat auch wirtschaftlich die Qualifikation für die kommende Saison in der 2. Bundesliga. Die unabhängige Lizenzierungskommission der Handball-Bundesliga hat den Essenern die Lizenz für die nächste Spielzeit erteilt. „Wir freuen uns sehr", sagt Tusem-Geschäftsführer Niels Ellwanger. Neben der wirtschaftlichen Leistungsfähigkeit wurden rechtliche und infrastrukturelle Kriterien geprüft. Im Herbst müssen die Klubs für die Spielzeit 2023/24 erneut ihre wirtschaftliche Leistungsfähigkeit dokumentieren.**

> 21.04.

Fußball: Der FC Kray plant den Neustart in der Landesliga. Mit dabei sein wird: Wilfried Sarr. Der Verteidiger wechselt von der Spvg Schonnebeck zum Noch-Oberligisten. Er unterschreibt einen Zweijahres-Vertrag in Kray – und bringt einiges an Erfahrung mit. Sarr spielte bereits in der Dritten Liga für Rot-Weiß Erfurt und in der Regionalliga für den TSV Steinbach und 1. FC Kaiserslautern II. „Mit Will konnten wir einen spielstarken Defensivspieler verpflichten, der uns auf und neben dem Platz verstärken wird. Wir freuen uns auf einen tollen Typen, der viel Erfahrung in unser neues Team bringen wird", sagt der FCK-Vorsitzende Christoph Klöpper.

Skaterhockey: Die Hockeyskater der Moskitos Essen setzen ihren Höhenflug fort – in der Bundesliga und im ISHD-Pokal. Nach dem 11:7-Heimsieg in der Liga gegen die HC Köln-West Rheinos ziehen die Essener nur 18 Stunden später durch den 10:8-Zweitrundensieg bei den Samurai Iserlohn in die nächste Pokalrunde ein – nach einer irren Aufholjagd.

Die erfreuliche Bilanz des Doppelwochenendes: In der Bundesliga klettern die „Mücken" auf den zweiten Tabellenplatz, den vorher die nun punktgleichen Crash Eagles Kaarst (zwei Spiele mehr) belegt haben. Im ISHD-Pokal löst der Titelverteidiger trotz des schweren Loses das Ticket für dritte Runde.

Handball: **Einmal mehr schafft es der Gegner nicht, die Festung von Tusem Essen einzunehmen. In der 2. Handball-Bundesliga bleibt die Mannschaft von der Margarethenhöhe dank des verdienten 30:24-Erfolges gegen den TV Großwallstadt auch im elften Heimspiel in Serie ungeschlagen. Eine starke Abwehr, gestützt von einem erneut gut aufgelegten Torhüter Lukas Diedrich, hält die Gäste auf Abstand. Schon früh rühren beide Mannschaften in der Abwehr Beton an, der schnell aushärtet.**

Basketball: Erstregionalligist ETB Miners nimmt die erste Playoff-Hürde: Die Essener zogen nach dem klaren Sieg (99:64) im ersten Viertelfinalspiel mit einem 101:82-Auswärtserfolg im zweiten Duell bei den Telekom Baskets Bonn II ins Halbfinale ein. Dort trifft das Team von Headcoach Lars Wendt auf den UBC MünsterII, die Münsterländer konnten sich gegen Wulfen ebenfalls in zwei Spielen durchsetzen.

> 22.04.

Hockey: Regionalligist HC Essen gewinnt das Auswärtsspiel zum Rückrundenstart der Feldsaison gegen den RTHC Leverkusen. Es sind wichtige drei Punkte für den HCE , der zusammen mit Tabellenführer Aachener HC und dem Bonner THV zum Kreis der Aufstiegsanwärter gehört. Die Gastgeber, die weiterhin auf den ersten Erfolg in diese Spielzeit warten, ziehen überraschend in Front.

> 23.04.

Fußball: Als der Mannschaftsbus von Rot-Weiss Essen vom Gelände der Zwickauer GGZ-Arena rollte, ist bereits wieder etwas Ruhe und Gelassenheit eingekehrt. Das Stadion ist leer, nur etwa 100 Fans des FSV Zwickau warten vor dem Tor geduldig auf die Abreise der Essener. Die Polizei an ihrer Seite. Dieses Drittliga-Duell zwischen Zwickau und RWE wird ein Nachspiel vor dem Sportgericht haben. Nicht auf dem Rasen, sondern am Grünen Tisch wird entschieden, wie dieses Spiel gewertet wird: Entweder Wiederholung oder RWE bekommt die drei Punkte zugesprochen, was dann schon der entscheidende Schritt zum Klassenerhalt sein könnte. Die Wahrscheinlichkeit, dass das Sportgericht für RWE entscheidet, ist nicht gering. Was passiert ist? Ein Zuschauer verpasste Schiri Winter eine volle Ladung Bier. Es gab Handgreiflichkeiten zwischen Spielern und Sicherheitspersonal. Thomas Eisfeld war wohl auch in eine solche unschöne Szene verwickelt.

Frauenfußball: **Die SGS Essen gewinnt das Duell der beiden verbliebenen reinen Frauenfußball-Klubs in der Bundesliga gegen Turbine Potsdam. Durch den 1:0-Erfolg in einer Partie, die über weite Strecken arm an Höhepunkten ist, dürfte dem Schönebecker Klassenerhalt nun nichts mehr im Wege stehen. Potsdam ist dagegen nicht zum Feiern zu Mute: Ramona Maier dürfte den Turbine-Abstieg mit ihrem entscheidenden Kopfballtor endgültig besiegeln. „Für uns war es heute ein Riesenschritt", freut sich SGS-Trainer Markus Högner, der aber noch keine Glückwünsche annehmen will: „Nicht so lange theoretisch noch alles möglich ist."**

> 29.04.

Basketball: Im Sport, gerade auch in den Playoffs, kann es ganz schön fix gehen: Von „himmelhochjauchzend" bis „zu Tode betrübt" in gerade einmal 40 Minuten: Basketball-Erstregionalligist ETB Miners steht auf einmal mit dem Rücken zur Wand, die Essener – mit dem Ziel Aufstieg in die Saison gestartet – unterliegen im ersten Playoff-Halbfinale vor erneut großartiger Kulisse am Hallo UBC Münster II mit 93:103. Der ETB braucht nun in der Münsterlandmetropole unbedingt einen Sieg, um ein entscheidendes Spiel drei zu erzwingen. Sonst? War es das mit der Saison und mit dem Aufstieg.

> 30.04.

American Football: Die Sonne strahlt, die Zuschauer jubeln am Hallo, als „Ace", das neue Maskottchen der Assindia Cardinals, vor dem Anpfiff mit einer Nebelkanone ins Stadion gefahren wird. Und der Trainer trägt das frisch designte Logo mit der „40". Die Message ist klar: Mit neuem Look und Maskottchen soll es zum 40-Jährigen klappen mit dem direkten Wiederaufstieg in die Zweite Liga (GFL2). Doch der Essener Optimismus erhält bereits einen herben Dämpfer. Die Essener stolpern in die Regionalliga-Saison und unterliegen dem Aufsteiger Wuppertal Greyhounds mit 12:27.

Saisonstart: Cardinals-Coach Bernd Janzen

Fußball: Wie soll Rot-Weiss Essen dieses 0:0 gegen den VfB Oldenburg einordnen? Das ist die große Frage an diesem Sonntagnachmittag. Einen Konkurrenten um den Klassenerhalt auf Abstand gehalten, dem Ziel wieder ein Stückchen nähergekommen – aber auch nicht wirklich überzeugt. Nun, es gibt verschiedene Meinungen nach der Partie. „Am Ende müssen wir beide mit dem Punkt leben", sagt Christoph Dabrowski zur Nullnummer, bei der RWE Chancen hatte, aber auch gut und gerne in Rückstand hätte gehen können.

Tischtennis: **Die „Adler" holen sich nach einer Durststrecke von 61 Jahren (!) in einem umkämpften Spiel den fünften Stadtpokalsieg. Zuletzt gelang dies im Jahre 1962 mit einem 5:4-Erfolg gegen SV Moltkeplatz. Den lang ersehnten Triumph sichert ein 8:5 gegen die DJK Stoppenberg. „Wir freuen uns riesig, nach so langer Zeit den Pokal wieder einmal nach Frintrop geholt zu haben" fasst Mannschaftskapitän „Toto" Wawrzitz die Stimmung des siegreichen Teams zusammen.**

Ein Leben für den Laufsport

Leo Doetsch feierte Heiligabend seinen 80. Geburtstag

Geburtstag und Heiligabend an einem Tag. Für viele Kinder wird das vermutlich ein Alptraum sein. Das war es auch für Leonhard Doetsch, der Heiligabend seinen 80. Geburtstag feierte.

Seine vielen Freunde nennen ihn einfach nur „Leo". Der Holsterhausener kümmert sich seit über 30 Jahren um die etwa 20 Lauftreffs in Essen. Tausende von Laufanfängern führte er an den Ausdauersport heran. Drei Dutzend waren es allein in diesem Jahr, die durch die Anleitung und Betreuung von ihm den Weg zum 60. Marathonlauf „Rund um den Baldeneysee" in der Staffelwertung schafften.

Leo Doetsch kann persönlich auf ein langes Sportlerleben blicken. Insgesamt absolvierte das Geburtstagskind 88 Marathonläufe. Sein emotionalster war der im Jahr 1989 durch das Brandenburger Tor. Der erste Marathon durch Ost und West noch vor der Wiedervereinigung. Doetsch erinnert sich: „Der Traum vieler „Marathonis" wurde damals Wirklichkeit. Ich habe vor Freude geweint." Mit 55 Jahren lief Leo Doetsch in 2:48,19 Stunden seine Marathonbestzeit.

Mittlerweile hat er zwei künstliche Hüften. Trotzdem absolviert Doetsch pro Woche zwei Zehn-Kilometer- und einen 15 Kilometer-Lauf durch den Stadtwald. Hinzu kommen lange Spaziergänge. Ein mindestens wöchentliches Pensum von 200 Kilometern und jeden Morgen Dehnungsübungen und 30 Liegestütze stehen immer fest auf seinem Wochenplan. Ach ja, und am Heiligabend wird er nicht alleine sein. „Ich werde wieder mit vielen Freunden in diesen runden Geburtstag reinfeiern." Und weiter: „Als Kind wurde mein Geburtstag immer vergessen. In den letzten Jahrzehnten ging bei mir aber immer die Post ab. Das wird auch diesmal so sein."

Georg Lukas

Laufen, wann immer es geht: Leo Doetsch

Willi Achilles feiert 90. Geburtstag

Der Essener Leichtathletik-Erfolgstrainer Willi Achilles feierte im Novmber seinen 90. Geburtstag. Als Boxer startete er seine sportliche Laufbahn. Zum Faustkampf gehörte natürlich auch das Ausdauertraining, bei den Waldläufe wurde schnell das Talent entdeckt.

Alsbald tauschte er die Boxhandschuhe gegen die Laufschuhe ein, Top-Vereine wie Bayer Leverkusen und ASV Köln waren seine ersten Vereinsadressen. 1964 kam er wegen der Liebe nach Essen und meldete sich beim Tusem an. Seine Erfahrungen gab Achilles dann 20 Jahre als Trainer an die Essener Talente weiter. Über viele Jahre tauchten seine Schützlinge in den Bestenlisten auf. 1982 beendete Achilles seine Trainertätigkeit und wechselte 1994 zum Essener LV.

Der Jubilar ist noch immer fit, steht häufiger am Streckenrand und redet über alte Zeiten. Seine Wohnung im dritten Stock erreicht er auch mit 90 noch übers Treppenhaus. „Das hält mich fit", so Achilles. Stolz berichtet er, dass sein Großvater 95 Jahre alt wurde und mit 90 sogar noch gearbeitete habe. „Vielleicht habe ich ja seine Gene geerbt", sagt er mit einem Augenzwinkern.

Georg Lukas

Ein rot-weisses Urgestein

Detlev Jaritz feierte seinen 70. Geburtstag

„Seit wir Zwei uns gefunden, diese Liedzeile scheint Detlev Jaritz auf den Leib geschrieben und untrennbar mit ihm verbunden zu sein", schrieb „Happo" in seiner Kolumne. Und so erstaunt es nicht, dass er 1999 maßgeblich beteiligt war, den Kult-Song „Adiole" mit Siw Malmquist neu aufnehmen zu lassen und die ursprüngliche Refrainzeile in „Oh, RWE" umzuändern. Anfang des Jahres feierte das RWE-Urgestein seinen 70. Geburtstag.

Am 2. Januar 1953 erblickte Detlev Jaritz nur einen Steinwurf vom Essener Stadion an der Hafenstraße entfernt das Licht der Welt. „Ich war mit meinen Eltern 1955 am Stadion zum Empfang der RWE-Mannschaft, die gerade Deutscher Meister geworden war", schrieb er in der Kurzen Fuffzehn.

„Bin im Gemenge verloren gegangen. Ein Polizist mit Pickelhaube setzte mich an der Einfahrt zum Stadion auf einen Stromkasten. Dort hatten meine Eltern mich dann wieder in Empfang genommen. Ich war gerade mal zweieinhalb Jahre alt, als RWE den Meistertitel holte. Daran kann ich mich sogar ganz vage erinnern. Das war mein erstes großes Fußball-Erlebnis bei RWE", erzählt Jaritz.

Die große Liebe entfachte allerdings erst beim Regionalliga-West-Meisterschaftsspiel im Oktober 1972 gegen den 1. FC Mülheim-Styrum. Mit 10:1 fegten die Essener den Konkurrenten aus der Nachbarstadt förmlich vom Platz. „Es herrschte eine bombastische Stimmung im Stadion", so Jaritz.

Nach diesem Kantersieg war es um ihn endgültig geschehen. Sein Leben drehte sich von nun an um Rot-Weiss. 1977 wurde er Mitglied bei den 1974 gegründeten „Roten Teufel", aus dem später der „1. SC Fan-Club Rot-Weiss Essen e. V." hervorging. Hier war er über zwei Jahrzehnte erster Vorsitzender und gab diesen 1999 an Lothar Dohr weiter.

Gut drei Jahre vor seiner Pensionierung dann ein harter gesundheitlicher Einschnitt. Eine schwere Herzerkrankung wurde diagnostiziert, die eine fünffach Bypass-OP nach sich zog. Noch heute ist er dankbar, wenn er an die Worte denkt, die auf einem extra für ihn angefertigten Banner der Ultras Essen beim Heimspiel gegen RW Oberhausen kurz vor der Herzoperation standen und im Georg-Melches-Stadion hochgehalten wurden: „Kämpfer mit rot-weissem Herz geben nie auf – Gute Besserung Detlev".

Von 1994 bis 2015 leitete das RWE-Urgestein die Geschicke auf der Geschäftsstelle an der Hafenstraße 97 A. „Ich wollte RWE helfen, wo ich nur konnte", blickt er ein wenig melancholisch auf seine berufliche Laufbahn zurück. Nach seiner Pensionierung wurde Detlev Jaritz in den Ehrenrat seines Vereins gewählt, ist dort Ehrenamtsbeauftragter sowie Kuratoriumsmitglied der von ihm initiierten Georg-Melches-Verdienstmedaille für besonderes ehrenamtliches RWE-Engagement. Tradition hochzuhalten, sie zu pflegen, ist das Credo für den gebürtigen Vogelheimer.

Georg Schrepper

Die offizielle Verabschiedung fand 2015 standesgemäß auf dem Spielfeld in der Halbzeitpause statt.

Eine Torhüter-Ikone wird 80 Jahre alt

Fred Bockholt spielte für Rot-Weiss Essen. Noch immer kennt er lustige Anekdoten

Das Füllhorn an Geschichten ist riesig. Kein Wunder! Wer kann schon auf mehr als 60 Jahre im Fußballgeschäft zurückblicken? Fred Bockholt ist noch immer Scout beim Regionalligisten Rot-Weiß Oberhausen. Zwischen den Pfosten stand er, bis er 38 Jahre alt war – bei Bayer Leverkusen ist Bockholt der älteste Spieler in der Bundesligageschichte vor Sami Hyypiä, dem Abwehrhünen und Champions-League-Sieger aus Finnland.

Der sehr reflektierte frühere Lehrer, der im Juni seinen 80. Geburtstag feierte, kann auch prima erzählen, humorvoll, gelassen und mit analytischem Fußballverstand. Besonders charmant ist die Anekdote aus einem Offenbacher Garten im Sommer des Bundesligaskandals 1971. Neben 1860 München und dem VfB Stuttgart war Kickers Offenbach an dem 1,73 Meter großen, sprunggewaltigem Schlussmann interessiert und deren Präsident Horst-Gregorio Canellas, der kurz vorher den Skandal an gleicher Stelle öffentlich gemacht hatte, lud zu Kaffee und Kuchen.

Der frühere RWE-Torhüter Fred Bockholt

„Lebenserfahrung mitbekommen“ hat an diesem Nachmittag Bockholt, in dessen Pass Fred-Werner als Vorname steht. Es ging um vertragliche Details, und beide Frauen waren mit am Tisch. Bockholt: „Wir haben eine halbe Stunde gesessen, Canellas hat mit mir aber kein Wort gesprochen. Er hat nur mit meiner Frau geredet.“

Da stellte der Keeper-Kandidat, leicht eifersüchtig auch, eine Frage: „Wen wollen Sie eigentlich verpflichten, meine Frau oder mich?“ Canellas' Erklärung war schlüssig: „Weißt du was, Junge! Du bist die ganze Woche unterwegs, spielst samstags. Du bist immer weg und wenn deine Frau hier unzufrieden ist, spielst du auch sch…“

Seine Karriere begann beim VfB Bottrop, der mit Didi Ferner und Werner Biskup Meister der Regionalliga West wurde, als es wegen der Einführung der Bundesliga keine Aufsteiger gab: 1963. Drei Jahre später zog es Bockholt zu Rot-Weiss Essen in die Bundesliga und eine Entscheidung fiel ihm dort mit 23 sehr schwer. „Deinen Job aufzugeben und nur Fußball zu spielen, da habe ich mir viele Gedanken gemacht, obwohl ich Junggeselle war“, erzählt Bockholt, damals als Schlosser halbtags bei Krupp beschäftigt. „Was passiert, wenn du nicht einschlägst?“

Fünf Jahre lang spielte er neben Willi Lippens, Erich Beer und Manni Burgsmüller für Rot-Weiss. Mehr als 500 Profispiele machte der Torhüter, 220 in der Bundesliga, seit 1971 für Offenbach und von 1975 bis 1981 für Leverkusen. Nach wie vor ist er auf 450-Euro-Basis für Oberhausen Woche für Woche auf Spieler- und Gegnerbeobachtung. Als „absoluten Fachmann“ qualifiziert ihn der scheidende Rot-Weiß-Präsident Hajo Sommers, „unglaublich ruhig, anders als im Fußball sonst üblich“. Seinen 80. Geburtstag feierte Fred Bockholt mit der Familie in Österreich.

Tibor Meingast

Vom Bergmannssohn zur Trainerlegende

Otto Rehhagel blickt auf eine beispiellose Karriere zurück. Ein Porträt zum 85. Geburtstag

In Rüttenscheid kann man ihm manchmal über den Weg laufen, meistens weil er gerade ein Café besucht oder von dort kommt. Otto Rehhagel weiß dann natürlich, dass sich die Köpfe vieler Passanten zu ihm drehen, aber der Meistertrainer, einer der wirklichen Legenden des deutschen Fußballs, macht davon nicht viel Aufhebens, auch wenn er das Rampenlicht immer noch mag. Im August feierte der Mann, der Essen immer als seinen Heimathafen betrachtete, seinen 85. Geburtstag – und das augenscheinlich bei guter Gesundheit.

Rehhagels Leben scheint einem Roman entsprungen, ein Roman, bei dem es der Autor wirklich sehr gut meint mit dem Hauptdarsteller. Pokalsieg, Deutsche Meisterschaften, EM-Gewinn mit dem krassen Außenseiter Griechenland – Otto Rehhagel hat viele Titel gesammelt in seiner unvergleichlichen Karriere, die vor rund 75 Jahren bei TuS Helene 28, dem Betriebssportverein der gleichnamigen Zeche, begann.

Anfangs scheint das ein recht ambitionierter Weg zu sein. Anders als viele Altersgenossen ging Otto nach der Schule nicht zur Zeche, was für junge Männer in den 1950er Jahren durchaus lukrativ war, lernte vielmehr das Handwerk des Malers und Lackierers. Ein Foto, aufgenommen 1960, zeigt ihn im weißen Anstreicher-Anzug mit Pinsel und Farbeimer auf einem Fahrrad, im Hintergrund die typischen Vorstadthäuser des Essener Nordens.

Um diese Zeit kickt er noch bei TuS Helene, war aber bereits aufgefallen als talentierter Vorstopper. Der Vorortverein spielte immerhin in der vierten Liga, 1000 Zuschauer waren bei Heimspielen keine Seltenheit. Der Name Otto Rehhagel war im fußballbegeisterten Essener Norden somit bereits ein Begriff, als der legendäre RWE-Präsident Georg Melches ihn 1960 an die Hafenstraße zu Rot-Weiss Essen lotste – für immerhin 150 D-Mark im Monat und einen VW Käfer, den damals beileibe nicht jeder 22-Jährige besaß.

In der Mannschaft musste sich der Neue allerdings hinten anstellen. „Es gab damals in der Kabine nur eine Massagebank“, erinnert sich Rehhagel an sein erstes Jahr. Darauf lag der zwölf Jahre ältere Franz „Penny“ Islacker. „Was willst Du denn hier?“, fragt ihn der Star der Mannschaft. „Ich will mich massieren lassen“, antwortet der junge Rehhagel, worauf Islacker trocken entgegnet: „Komm in drei Jahren wieder.“

Rehhagel, mit ironisch-grimmigem Humor gesegnet, erzählt solche Geschichten immer wieder gerne und mit Behagen. Der ehrgeizige Nachwuchsspieler beißt sich jedenfalls auch ohne Massage durch. Was danach kommt ist oft erzählt: erfolgreicher Spieler bei RWE und beim 1. FC Kaiserslautern, Meister und Pokalsieger als Trainer mit Werder Bremen, direkter Durchmarsch mit Aufsteiger Kaiserslautern zur Meisterschaft, schließlich die Europameisterschaft, die ein kritischer Geist wie Trainerkollege Felix Magath jüngst als „größte Leistung, die ein Trainer je vollbracht hat“ lobte. Mehr kann ein Altenessener Junge, der freilich längst im Essener Süden lebt, vom Leben nicht erwarten.

Marcus Schymiczek und Frank Stenglein

Otto Rehhagel vor der Villa Hügel

Die Chronik | Mai 2023

> 01.05.

Fußball: Robin Barth wird ab der kommenden Saison wieder für den Verein auflaufen, für den er zwischen 2016 und 2018 bereits gespielt hat und mit dem er damals auch aufgestiegen ist. Frohnhausen freue sich, dass „einer der besten Torjäger Essens" demnächst wieder beim VfB spiele. Von der Hand zu weisen ist das nicht: Barth verfügt über reichlich Erfahrung in mehreren Ligen und spielt die beste Bezirksliga-Saison seiner Karriere.

Kehrt zu seinem alten Klub zurück: Robin Barth

> 02.05.

***Fußball:* Die Nachricht, auf die RWE seit Tagen sehnlichst wartete, trifft ein: Das Sportgericht des DFB hat die am 23. April abgebrochene Partie zwischen dem FSV Zwickau und RWE als 2:0 gewonnen für die Gäste aus dem Ruhrgebiet gewertet. Die Begegnung war bekanntlich nach der ersten Halbzeit abgebrochen worden, nachdem Schiedsrichter Nicolas Winter den Inhalt eines vollen Bierbechers ins Gesicht bekommen hatte.**

> 03.05.

Fußball: Die Spielvereinigung Schonnebeck verliert Stürmer Calvin Küper an den VfB Speldorf. Er wechselt im Sommer zum Mülheimer Bezirksligisten, der um den Aufstieg in die Landesliga spielt. Aufgrund seines Studiums mit dem Schwerpunkt Fußballmanagement möchte Küper, der noch in der Styrumer Aldi-Zentrale arbeitet, in Zukunft aber etwas kürzer treten. „Für mich hat das Gesamtpaket am besten gepasst hat", sagt Küper, der einst noch an der Hochfelder Straße selbst beim VfB mit dem Fußballspielen angefangen hat.

> 06.05.

Skaterhockey: Die Hockeyskater der Moskitos Essen kehren eindrucksvoll in die Erfolgsspur zurück: Nach der 6:10-Niederlage bei den Samurai Iserlohn besiegt der Bundesligist zu Hause die Düsseldorf Rams deutlich mit 13:5 und verbucht die Pleite in Iserlohn als Ausrutscher. Damit halten die „Mücken" Kontakt zur Tabellenspitze. Fünf Heimspiele, fünf Siege – der ESC ist die Heimmacht der Liga. „Bei der Mannschaft ist das ja ein Selbstläufer", sagt Verteidiger Joachim Könning.

Frauenfußball: Für einen Punkt reicht es nicht, doch auf die Leistung darf die SGS Essen trotz der 1:2-Niederlage gegen den FC Bayern stolz sein. Vor über 3500 Zuschauern, die Saison-Rekord bedeuten, halten die Essenerinnen mit dem Spitzenreiter der Frauenfußball-Bundesliga gut mit und geraten erst durch eine strittige Schiedsrichterentscheidung unglücklich in Rückstand. Eine zweite sorgt in der zweiten Hälfte für Schönebecker Überzahl und den Anschlusstreffer.

Fußball: Die rund 1300 RWE-Fans im Gäste hat ihre Mannschaft unaufhörlich angefeuert und sind auch nach dem Schlusspfiff unter Strom. Die Mannschaft muss nach dem 0:2 beim SV Meppen am Block antanzen und sich einiges anhören. „Ich kann verstehen, dass sie sauer sind, wir sind es auch sauer", sagt Isaiah Young nach dem minutenlangen Rapport. „Aber es war nicht viel. Sie haben nur gesagt, sie stehen hinter uns. Und wenn wir gewinnen und den Klassenerhalt schaffen, wäre es eine super Saison."

***Hockey:* Auch wenn die Ausbeute am Doppelspieltag nicht optimal ist, so können sich die HCE-Damen dennoch freuen, durch den 1:0-Sieg zuhause gegen Eintracht Braunschweig sich auf den vorletzten Platz verbessert und die Rote Laterne an BW Köln weitergereicht zu haben. Gegen Hannover 78 gibt es ein unglückliches 1:2. Die vorentscheidenden Partien im Kampf um den Klassenerhalt stehen nun an.**

> 07.05.

Basketball: Die ETB Miners stehen in den Play-off-Finals der Saison 2022/23" Das Team von Headcoach Lars Wendt feiert im entscheidenden dritten Halbfinal-Duell mit dem UBC Münster II einen 101:77-Sieg, riesig der Jubel bei den über 1000 Zuschauern am heimischen Hallo. 1500 Fans haben gut eine Woche zuvor an gleicher Stelle noch sparsam aus der Wäsche geschaut, als die Münsterländer dem ETB Spiel eins auf beeindruckende Art und Weise aus den Händen gerissen haben.

Handball: Bei seiner zwölften Parade reißt Coburgs Torhüter Jan Jochens den linken Arm nach oben, pariert den letzten Ball des Essener und darf seine Arme direkt zum Jubeln oben lassen. HSC Coburg setzt sich gegen den Tusem mit 23:20 durch und bestraft damit die Abschlussschwäche der Gäste. Dabei sind sie drauf und dran die Partie noch zu drehen. „Wir haben nicht aufgegeben, haben noch einmal alles ins Spiel geworfen, aber am Ende hat uns auch das nötige Quäntchen Glück gefehlt", sagt Essens Eloy Morante nach der Niederlage.

***Fußball:* Nach dem Abpfiff brechen alle Dämme und die Mannschaft feiert gemeinsam mit den Zuschauern den sensationellen Durchmarsch in die Oberliga. Adler Union Frintrop steht nach dem 8:0 gegen den VfB Frohnhausen am vorletzten Spieltag als Landesliga-Meister und Aufsteiger fest. Trainer Marcel Cornelissen kann das noch gar nicht so richtig greifen: „Oberliga? Das ist unfassbar. Was wir in dieser Saison geleistet haben, da fehlen mir die Worte. Ich glaube, am Montag geht keiner arbeiten. Jetzt wird richtig gefeiert."**

Rugby: Es geht wieder aufwärts für den Rugby Club Essen: Nach dem 22:19-Heimsieg gegen die SG Dortmund/ Bochum bestätigt der Regionalligist die Leistung und bezwingt die Spielgemeinschaft Rheinland mit 24:13 – der zweite Sieg in Folge. Und dazu noch ein ganz wichtiger, denn durch den Auswärtserfolg im direkten Duell setzen sich Überruhrer von ihrem Tabellennachbarn auf acht Punkte ab und festigen Platz drei. Von Spielbeginn an geht es für die Essener darum, schnell und möglichst oft zu punkten, da ihnen nur ein Auswechselspieler zur Verfügung steht.

> 08.05.

Eishockey: Es ist zuletzt ruhig geworden bei den Moskitos. Die Saison ist für den Essener

Oberligisten seit Anfang März beendet. Neuverpflichtungen? Vertragsverlängerungen? Gab es zuletzt nicht. Nun verpflichten die „Mücken" in Nicolas Cornett den vierten Spieler vom Liga-Rivalen Herner EV. Er spielte zu Beginn der abgelaufenen Saison bei den Miners unter Moskitos-Coach Danny Albrecht, für den Cornett einer der wichtigsten Spieler im neuen Essener Kader wird.

> 10.05.

Frauenfußball: Frauenfußball-Bundesligist SGS Essen hat die junge Stürmerin Lilli Purtscheller vom SK Sturm Graz verpflichtet. „Ich bin überglücklich, ab Sommer eine A-Nationalspielerin aus Österreich zu unserem Kader zählen zu dürfen", erklärt SGS-Chefcoach Markus Högner, der einen Trend ausgemacht hat: „Es scheint, sich bis in die Alpenrepublik herumgesprochen zu haben, dass wir in Essen gute Arbeit und leisten und man bei uns erfolgreich den nächsten Schritt seiner Karriereleiter absolvieren kann."

> 11.05.

***Eishockey:* Fünf Neuverpflichtungen für die Offensive haben die Moskitos Essen für die neue Saison 2023/24 bereits vorgestellt. Bei Verstärkungen für die Verteidigung mussten sich die Anhänger des Essener Eishockey-Oberligisten in Geduld üben. Nun dürfen sie sich über das erste neue Gesicht freuen: Niklas Heyer streift sich in der kommenden Spielzeit das ESC-Trikot über. Er wechselt vom Ligakonkurrenten Icefighters Leipzig, für den er in 54 Spielen 16 Scorerpunkte (ein Tor, 15 Vorlagen) verbuchte, an den Westbahnhof. Moskitos-Coach Danny Albrecht kennt Heyer bereits aus seiner Zeit in Herne.**

Fußball: Mit Simon Engelmann geht ein weiterer erfahrener Spieler von Bord. Rot-Weiss hat ihm ein stark leistungsbezogenes Angebot gemacht, der Familienvater lehnte es ab. Ihn zieht es zurück in seine Heimat zu seiner Familie. „Simon Engelmann hat in den letzten Jahren viel für RWE geleistet und ist zurecht ein Publikumsliebling. Stürmer mit seinen Vollstrecker-Qualitäten gibt es nur selten, entsprechend groß ist sein Anteil am Erfolg der letzten Jahre. Leider konnten wir ihn nicht von einer Vertragsverlängerung überzeugen, da sein Wunsch, wieder näher bei seiner Familie zu sein, überwogen hat", erklärt Marcus Steegmann, Direktor Profifußball bei RWE.

> 12.05.

***Handball:* Die beachtliche Serie hält, die Festung steht. Verlieren am Hallo? Der Tusem weiß wohl schon gar nicht mehr, wie sich das anfühlt. Seit mehr als einem halben Jahr sind die Essener nun schon in Stoppenberg ohne Niederlage. Und das 26:25 gegen den Tabellennachbarn Eulen Ludwigshafen ist das nunmehr zwölfte Spiel in Folge, das die Essener schadlos überstehen. Entsprechend ist die Stimmung in der Halle, obwohl es für beiden Mannschaften ja um nichts mehr geht in der Endphase der Zweitliga-Saison. „Gut gekämpft", urteilt Herbert Stauber, der Sportliche Leiter bei den Gastgebern.**

> 13.05.

Basketball: Und wieder stehen die ETB Miners unter Zugzwang: Der Basketball-Erstregionalligist unterliegt in Spiel eins der Finalserie um den Aufstieg in die Zweite Bundesliga Pro B am Hallo den Ademax Ballers Ibbenbüren knapp mit 70:73. Eine Niederlage, völlig unnötig, aber mit der erneut Konsequenz, Spiel zwei am Freitag im Münsterland unbedingt gewinnen zu müssen, nur um ein entscheidendes Spiel drittes Spiel (dann wieder in Essen) zu erzwingen.

> 14.05.

Fußball: Sechs Punkte und neun Tore Vorsprung hat Rot-Weiss Essen nach dem 2:2 gegen 1860 München auf den VfB Oldenburg. Nur der VfB kann Rot-Weiss somit gefährlich werden. Gewinnt Oldenburg alles, verliert Essen alles, könnte Christoph Dabrowskis Team doch noch absteigen. „Wir können mit dem Punkt sehr gut leben", sagt der Trainer nach dem Remis. Er sieht eine Leistungssteigerung seiner Elf – beim vorangegangenen 0:2 in Meppen stimmt vieles überhaupt nicht.

***American Football:* Die Erleichterung ist riesig, der ganz große Druck fällt erst einmal ab: Die Assindia Cardinals fahren am zweiten Spieltag der Regionalliga gegen die Düsseldorf Bulldozer mit 17:3 den ersten Saisonsieg ein. Zum Auftakt haben die Essener ihr Heimspiel gegen Wuppertal mit 12:27 verloren. Damit haben die „Men in Blue" bei der Mission Wiederaufstieg wieder den richtigen Kurs eingeschlagen.**

Skaterhockey: Das ist mal ein Paukenschlag, der die Konkurrenz aufhorchen lässt: Die Bundesliga-Hockeyskater der Moskitos Essen gewinnen beim Tabellenführer Crefelder SC überraschend mit 10:8 und setzen sich in der Spitzengruppe fest. Drei Punkte beträgt der Rückstand der drittplatzierten Essener auf die Skating Bears, auf Platz zwei liegen die Crash Eagles Kaarst.

***Frauenfußball:* Die SGS Essen hat vor dem Saisonfinale in der Frauenfußball-Bundesliga noch keine endgültige Gewissheit in Sachen Klassenerhalt. Das Polster auf den ersten Abstiegsplatz ist mit sechs Punkten aber nach wie vor komfortabel. In Bremen lassen sich die Essenerinnen allerdings einen Punktgewinn trotz zweimaliger Führung kurz vor Schluss noch nehmen und unterliegen mit 2:3.**

Hier noch Gegner der Moskitos: Niklas Heyer (l.)

Die Chronik | Mai 2023

> 16.05.

Fußball: **Nach seinem Karriereende bleibt Marwin Studtrucker der Spvg Schonnebeck erhalten. Der Ex-RWE-Spieler wird zur neuen Saison Co-Trainer von Dirk Tönnies. „Der Verein ist mir sehr ans Herz gewachsen, seitdem ich als Spieler hier bin“, sagt Studtrucker, der im Sommer 2021 an den Schetters Busch wechselte. Studtrucker: „Trotz meiner Enttäuschung, dass meine Spielerkarriere durch wiederholte Knieverletzungen beeinträchtigt wurde, war es immer mein Wunsch, dem Verein treu zu bleiben.“ Der Übergang vom Spieler zum Co-Trainer war für ihn „eine natürliche und positive Entwicklung“.**

> 17.05.

Handball: Die zahlreich mitgereisten Fans des Tusem Essen stehen in den Schlusssekunden klatschend auf der Tribüne und feiern ihre Mannschaft, während die Anhänger des VfL Eintracht Hagen mit verschränkten Armen in ihrer Sitzschale versinken. Die Gäste gewinnen das Derby mit 31:29 dank einer recht disziplinierten Leistung in der zweiten Halbzeit. Am Ende machen die Hausherren zu viele Fehler.

> 18.05.

Skaterhockey: Die Reise im ISHD-Pokal geht weiter. Der Skaterhockey-Bundesligist Moskitos Essen zieht beim Zweitligisten Rhein Main Patriots mit 10:6 ins Achtelfinale ein. „Im Großen und Ganzen haben wir nichts anbrennen lassen“, sagt ESC-Chef Thomas Böttcher. „Hin und wieder wurde es ein bisschen brenzlig wurde, aber unterm Strich war es eine relativ klare Geschichte.“

> 19.05.

Basketball: **Unter Zugzwang stehen die ETB Miners in Spiel 2 der Finalserie der Ersten Regionalliga: Bei den Ademax Ballers Ibbenbüren muss ein Sieg her, um die Chance auf den Aufstieg in die Zweite Bundesliga Pro B zu wahren. Und es gelingt den Essenern. Sie gewinnen eine umkämpfte Partie mit 89:85, nachdem sie in der ersten Halbzeit klar zurückgelegen haben. Dringend erforderlich ist eine deutliche Steigerung in der Offensive gegenüber der bitteren 70:73-Niederlage in Spiel 1 am Hallo. Über 2000 Fans sind am vergangenen Wochenende dorthin geströmt, nun fällt in Stoppenberg die Entscheidung.**

> 20.05.

Hockey: Nach nur einer Saison müssen die Frauen des HC Essen die 2. Feldhockey-Bundesliga direkt wieder verlassen. Mit Zuversicht sind sie in diesen Doppelspieltag gegangen, doch nach den Niederlagen beim Tabellennachbarn BW Köln (0:1) und zu Hause gegen DSD Düsseldorf (1:3) rutscht der HCE ans Tabellenende und kann den Klassenerhalt zwei Spieltage vor Schluss nicht mehr zu schaffen.

Basketball: Der Traum ist geplatzt. Auf den allerletzten Metern. Basketball-Erstregionalligist ETB Miners verpasst den Aufstieg in die Zweite Bundesliga Pro B, die Essener kassieren im entscheidenden dritten Final-Spiel gegen die Ademax Ballers Ibbenbüren vor 2096 Fans am Hallo eine 72:84-Niederlage. Bei den Gästen aus dem Münsterland gibt es naturgemäß kein Halten mehr – riesiger Jubel bei Mannschaft und dem zahlreich mitgereisten Anhang.

Handball: Wohl zum letzten Mal stimmt Sebastian Bliß am Hallo die „Humba“ mit den Fans an, der Torhüter wird den Handball-Zweitligisten Tusem Essen im Sommer verlassen wird. Etwas überraschend steht Bliß von Beginn an zwischen den Pfosten, zahlt das Vertrauen aber mit seinen Paraden zurück und hat seinen Anteil am 32:30-Erfolg gegen den HC Elbflorenz Dresden. Damit bleibt die Mannschaft von der Margarethenhöhe daheim eine Macht. „Die Ergebnisse aus dieser Woche tun uns mega gut“, freut sich Trainer Michael Hegemann nach dem dritten Sieg binnen neun Tagen.

> 21.05.

American Football: Die Assindia Cardinals finden keine stabile Form. Durch den 17:3-Auswärtssieg bei den Düsseldorf Bulldozern hat sich die Stimmung bei den Essenern zunächst etwas aufgehellt, der nächste Dämpfer nach der 12:27-Auftaktpleite gegen Wuppertal lässt jedoch nicht lange auf sich warten: Die „Men in Blue“ unterliegen den Bonn Gamecocks zu Hause mit 20:28 und verlieren ihr Ziel bei der Mission Wiederaufstieg in die Zweite Liga (GFL2) schon jetzt etwas aus den Augen.

Frauenfußball: **Im letzten Saison-Heimspiel sorgt die SGS Essen für Klarheit: Die Elf von Trainer Markus Högner bleibt erstklassig und begeht nach der Sommerpause ihre 20. Spielzeit in der Frauenfußball-Bundesliga. Dafür genügt schon eine minimalistische Vorstellung im Ruhrderby gegen den MSV Duisburg, das torlos endet. Und so sehen fast 3000 Zuschauer eine niveauarme Begegnung mit völlig harmlosen Gästen und der SGS, die zwar besser ist, sich aber auf das Nötigste beschränkt.**

Fußball: Alle, die es mit Rot-Weiss Essen halten, haben nach Wilhelmshaven geschaut. Dort traf der VfB Oldenburg auf den FSV Zwickau. Es war klar: Gewinnt Oldenburg nicht, hat RWE den Klassenerhalt sicher. Und genau das passiert: Der VfB verliert 1:2 gegen den Mitabsteiger. Damit steht fest: Rot-Weiss Essen bleibt Drittligist. Das Spiel hat Marcus Uhlig natürlich verfolgt. „Unser Dank geht an Zwickau. Großen Respekt, dass sie sich in dieses Spiel so reingehängt haben, obwohl sie schon abgestiegen sind“, sagt der Vorstandsvorsitzende von RWE.

> 22.05.

Fußball: Nachdem Rot-Weiss Essen den Klassenerhalt in der Dritten Liga am vorletzten

Noah Westerhaus von den ETB Miners nach dem verpassten Aufstieg

Mohamed Youssef und Alexander Jodlauk von den Assindia Cardinals

Spieltag geschafft hat, warten die Fans auf die ersten Personalentscheidungen. Aber kein neuer Spieler, sondern im Vorstand gibt es einen Neuzugang: Sascha Peljhan ist dort ab sofort ehrenamtliches Mitglied. Er wurde durch den Aufsichtsrat auf Vorschlag des Vorstandsvorsitzenden Marcus Uhlig in das nun zweiköpfige Gremium bestellt. Peljhan war seit 2022, im Anschluss an seine Tätigkeit im Aufsichtsrat, ehrenamtlicher Berater der Vereinsführung. In seiner neuen Position wird er nun die Bereiche Finanzen, Infrastruktur, EDV und Digitalisierung verantworten.

> 23.05.

Frauenfußball: Die SGS Essen kann zielstrebig die nächste Saison in Angriff nehmen. Nach Vivien Endemann und Nina Räcke werden auch Antonia Baaß und Miriam Hils den Frauenfußball-Bundesligisten von der Ardelhütte verlassen. „Jeder Abgang schmerzt, das ist auch in diesem Fall so", gibt Cheftrainer Markus Högner zu. „Wir als Trainer-Team sowie die Spielerinnen selbst hätten sich mit Sicherheit einen besseren Rhythmus für sie gewünscht. Doch das war aufgrund von Verletzungen oftmals so nicht möglich."

> 25.05.

Fußball: Der fünfte Neuzugang des FC Kray wird die neue Nummer 1: Raphael Koczor wechselt von Rot-Weiss Essen an die Buderusstraße und unterschreibt einen Vertrag bis 2025. Zudem wird er die Nachwuchs-Torhüter des FCK trainieren und bei Trixitt, dem neuen Hauptsponsor des FC Kray, ins Berufsleben starten. Raphael Koczor kommt mit der Erfahrung von 40 Spielen in der 3. Liga und 164 Spielen in der Regionalliga.

***Rugby:* Beim Rugby Club Essen wächst nach der zwischenzeitlichen Krise wieder etwas heran: Der 19:17)-Heimerfolg gegen die Spielgemeinschaft Rheinland ist bereits der dritte Sieg in Folge für den Rugby-Regionalligisten. Nachdem das Selbstverständnis, nach jedem Spiel den Platz als Sieger zu verlassen, phasenweise in dieser Saison wegen der vielen Personalwechsel etwas verloren gegangen ist, scheint sich nun ein neues zu entwickeln – mit neuem Gesicht.**

> 26.05.

Handball: Nach 60 Minuten werden die Handballer des Tusem Essen endlich erlöst. Am Ende eines schwachen Auftritts im Derby beim TSV Bayer Dormagen muss sich die Mannschaft von Trainer Michael Hegemann verdientermaßen mit 28:33 geschlagen geben, verhindert dabei immerhin ein noch größeres Debakel. Im Prinzip ist das Derby schon nach wenigen Minuten entschieden. Der TSV wirkt deutlich motivierter und zielstrebiger als die Essener. Obwohl der Tabellen-15. den Großteil einer schwierigen Saison hinter sich hat und sich eigentlich auf dem Klassenerhalt ausruhen könnte, ist er es, der den Ton angibt.

> 27.05.

Fußball: Als das Spiel zu Ende ist, wird es noch mal laut. Nach dem 2:2 gegen den SC Verl verabschiedet sich Rot-Weiss Essen von zahlreichen Spielern, die den Verein in den vergangenen Jahren geprägt haben. Aufstiegshelden, Publikumslieblinge wie Simon Engelmann, Felix Herzenbruch, Oguzhan Kefkir. Sie erhalten keinen neuen Vertrag bei RWE.

> 28.05.

Frauenfußball: Die SGS Essen beendet ihre 19. Saison in der Frauenfußball-Bundesliga auf dem siebten Platz. Zum Abschluss trennt sich die Elf von Trainer Markus Högner 1:1 vom 1. FC Köln, der damit die Liga hält. Ramona Maier bringt die Essenerinnen in Führung, die aber im zweiten Durchgang den möglichen Sieg aus der Hand geben. „Heute bin ich schon ein Stück weit enttäuscht. Wir hatten durch die Niederlage von Freiburg gegen Wolfsburg die Möglichkeit, auf den sechsten Platz zu rutschen", erklärt Högner.

> 29.05.

Fußball: Er hat die Hafenstraße als Akteur des SC Verl kennengelernt, in der neuen Drittliga-Saison spielt er selbst für Rot-Weiss Essen: Vinko Sapina. RWE gibt den Transfer am Pfingstmontag bekannt. Sapina hat einen Vertrag bis Sommer 2025 unterschrieben.

> 30.05.

***Handball:* Hausaufgaben machen nicht immer Spaß, aber sie müssen erledigt werden. Ungefähr so fühlt sich der Abend auch in der Sporthalle „Am Hallo" an, als Favorit Tusem Essen auf den Tabellenletzten Wölfe Würzburg trifft. „Es war absolut kein Leckerbissen", sagt Eloy Morante nach dem 29:26-Heimsieg und bringt es damit auf den Punkt. Vorne schwach und hinten nicht wach – so startet der Tusem in die Begegnung, knüpft also nahtlos an die bittere Niederlage in Dormagen an.**

> 03.06.

Hockey: Die Männer des HC Essen setzen ihre nur noch vagen Titelchancen in der Regionalliga am vorletzten Spieltag in den Sand. Beim Bonner THV unterliegen sie mit 0:3 und können Spitzenreiter Aachen nicht mehr einholen. Ausgerechnet in dieser wichtigen Begegnung zeigt der HCE die schlechteste Leistung der Rückrunde. „Die Niederlage war völlig verdient, und wir gratulieren Aachen zum Aufstieg in die 2. Bundesliga", sagt Betreuer Jochen Boddenberg.

American Football: Die Assindia Cardinals finden der dieser Saison einfach nicht zu einer stabilen Form. Auf einen Schritt nach vorne folgt beim Essener Football-Regionalligisten fast schon der obligatorische Rückschlag, den sich die „Men in Blue" im Aufstiegskampf eigentlich nicht erlauben dürfen. Die 14:30-Niederlage bei den Bielefeld Bulldogs könnte bereits der entscheidende Ausrutscher auf dem Weg zur angepeilten Zweitliga-Rückkehr sein.

Fußball: Es ist der Abend des grenzenlosen Jubels und der Abend des Abschieds. Drittligist Rot-Weiss Essen gewinnt das Finale des Niederrheinpokals 2:0 gegen den Regionalligisten Rot-Weiß Oberhausen und steht so in der ersten Runde des DFB-Pokals. Fast 19.000 Zuschauer an der Essener Hafenstraße werden Zeuge des zehnten Verbandspokal-Erfolgs der Heimmannschaft. Die Essener Führung erzielt Simon Engelmann per Kopfball.

chen Resthoffnung – ausgetreten. Tatsächlich hatte die Pro B durch den Lizenzverzicht der Seeburger College Wizards sogar einen Platz aufzufüllen, doch diesen freien Platz sprach die Liga der BBL-Reserve der Seawolves Rostock zu, übrigens „nur" Zweitregionalligist.

Fußball: Das Titelrennen in der Fußball-Bezirksliga 7 ist entschieden: Und der Meister heißt: SG Schönebeck! Der Spitzenreiter gibt sich am letzten Spieltag bei Rhenania Bottrop keine Blöße, zeigt sich dort einmal mehr als Meister der Effizienz und gewinnt mit 3:0. Mit 74 Punkten nach 30 Partien und nur zwei Niederlagen spielte die SGS eine herausragende Runde und verdient sich den Aufstieg in die Landesliga.

Frauenfußball: Der Nachwuchs des Frauenfußball-Bundesligisten SGS Essen hat eine überzeugende Saison gespielt. Die U17 belegt in der B-Juniorinnen Bundesliga Platz zwei in der Staffel West/Südwest. Im Verbandspokal erreichen die U13, U15 und U17 das Finale in Bottrop, die U13 und U15 holen

Riesenjubel bei Rot-Weiss Essen nach dem Gewinn des Niederrheinpokals

> 04.06.

***Skaterhockey:* Die Moskitos Essen bleiben unangefochten die Nummer eins im Ruhrgebiet: Seit einer gefühlten Ewigkeit konnten die Hockeyskater der Duisburg Ducks keine Punkte mehr aus Essen entführen – und das bleibt vorerst so. Nach dem 10:6-Derbyerfolg in Duisburg im März entscheiden die Essener auch das Heimspiel mit 11:4 für sich und behalten zu Hause auch im sechsten Auftritt in dieser Saison eine weiße Weste.**

Basketball: Es ist amtlich: Die ETB Miners bleiben Erstregionalligist, der Aufstieg in die Zweite Bundesliga Pro B am „Grünen Tisch" bleibt den Essenern verwehrt. Das Fünk-

den Titel gegen Borussia Mönchengladbach (6:0) bzw. FV Mönchengladbach (4:1). Die U17 unterliegt hauchdünn im Elfmeterschießen dem Bundesliga-Konkurrenten aus Mönchengladbach (3:4).

> 06.06.

***Eishockey:* Dass der Westbahnhof noch einen Hauch von Eishockey-Romantik versprüht, zeigt die jüngste Neuverpflichtung der Moskitos Essen. „Für mich fühlt es sich richtig und wichtig an, meine Profikarriere an einem Traditionsstandort wie Essen zu beginnen", erklärt Justus Roth, der zur neuen Oberliga-Saison von den Jungadlern Mannheim zum ESC wechselt.**

> 07.06.

Handball: Das Happy End bleibt aus, Tusem Essen beendet die Saison in der 2. Bundesliga mit einer Niederlage. Beim VfL Lübeck-Schwartau unterliegt die Mannschaft von Trainer Michael Hegemann mit 28:29 und belohnt sich nicht für eine engagierte Leistung in der zweiten Halbzeit.

***Eiskunstlauf:* Ein Bild der Zerstörung bietet sich Vereinsmitgliedern des Roll- und Eissportverein Gruga Essen (REV Gruga), als sie zu ihrer Vereinshalle im Grugapark kommen. Unbekannte sind dort eingebrochen und haben ihr Unwesen getrieben. Das Ergebnis: eine beschmierte Rollerbahn, kaputte Musikanlagen und nicht mehr nutzbare Rollschuhe.**

> 09.06.

Eishockey: Wochenlang gaben die Moskitos keinen Neuzugang bekannt, nun meldet der Oberligist gleich den dritten innerhalb von sechs Tagen – der kommt ausgerechnet vom Seilersee: Tim Lutz wechselt aus dem Nachwuchs des Erstligisten Iserlohn Roosters an den Westbahnhof. Er wird zudem seine Ausbildung bei einem Moskitos Partner fortsetzen. Lutz durchlief die komplette Jugendabteilung bei den Young Roosters und verbuchte in der letzten Saison als Kapitän des U20-DNLTeams in 45 Spielen satte 86 Punkte.

> 10.06.

American Football: Nachdem sich die Sonne über dem Stadion „Gelber Sprung" lange von ihrer besten Seite präsentiert hat, blockieren plötzlich ein paar graue Wolken die Strahlen – ein Bild, das zur Entwicklung dieses Football-Nachmittags passt. Die Assindia Cardinals lassen sich von den mitgereisten Anhängern feiern, klatschen jeden einzelnen ab, ein mulmiges Gefühl schwingt aber dennoch mit. Die Essener Footballer nehmen nach dem 30:14-Auswärtssieg bei den Wuppertal Greyhounds zwar die Punkte mit – allerdings ohne an ihr Limit gehen zu müssen.

> 11.06.

***Schwimmen:* Sie haben nichts verlernt. Das kleine, aber feine Masters-Team der SG Essen gewinnt bei den deutschen Schwimm-Meisterschaften in Dresden elf Gold-, zwei**

Silber- und zwei Bronzemedaillen mit einem Aufgebot von nur neun Aktiven. Überragender Starter ist Thomas Rueter, der fünf Einzeltitel gewinnt und auf allen fünf Strecken die deutschen Rekorde in der Altersklasse 40 verbessert.

> 12.06.

Frauenfußball: Bundesligist SGS Essen folgt seiner Philosophie und setzt die Zusammenarbeit mit jungen Spielerinnen konsequent fort. In Pia Lucassen (U17-Bundesliga) und Melina Walheim (U20-Regionalliga) erhalten ab dem Sommer zwei ambitionierte U-Nationalspielerinnen einen Vertrag für den Bundesliga-Kader.

Fußball: Die nächste Neuverpflichtung des Fußball-Drittligisten Rot-Weiss Essen ist nicht etwa ein Spieler, sondern der Assistent von Cheftrainer Christoph Dabrowski. Paul Freier wird mit Beginn der Sommervorbereitung neuer Co-Trainer an der Hafenstraße und damit den Trainerstab, der ohnehin ein wenig umgebaut werden soll, verstärken. Der Ex-Profi war zuletzt in derselben Rolle bei der U23 von Fortuna Düsseldorf in der Regionalliga tätig, zuvor sammelte er Erfahrung in den Jugendabteilungen vom VfL Bochum und Schalke 04.

> 15.06.

Fußball: Calvin Küper, der beste Torschütze beim Fußball-Oberligisten Spvg. Schonnebeck in der Vorsaison, bleibt nun doch am Schetters Busch. Ende April hieß es, dass der Angreifer zum Landesliga-Aufsteiger VfB Speldorf wechseln würde. Eine Entscheidung, die er aufgrund seiner damaligen persönlichen Voraussetzungen getroffen hatte. „Es haben sich bei mir privat und beruflich ein paar Dinge geändert", erklärt Küper. Neben einer Arbeitsstelle in Mülheim hatte der zunächst einen Studienplatz in Iserlohn erhalten.

***Fußball:* Ungeduldig haben die Fans von Rot-Weiss Essen auf den nächsten Zugang für die kommende Saison gewartet. Nun ist es soweit: Aaron Manu trägt ab sofort das Trikot des Essener Drittligisten. Der 1,94 Meter große Innenverteidiger spielte zuletzt für den FC Rot-Weiß Erfurt, mit dem er in der abgelaufenen Regionalliga-Saison Tabellendritter wurde. Er unterzeichnet an der Hafenstraße einen Vertrag bis 2025. Bislang hat RWE nur Mittelfeldspieler Vinko Sapina (vom SC Verl) für die kommende Drittliga-Saison verpflichtet.**

> 17.06.

Skaterhockey: Der Essener Skaterhockey-Express wird auf seiner Titelreise durch Europa gestoppt. Nachdem die Hockeyskater der Moskitos zuletzt sechs Mal in Folge beim Europacup der Pokalsieger triumphiert haben, reißt die Erfolgsserie beim „Men Challenge Cups" in Avenches (Französische Schweiz). Die „Mücken" scheitern im Halbfinale am Schweizer Club SHC Buix (3:5) und unterliegen auch dem Gastgeber SHC Rolling Aventicum im Spiel um Platz drei deutlich mit 2:6.

***American Football:* Lange haben die Assindia Cardinals in dieser Saison auf diesen Moment warten und immer wieder Rückschläge verdauen müssen. Nun dürfen sie aufatmen. Während die Essener Footballer erschöpft den Rasen der Ostkampfbahn in Köln-Müngersdorf verlassen, honorieren die Anhänger den 19:7-Erfolg bei den Cologne Falcons – der zweite Sieg in Folge. Das ist den „Men in Blue" in dieser Saison noch nicht gelungen, dabei hätten sie eine Siegesserie dringend nötig gehabt im Aufstiegsrennen.**

> 18.06.

Eishockey: Die Moskitos Essen setzt weiter auf junge Talente: Nach Michael Gottwald, Justus Roth und Tim Lutz hat der Eishockey-Oberligist mit Maksim Anton den nächsten Youngster fest verpflichtet. Anton kommt aus dem Nachwuchs der Düsseldorfer EG, ist aber kein gänzlich Unbekannter am Westbahnhof. Der gebürtige Bochumer, der auch schon für den Erstliga-Kader der DEG nominiert wurde, stand bereits in der abgelaufenen Saison mit einer Förderlizenz in neun Spielen für die Moskitos auf dem Eis.

***Kanupolo:* In der Pause des Lokalderbys gegen KG Wanderfalke (KGW) setzt Michael Konrad zur flammenden Halbzeitansprache an. Der erste Durchgang hat dem Trainer des Kanupolo-Bundesligisten KSV Rothe Mühle (KRM) gründlich missfallen: zu zimperlich in der Defensive, zu wenig Bewegung und Geschwindigkeit in der Offensive. „Ich bin schon immer sehr hart und eher oldschool – und nicht so der feine Psychologe", erklärt der Coach. Ändern soll sich allerdings nichts mehr. KRM unterliegt nach 1:2-Halbzeitrückstand, zwei individuellen Fehlern in den Schlusssekunden und einem Penalty von KGW-Torjäger Ivan Debelyi mit 4:5.**

> 23.06.

Jugendfußball: Rot-Weiss Essen hat eine neue Leitung für sein Nachwuchsleistungszentrum (NLZ) gefunden: Dirk Helmig und Michael Lorenz übernehmen den Job von Christian Flüthmann, der seit April als RWE-Sportdirektor arbeitet. Helmig verantwortet die Administration, Lorenz die sportliche Leitung. Für Lorenz ist es eine Rückkehr, er hat zwischen 2005 und 2010 für Rot-Weiss gespielt.

> 24.06.

Rugby: Der Rugby Club Essen unterlieg zum Regionalliga-Ausklang dem RSV Köln II mit 14:41 und beenden die Saison auf Platz drei. Man verlasse die Spielzeit „erhobenen Hauptes", sagt Coach Mejdi Frikha. „Gegen eine erfahrene Mannschaft wie Köln haben wir gut mit- und dagegengehalten." Die Gäste bieten einige Spieler aus der ersten Mannschaft auf, die kürzlich in die Bundesliga aufgestiegen ist.

> 25.06.

American Football: Die Sonne strahlt zwar ununterbrochen über der Heimspielstätte der Assindia Cardinals, ein Lächeln kann sie aber keinem Essener ins Gesicht zaubern. Nach der 20:35-Heimniederlage im Regionalliga-Spitzenspiel gegen die Troisdorf Jets herrscht pure Ernüchterung unter den Essener Footballern. Ein Erfolgserlebnis hätten die „Men in Blue" im letzten Spiel vor der siebenwöchigen Sommerpause gebraucht, um auch danach noch vom Aufstieg träumen zu dürfen.

Eishockey: Drei von sechs lautet die Punkteausbeute der Hockeyskater der Moskitos Essen von der Bundesliga-Reise in den tiefen Süden. Nach dem 7:4-Pflichtsieg beim punktlosen Schlusslicht TV Augsburg nehmen sich die Essener vor, den zu Hause noch ungeschlagenen IHC Atting zu bezwingen. Die Mission scheitert: Auch die „Mücken" müssen sich den heimstarken Wölfen beugen und unterliegen mit 6:10 – eine Niederlage, die als Ausrutscher abgestempelt werden darf.

> 01.07.

***Skaterhockey:* Sind die Hockeyskater der Moskitos Essen titelreif? „Das würde ich jetzt so nicht sagen. Wir haben eine gute Mannschaft – gar keine Frage. Wir stehen zurecht da, wo wir jetzt stehen. Das haben wir in vielen guten Spielen bewiesen", kommentiert Clubchef Thomas Böttcher den 7:3-Erfolg bei den HC Köln-West Rheinos. Für den Meistertitel müsse man noch einiges tun, „aber wir haben eine gute Ausgangsposition und noch gute Heimspiele – vor allem gegen Kaarst und Krefeld".**

Beim Essener Kanupolo-Derby war ordentlich Feuer drin.

> 08.07.

Kanupolo: Ivan Debelyi hat noch einmal freie Bahn, fährt allein aufs Tor zu und setzt in letzter Sekunde zum Schussversuch aus der Distanz an. Der Ball? Fliegt eine gefühlte Ewigkeit durch die Luft, bis er von der Latte zurück ins Wasser prallt. Die Uhr? Inzwischen abgelaufen. Der Essener Kanupolo-Bundesligist kommt trotz bester Kontermöglichkeiten nicht über ein 1:1-Unentschieden gegen den Alster-Canoe-Club Hamburg hinaus.

> 09.07.

Leichtathletik: Bei der Leichtathletik-DM in Kassel hat Noah Herrmanny (TLV Germania Überruhr) über 110 m Hürden einen gelungenen Einstand bei den „Großen". Seine 14,81 Sekunden liegen nur zwei Zehntel über seiner Bestleistung und bringen ihm Rang 13.

> 10.07.

Frauenfußball: Einen Tag vor dem Start der Vorbereitung auf die 20. Bundesliga-Saison muss die SGS Essen einen Abgang verkraften. Ella Touon darf trotz gültigen Vertrags gehen. Wohin die schweizerische Nationalspielerin wechselt, ist zum Zeitpunkt der Trennung unklar.

> 12.07.

Basketball: Erstregionalligist ETB Miners hat die erste Neuverpflichtung unter Dach und Fach gebracht: Tim Schneider wechselt nach Essen, der Point Guard stand in der vergangenen Spielzeit für die Gießen Pointers in der Zweiten Bundesliga Pro B auf dem Feld.

> 13.07.

***Fußball:* Neuer Hauptsponsor, neues Trikot: Rot-Weiss Essen präsentiert auf der Jahreshauptversammlung im Juni versprochene „Essener Lösung". Das Unternehmen, das ab sofort die RWE-Brust zieren wird, ist kein neues: ifm. Der Technik-Riese von der Friedrichstraße sponsert den Drittligisten schon seit Jahren, war zuletzt Ärmelsponsor und wird das auch bleiben.**

> 17.07.

American Football: Regionalligist Assindia Cardinals hat Konsequenzen aus dem enttäuschenden Saisonverlauf gezogen und entbindet Cheftrainer Bernd Janzen von seinen Aufgaben. Sherman „DJ" Anderson, der die Essener in der Saison 2019 von der Regionalliga in die Zweite Liga (GFL2) führte, hat erneut den Trainerposten übernommen.

> 22.07.

Swingolf: Für den 1. SGC Essen waren es mal wieder erfolgreiche deutsche Meisterschaften. In Renningen bei Stuttgart sichert sich der Swingolf-Club drei Meistertitel und schaffte sechsmal den Sprung aufs Podium. In der Teamwertung landen die Essener damit auf Rang 2.

> 24.07.

***Handball:* Zweitligist Tusem Essen meldet für den Nachwuchsbereich eine Neubesetzung: Florian Buddenborg wird ab dieser Saison die sportliche Ausrichtung aller Teams der Essener Talent Schmiede verantworten. Buddenborg wird eng mit Jugendkoordinatorin Janina Helmecke zusammenarbeiten und sich insbesondere um das Scouting, die Trainerentwicklung und die Überwachung der Trainings kümmern.**

> 25.07.

Eishockey: „Wer weiß, vielleicht ist das ja noch nicht die letzte Kooperation!" So endete damals die Mitteilung der Moskitos, die über die Zusammenarbeit mit der Düsseldorfer EG informierte. Und womöglich waren die Bande schon damals geknüpft: Zur neuen Saison wird der Essener Eishockey-Oberligist auch mit dem Zweitligisten Krefeld Pinguine zusammenarbeiten.

> 31.07.

***Handball:* Nach einer schwierigen Saison gibt es beim Kettwiger SV große Veränderungen: Wegen personeller Probleme wird die erste Mannschaft aus der Handball-Verbandsliga zurückgezogen. Das bedeutet für den Verein einen großen Einschnitt. Weitergehen soll es mit der zweiten Mannschaft aus der Landesliga, die nun das neue Aushängeschild der Handballer werden soll. Trotz der vielen Probleme schaut der Verein positiv in die Zukunft.**

Tusem Essen war sein Leben

Klaus Schorn prägte bei den Handballern eine Ära. Er wurde 88 Jahre alt

Den Neujahrsempfang des Essener Sportbunds hatte er nie verpasst. Auch nicht in den vergangenen Jahren, als es nicht mehr ganz so leichtfiel, sich aufzuraffen. Klaus Schorn saß da, etwas abseits und nicht etwa mit den Honorigen an einem Tisch, lauschte aufmerksam den Worten und man sah ihm an, dass er sich so seine Gedanken machte. An diesem Sonntag war beim Espo sein Platz frei. Klaus Schorn ist im Janur im Alter von 88 Jahren nach schwerer Krankheit gestorben.

Mag sein, dass Klaus Schorn mit den Jahren etwas in Vergessenheit geraten ist. Diese einst präsente Persönlichkeit hatte sich komplett aus der Öffentlichkeit zurückgezogen. Er war „Mister Tusem Essen“, der dieser Stadt mit seinen Handballern über viele Jahre eine Menge Glanz und sportlichen Ruhm bescherte. Tusem Essen, das war Klaus Schorn, auch wenn der Verein natürlich weitaus mehr zu bieten hat als nur Handball. „Er hat unsere sportliche Gemeinschaft wie kaum ein anderer geprägt“, sagte der frühere Tusem-Präsident und Weggefährte Ulrich Gaißmayer damals zu dessen 75. Geburtstag.

Schorn war der Big Boss des Handball-Bundesligisten. Dort durfte ihm niemand reinreden, alles Chefsache. Selbst Ehrenkarten fürs Spiel steckte er schon mal persönlich in die Briefkästen der Sponsoren, und eine kleine Aufmerksamkeit zu Weihnachten und zum Geburtstag gehörten einfach dazu. Alte Schule eben. Gradlinig und zur Not mit den Ellbogen verfolgte Schorn seinen Weg und eckte oft genug an, weil er unangenehm werden konnte, aufbrauste, wenn es nicht so lief, wie er sich das vorstellte.

Aber er war auch sozial und verlässlich. Hatte jemand im Verein ein Problem, Schorn versuchte es zu lösen. Die Tusem-Familie hält zusammen. Eine Familie im Privaten fand da keinen Platz. Mit zwölf Jahren wurde Schorn Mitglied beim Tusem, mit 14 Handball-Jugendwart, 1976 übernahm der Direktor der Edeka/Ruhr die Regie und schrieb sportlich famose Erfolgsgeschichten. Unter seiner Ägide wurde der Klub von der Margarethenhöhe je dreimal Deutscher Meister und Pokalsieger, holte drei europäische Titel. Der heutige Zweitligist belegt in der ewigen Bundesliga-Rangliste noch immer Platz acht.

Dann der Fleck, ausgerechnet nach dem Europacup-Triumph 2005. Dieser gewiefte Manager war in finanzieller Not einem Betrüger aufgesessen und musste 2005 mit Tusem Essen Insolvenz anmelden. Keine Lizenz, Absturz in die 3. Liga. Der Tiefpunkt, das schmerzhafte Ende einer Ära.

Als Schorn abgetreten war, wollte er sich auch nicht mehr einmischen, obwohl er sicherlich viel zu sagen gehabt hätte. „Ich habe nicht mehr das Recht zu kritisieren, weil ich auch nichts mehr bewege“, meinte er. Da blieb er sich und seinen Prinzipien treu.

Rolf Hantel

Immer dabei: Tusem-Manager Klaus Schorn scheute sich auch nicht, ins Spiel seiner Mannschaft einzugreifen.

Unvergessener Derby-Torschütze

ETB-Stürmer Reiner Geweke verstarb im Alter von 67 Jahren

Der ETB Schwarz-Weiß Essen ist in tiefer Trauer. Am Montag verstarb der ehemalige Stürmer Reiner Geweke im Alter von nur 67 Jahren. Im Sommer 1982 wechselte Reiner Geweke von Rot-Weiß Oberhausen zum Uhlenkrug und erlebte bei den Schwarz-Weißen vier erfolgreiche und torreiche Jahre in der damals drittklassigen Oberliga Nordrhein. Direkt in seiner ersten ETB-Saison wurde er mit 30 Treffern Torschützenkönig der Oberliga. Unvergessen sind natürlich auch seine drei Tore beim 4:4 im Derby gegen RWE am 5. September 1984, vor über 18.000 Zuschauern am Uhlenkrug.

Dominik Hamers

Er schoss Essens erstes Bundesliga-Tor

RWE-Offensivspieler Heinz-Dieter Hasebrink ist mit 81 Jahren verstorben

Rot-Weiss Essen trauert um Heinz-Dieter Hasebrink. Der ehemalige Offensivspieler war der erste Bundesliga-Torschütze an der Hafenstraße. Nun ist er im Alter von 81 Jahren verstorben.

Hasebrink war gebürtiger Essener. Er lernte das Fußballspielen im rot-weissen Trikot und gab 1961 sein Debüt in der 1. Mannschaft. Ihn zeichneten Torgefahr und ein Talent aus, Freistöße zu schießen. In der Regionalliga-Saison 1965/66 steuerte er 18 Tore zur Qualifikation für die Bundesliga-Aufstiegsrunde bei, in der sich RWE später durchsetzte.

Seite an Seite mit Vereinslegenden wie Willi Lippens und Werner Kik zählte Hasebrink zu den ersten Spielern, die mit RWE in die Bundesliga aufstiegen. Beim 4:1 gegen Schalke 04 am 27. August 1966 traf er doppelt und erzielte damit die ersten beiden Bundesliga-Treffer in der Vereinsgeschichte. 1967 schloss sich der Torjäger dem 1. FC Kaiserslautern an. Nach zwei Jahren am „Betzenberg“ und vier Jahren bei Werder Bremen absolvierte er 1973 im Alter von 31 das letzte von 199 Bundesliga-Spielen.

Dominik Hamers

Heinz-Dieter Hasebrink im Trikot von Rot-Weiss Essen

Bis zum Schluss im Einsatz

Sportreporter Dieter Meier hat seinen Job geliebt. Wo immer er gerade war

„Das war's – liebe Grüße, Carl." Wenn die Mitarbeiter der Essener Sportredaktion diese Nachricht lasen, war klar: „Aha, der Dieter ist mal wieder in Florida." Ein guter Freund in den USA hatte ihm den Spitznamen „Carl" verpasst, worüber Dieter selbst schmunzelte. Wie oft hat er über all die Jahre solche E-Mails geschickt. Dann waren alle beruhigt. Die Texte für die nächste Ausgabe waren angekommen – wie immer zuverlässig und pünktlich. Selbst aus dem Urlaub – im digitalen Zeitalter ja kein Problem.

Im fortgeschrittenen Alter hatte sich Dieter Meier noch einmal in die moderne Technik gefuchst, damit es funktioniert, damit er helfen konnte. Auch mit der Kamera lernte er immer noch dazu und war stolz auf jedes gelungene Foto. Das Interesse an den Dingen des Lebens, die Arbeit und das Reisen hielten ihn jung – immer am Puls der Zeit. Das flottemodisch Outfit passte zu ihm.

Angefangen hatte Meier, als man noch Manuskript-Papier in die Schreibmaschine einspannte. So lange ist das schon her, mehr als vier Jahrzehnte lang schrieb er für die WAZ. Was für eine Leistung. Bis zuletzt war er immer am Ball, und wenn Dieter mal nicht konnte, dann arbeitete er halt vor.

Dieter Meier liebte diesen Job, wollte ihn nicht aufgeben und versprach selbst in den letzten Tagen noch, dass man auf ihn zählen könne. „Das kriege ich schon hin", sagte Dieter dann. So kämpfte der 82-Jährige auch gegen seine schwere Krankheit an, tapfer und mit Willenskraft.

Es waren unermesslich viele Zeilen, die dieser Mann geliefert hat. Handball, Hockey und Tennis – über all das berichtete der Hobby-Journalist. Da war er Insider, der Mann vor Ort hatte ein prima Netzwerk und seine Vereine so gut „erzogen", dass sie ihn Spieltag für Spieltag informierten und so einen guten Draht zur Presse hielten.

Damit nicht genug. Über mehr als 35 Jahre hatte Dieter Meier nicht nur die Öffentlichkeitsarbeit des Tennis-Bezirks Essen/Bottrop mitgeprägt, sondern die des gesamten Verbandes Niederrhein. „Es gab in diesen Jahrzehnten kaum eine Turnierveranstaltung im Tennis-Zentrum in Essen, bei der Dieter Meier mit seiner Kamera nicht präsent war, um Siegerinnen und Sieger sowie Besiegte ins rechte Licht zu setzen", schreibt der TVN.

Er war da für alle, versteht sich. Immer freundlich, engagiert, dem Sport verbunden. Eine Institution. „Er war vielleicht der wichtigste, auf jeden Fall aber der unersetzlichste Mitspieler im TVN-Presse-Team", meint Klaus Molt vom TVN. Als Anerkennung gab es für den emsigen Chronisten die TVN-Ehrennadeln in Silber (2003) und Gold (2011).

Am 5. April hat Dieter Meier den Essener Sport für immer verlassen. Seine Asche wurde im Golf von Mexiko vor der Stadt Naples beigesetzt. Ins sonnige Florida hatte es ihn und Ehefrau Brigitte immer wieder gezogen, um zu entspannen, zu genießen oder sich die Welt anzuschauen. Dort ist nun seine letzte Ruhestätte. Das war's Dieter oder Carl. Keine E-Mails mehr, nur einen letzten Gruß: „Mach es gut, wir vermissen dich."

Rolf Hantel

Dieter Meier

Pokalsieger und Nationalspieler

Heinz Steinmann ist im Alter von 85 Jahren verstorben

Im März ist Heinz Steinmann im Alter von 85 Jahren verstorben. Er war Mitglied der legendären Mannschaft, die 1959 den DFB-Pokal für die Schwarz-Weißen vom Uhlenkrug gewann. Heinz Steinmann spielte in der Regel rechter Läufer, in den späteren Jahren aber auch auf der Stopper-Position.

Er wechselte bereits im Alter von 13 Jahren von Wacker Steele an den Uhlenkrug zum ETB. Bei den Schwarz-Weißen blieb er zwölf Jahre und war viele Jahre lang Stammspieler der ersten Mannschaft. Als 21-Jähriger gewann er 1959 mit seiner Mannschaft den DFB-Pokal beim 5:2-Endspielsieg über Borussia Neunkirchen in Kassel.

Zu seinem ersten Länderspiel kam er am 24. Oktober 1962 in Stuttgart gegen Frankreich. Als Einwechselspieler gelang ihm in der 82. Minute der Ausgleichstreffer zum 2:2-Endstand. 1963 wechselte er zum Bundesligisten 1. FC Saarbrücken. Ein Jahr später ging Heinz Steinmann dann zu Werder Bremen, wo er sechs Jahre lang blieb.

In dieser Zeit wurde er mit Werder 1965 Deutscher Meister und absolvierte zwei weitere Länderspiele für die deutsche Nationalmannschaft.

Dominik Hamers

Heinz Steinmann, hier 2014 auf der Jahreshauptversammlung vom SV Werder.

Rudolf Eiling

Trauer um Rudolf Eiling

Ehemaliger Mannschaftsarzt starb im Alter von 80 Jahren

Rot-Weiss Essen trauert um seinen früheren Mannschaftsarzt. Dr. Rudolf Eiling starb im April, er wurde 80 Jahre alt. Eiling war über 20 Jahre lang bis 2018 als Vereinsmediziner für die Gesundheit der RWE-Fußballer verantwortlich. Zudem gehörte er bis zuletzt dem Ehrenrat des Traditionsklubs an.

„Eiling engagierte sich vielseitig und über lange Zeit mit vollem Einsatz für RWE“, schrieb der Klub in einer Mitteilung. „Bei den rot-weissen Fußballern genoss der Mediziner einen hervorragenden Ruf.“ Eiling habe in „Höhen und Tiefen“ zum Verein gehalten und erlebte die Aufstiege 2004 und 2006 in die 2. Bundesliga hautnah mit. Im Spiel gegen den VfB Oldenburg am kommenden Sonntag liefen die Essener zu Ehren Eilings mit Trauerflor auf.

Dominik Hamers

Er lebte für Tischtennis

Winfried Stöckmann starb im Alter von 91 Jahren

Winfried Stöckmann ist im Juni im Alter von 91 Jahren gestorben. „Stöcki“, wie ihn seine Kolleginnen und Kollegen in der Lokalsport-Redaktion nannten, war über Jahrzehnte der Mann für den Tischtennissport. Wochenende für Wochenende, pünktlich und umfassend berichtete Winfried Stöckmann für WAZ und NRZ mit Leidenschaft über „seine“ Sportart. Unglaubliche 68 Jahre hatte er diesen Job gemacht und hörte erst auf, als er 89 Jahre alt war.

Durch sein unermüdliches Engagement hatte sich Stöckmann den Ruf erworben, einer der dienstältesten Tischtennis-Ehrenamtler in ganz Deutschland zu sein. Nach exakt 65 Jahren und 335 Tagen verzichtete er dann freiwillig auf das Amt des Pressewarts im Tischtennis-Kreis Essen. 1953 war er zum ersten Mal gewählt worden. Es war keine Eitelkeit oder überbordender Ehrgeiz, einen Altersrekord aufzustellen. Es war „die Lust zu schreiben und die Liebe zum Tischtennissport“, sagte Stöckmann. Und was das Schreiben anbelangt, da bezeichnete er sich als Autodidakt.

Wenn sich keine Mitstreiter fanden, stand er auch für mehrere Ämter gleichzeitig zur Verfügung, die er in seinem Verein DJK Adler Frintrop (heute Adler Union), dem Kreis Essen, dem Bezirk Ruhr und dem Westdeutschen Tischtennis-Verband bekleidete. Natürlich arbeitete er auch für den Deutschen Tischtennis-Bund (DTTB).

Ehrenpräsident Wilhelm Gäb sagte über „Stöcki“: „Winfried hat mich über sechs Jahrzehnte meines Tischtennis-Lebens begleitet, und ich habe selten einen Menschen kennengelernt, der mich mit seiner Liebe zu unserem Sport und seinem unbeirrbaren Gefühl für Anstand und Haltung im Sport und im Leben ähnlich beeindruckt hätte..“

Schaut man auf die Liste seiner Tätigkeiten, verliert sich der Blick, wann und wo er, in welcher Funktion agierte. Winfried Stöckmann war neben seinem Beruf als Industrie-Kaufmann in der Bergbau-Personalabteilung für den Tischtennissport immer da, wenn er gebraucht wurde. Zu seinem 90. Geburtstag erklärte er: „Der Beruf war vor allem zum Gelderdienen da. Im Hinterkopf war immer der Sport.“ Seine Passion für den Tischtennis bleibt unvergessen: Als Funktionär erhielt er eine Menge Auszeichnungen, Ehrennadeln und Plaketten in Gold und Silber. Im Jahr 2000 bekam er das Bundesverdienstkreuz am Bande überreicht.

Rolf Hantel

Winfried Stöckmann wurde 91 Jahre alt.

Er war „Mister ETB"

Heinz Hofer prägte bei den Schwarz-Weißen mehrere Jahrzehnte

Der ETB Schwarz-Weiß Essen trauert um seinen Ehrenvorsitzende Heinz Hofer, der im Alter von 85 Jahren gestorben ist. Hofer hatte die Fußballabteilung am Uhlenkrug über Jahrzehnte geprägt, DFB-Pokalsieg 1959, Rückzug aus dem Profigeschäft 1978, Beinahe-Insolvenz 2013 – all das hatte Hofer miterlebt und war das Gesicht dieses Traditionsvereins. Nicht von ungefähr tauften sie ihn dort „Mister ETB".

Heinz Hofer verlor schon in den 50er-Jahren sein Herz an den ETB, wurde 1956 Mitglied und kümmerte sich nach seiner aktiven Zeit als Spieler (Amateurmannschaft) um die Belange der Amateur-Abteilung. Als die Fußballer am 18. März 1974 eine eigenständige Abteilung im Verein gründeten, ging Hofer mit in die Verantwortung und rückte in den Vorstand auf, aus dem er fortan nicht mehr wegzudenken war.

In seiner Amtszeit lernten spätere Stars wie Oliver Bierhoff und Jens Lehmann beim ETB das Fußballspielen. 2019 musste er aufhören, weil die Gesundheit nicht mehr mitspielte. Hofer verzichtete damals freiwillig auf eine Kandidatur für ein Vorstandsamt. Aber die Spiele seines ETB besuchte er bis zum Schluss – sofern es die Gesundheit zuließ. Hofer hatte so manch brenzlige Situation gemeistert durch finanziellen und persönlichen Einsatz. 1999 verabschiedete er sich von den „Alten Herren" des ETB, für er viele Jahre so „nebenbei" gekickt hatte.

Zum Fußball-Profi hatte es nicht gereicht, dafür stieg er beruflich auf und wurde Chef des Essener Autohauses „Kahage". Seinem Engagement sei es zu verdanken gewesen, heißt es, dass die ETB-Familie mit der Errichtung eines Clubhauses (2000) wieder eine gesellschaftliche Heimat bekommen hat. 2007 wurde „Mister ETB" Ehrenmitglied, sechs Jahre später Ehrenvorsitzender. 2022 erhielt er die goldene Ehrennadel für seine 65-jährige Mitgliedschaft und für die Verdienste um den Essener Fußballsport die Bundesverdienstmedaille.

Es ist sehr fraglich, ob es am Uhlenkrug ohne ihn noch Oberliga-Fußball gäbe. Heinz Hofer war eine Persönlichkeit mit einem exzellenten Netzwerk. Vielleicht wären die Schwarz-Weißen ohne dessen unermüdliches Engagement irgendwann in den Niederungen des Essener Fußballs verschwunden.

Wie sehr er sich stets kümmerte, zeigt ein Zitat in der Festschrift zum 100-jährigen Jubiläum der Fußballabteilung: „Mein Leben teilt sich in vier Bereiche auf. Zur Hälfte gehört es der Firma, zu 25 Prozent dem Fußball, nur zu 15 Prozent der Familie und zu 10 Prozent dem Karneval." 26 Jahre lang war er Vorsitzender der „Ritter des Frohsinns", auch dort Ehrenvorsitzender.

2013 wendete der ETB die Insolvenz erst in letzter Minute ab. Hofer hatte zuvor bereits seinen Abschied angekündigt, kehrte aber schon 2014 wieder zurück. Aus Sorge um seinen ETB. Ans Aufhören konnte sich Heinz Hofer nur ganz schwer gewöhnen, auch wenn er selbst einmal klargestellt hatte: „Ich kann doch nicht mit 100 noch im Amt sein. Irgendwann ist auch Schluss!"

Rolf Hantel

Heinz Hofer feierte noch im Februar 2023 im Clubhaus am Uhlenkrug seinen 85. Geburtstag.

Titelverteidigung für Rot-Weiss Essen

Im Sportforum werden die Sportler des Jahres geehrt

Überraschend kam das nun wirklich nicht: Rot-Weiss Essen ist zur „Mannschaft des Jahres“ in Essen gewählt worden. Die Fußballer von der Hafenstraße hatten im Frühjahr – am 14. Mai nach 14 Jahren Regionalliga – ihre Fans erlöst und sind in die dritte Liga aufgestiegen. Gefühlt feierte damals die ganze Stadt, Rot-Weiss und Euphorie, wohin man schaute. Und weil es inzwischen nach einem holprigen Start auch in der dritten Liga fluppt, waren die Rot-Weissen natürlich favorisiert bei dieser traditionellen Abstimmung.

Denn RWE hat eine riesige Anhängerschaft. „Aber auch Frintrop ist groß“, hatte Sparkassen-Vorstandsmitglied und Gastgeber Oliver Bohnenkamp mal ganz nebenbei bemerkt, bevor er als Laudator bei dieser Kategorie den Zettel aus dem Umschlag fingerte. Rot-Weiss verteidigte den Titel, und Kapitän Daniel Heber durfte die kleine, aber ehrenvolle Trophäe erneut in Empfang nehmen.

Später machte die Runde, dass es beim öffentliche Voting, das im Vergleich zum Vorjahr mit rund 1700 Stimmen beträchtlich an Resonanz zugelegt hat, wohl nur ganz wenige Stimmen waren, die RWE den Sieg sicherten. Knapp dahinter: die Fußballer von Adler Union Frintrop. Die hatten als Bezirksligist für Furore gesorgt, waren ungeschlagen aufgestiegen (26 Siege, 2 Unentschieden), hatten zwei Oberligisten aus den Verbandspokal geworfen. Und aktuell stehen sie in der Landesliga schon wieder auf der Pole Position. Und das alles ohne großartig Geld für Verstärkungen auszugeben.

Trainer des Jahres: Marcel Cornelissen von Adler Union Frintrop mit Thorsten Flügel (Espo) und Moderator Björn Schüngel

Wachablösung für den ETB?
Immerhin schaffte es Frintrops Trainer Marcel Cornelissen auf Platz eins und ist „Trainer des Jahres“. Warum? Das spürten die rund 100 geladenen Gäste in der Sparkassen-Zentrale am Kennedyplatz schnell, als Cornelissen locker, flockig Rede und Antwort stand. Ob der Aufstieg in die Oberliga nun das Ziel sei? Abwarten, immer gemach. „Es ist sicher nicht unsere Pflicht, den ETB als Nummer zwei der Stadt abzulösen“, sagte der Sieger schmunzelnd. Und zum Thema Top-Trainer? „Ich bin auch nur so gut wie meine Jungs, die da sitzen. Ich mache da ein bisschen mit.“ Und ja, er müsse jetzt wohl zwei Runden schmeißen. „Drei!“ hallte es aus dem Auditorium von einem seiner Jungs, die nicht nur wegen ihrer grünen Trainingsjacken Farbe ins Spiel brachten. Also drei Runden, auch gut, ein bisschen Kneipe geht immer. Bodenständigkeit, Spaß und Zusammenhalt, das sind die wahren Trümpfe am Frintroper Wasserturm.

Bei KSV Rothe Mühle haben sie an diesem Abend womöglich am Rad gedreht. Der Kanupolo-Bundesligist ist zwar auf dem Wasser Erfolg gewohnt, aber diese nichtolympische Disziplin ist ja nicht gerade prädestiniert für Schlagzeilen. Nun aber: Jill Rutzen ist Essens „Sportlerin des Jahres“ und Lennart Unterfeld machte das Rennen bei den Männern. Beide spielen in der Nationalmannschaft, sind Welt-

Mannschaft des Jahres: Gastgeber Oliver Bohnenkamp (l.) mit Trainer Christoph Dabrowski, Sportdirektor Jörn Nowak, Routinier Felix Bastians und RWE-Kapitän Daniel Heber

meister und waren bei den World Games erfolgreich. Spitzenkräfte auf ihrem Gebiet.

Noch immer eine Lightversion

Und zu guter Letzt wurde Schwimmerin Nina Sandrine Jazy von der SG Essen als „Newcomer des Jahres“ ausgezeichnet. Sie gilt als große Hoffnungsträgerin im nationalen Schwimmsport, sie ist bereits Deutsche Meisterin (offene Klasse) über 50 Meter Freistil und Jugend-Europameisterin. Macht sich aber keinen großen Druck. Morgens um sieben zum Training, dann Schule, dann Krafttraining und schließlich Wasserarbeit. Alltag, alles ganz normal. „Sie ist die 50 Meter in 25,22 Sekunden geschwommen“, betonte Laudator Christian Keller und weiß das als ehemaliger Weltklasse-Schwimmer sehr wohl einzuschätzen. „Das sind zwei Meter pro Sekunde, da musst du am Rand schon joggen, um mitzuhalten.“

Schnell um waren auch die anderthalb Stunden beim Sparkassen Sportforum, das seit Jahren von Björn Schüngel moderiert wird. „Es ist aber immer noch eine Lightversion“, gibt Oliver Bohnenkamp zu. Vor Corona füllten rund 400 Gäste die Kassenhalle. Aber immerhin, in den beiden Jahren zuvor gab es wegen der Pandemie nur einen anonymen Livestream von diesem Treffen, bei dem auch stets die „Sportschau Essen“ offiziell vorgestellt wird.

Rolf Hantel

Sportler*innen des Jahres: Jill Rutzen und Lennart Unterfeld von KSV Rothe Mühle

Freibad Hesse spart Strom

Ruwa Dellwig und Stadt setzen auf Investitionen in Photovoltaikanlage

Die steigenden Energiekosten treffen auch die Schwimmbäder. Während andernorts Bäder bereits geschlossen wurden, geht Ruwa Dellwig im Freibad „Hesse" andere Wege. Der Verein, der das traditionsreiche Freibad am Rhein-Herne-Kanal seit 1985 als Pächter betreibt, konnte die Stadt Essen davon überzeugen, in das Bad zu investieren, um dadurch die Energiekosten deutlich zu senken.

So werden auf den Flachdächern der Gebäude, auf einem Teil der Liegewiese und am Zaun zum Rhein-Herne-Kanal hin Photovoltaik-Module installiert. Die elektrisch betriebene Wärmepumpe zur Beheizung des Schwimmerbeckens und die Schwimmbadtechnik können so künftig mit Solarstrom betrieben werden. Außerhalb der Freibadsaison versorgt die Anlage die Büroräume und das Sport- und Gesundheitszentrum mit Energie. Was zu viel produziert wird an Strom, wird ins Netz eingespeist. Nach Angaben der Sport- und Bäderbetriebe kann die Anlage pro Jahr bis zu 80.000 Kilowattstunden Strom erzeugen.

Damit nicht genug: Das 25-Meter-Becken erhält eine Kunststoffabdeckung. Diese soll verhindern, dass das Wasser zu schnell abkühlt. Der Wärmebedarf lässt sich laut Ruwa Dellwig so um 58 Prozent reduzieren, pro Jahr könnten allein dadurch 44.000 Kilowattstunden Strom eingespart werden.

Auch die Umwelt profitiert

Insgesamt sinkt der Strombedarf des Freibades von jährlich 300.000 Kilowattstunden durch die Investitionen in Photovoltaikanlage und Kunststoffabdeckung um 42 Prozent, was einer Einsparung von 124.000 Kilowattstunden entspricht. Auch die Umwelt profitiert. 52 Tonnen Kohlendioxid werden pro Jahr weniger ausgestoßen.

Das hat seinen Preis. Die Investitionskosten belaufen sich auf insgesamt 472.550 Euro, davon entfallen 300.000 Euro auf die Photovoltaikanlage. Der für Sport und Bäder zuständige Ausschuss des Stadtrates hat die finanziellen Mittel bereits freigegeben. „Die Beckenabdeckung wird vermutlich schon zur neuen Saison in Betrieb genommen werden können. Bei der PV-Anlage hoffen wir trotz der Lieferkettenproblematik auf eine Installation im vierten Quartal 2023", berichtet Josha Westkamp, Geschäftsführer von Ruwa-Dellwig.

Die Investition macht sich nach Rechnung der Verwaltung für die Stadt bezahlt. Die Stromkosten sinken bereits im ersten Jahr um 35.000 Euro. Der jährliche Zuschuss, den die Stadt an den Pächter Ruwa Dellwig zahlt, wird um diese Summe gekürzt. Die Sport- und Bäderbetriebe kalkulieren für die Photovoltaikanlage mit einer Laufzeit von 25 Jahren, die Schwimmbadabdeckung sollte 15 Jahre lang ihren Zweck erfüllen. Unterm Strich ließen sich über diesen Zeitraum rund 760.000 Euro einsparen. Sollten die Energiekosten weiter steigen, sogar mehr.

Marcus Schymiczek

Im Dellwiger Freibad „Hesse" soll das Schwimmerbecken künftig mit Solarstrom beheizt werden.

„Bitte keine zweite Wolfskuhle!"

Vereine leiden unter der langen Sperrung der Sporthalle am Erich-Kästner-Gymnasium

Vereinsmitglieder der MTG Horst aus den Abteilungen Basketball, Volleyball und Rhönradturnen stehen vor der Halle, die sie seit April 2021 nicht nutzen können.

Schon lange Zeit stehen Sportler der MTG Horst sprichwörtlich auf der Straße: Denn die Sporthalle an der Erich-Kästner-Gesamtschule ist seit 30. April 2021 geschlossen. „Lebensgefahr" steht an der Tür, vor der Volleyballer, Basketballer und Rhönradturner stehen – ohne jedes Verständnis.

„Die Halle ist aufgrund des fehlenden Prallschutzes und wegen Defekten am Sportboden gesperrt", erklärt Stadtsprecher Burkhard Leise. Im Rahmen der weiteren Untersuchung habe sich herausgestellt, dass weitere, gravierende Sicherheitsmängel vorliegen, weshalb die Halle bis auf Weiteres aus der Nutzung genommen werden musste.

Eiko Rümker ist nicht nur der Vorsitzende der MTG Horst, sondern hat auch selbst mehr als zehn Jahre lang in der Halle Volleyball gespielt. Nachfragen bei der Stadt, wie es weitergehen soll, hätten zunächst nichts gebracht. Dann hätten sie bei einem Ortstermin Anfang des Jahres erfahren, dass die Stadt nicht einmal mit den Planungen angefangen habe. „Das darf doch hier keine zweite Wolfskuhle werden", sagt der Vorsitzende mit Blick auf die Halle des Gymnasiums, die etwa zwei Jahre gesperrt gewesen ist – wohlwissend, „dass wir schon so weit sind".

Stadt muss beim Transport von Rhönrädern helfen

Es gebe einfach nicht genügend freie Hallen mehr, die die Stadt anbieten könne. Von fünf gesperrten weiß der Vorsitzende. Ein Lichtblick sei, dass die Halle der Helene-Lange-Realschule Mitte 2023 fertig werden soll. Aber da stünden auch andere Vereine auf der Matte. Selbst die Politik habe sich zwischenzeitlich eingemischt. Hinzu komme, dass sich etwa Rhönräder nicht mal eben mitnehmen ließen. Als die betroffenen Sportler dann übergangsweise beim Etuf untergekommen seien, habe die Stadt beim Transport helfen müssen, beschreibt Eiko Rümker und wünscht sich auch im Namen der Mitglieder, den aktuellen Stand zu erfahren.

„Der ursprüngliche Grund für die Sperrung der Halle war ein defekter Sportboden, der gravierende Risse und Löcher hatte, wodurch eine erhebliche Unfallgefahr bestand", blickt Burkhard Leise zurück. Im ersten Schritt sei geprüft worden, ob die Schwachstellen im Boden durch Ausbesserungen übergangsweise behoben werden könnten, um eine langfristige Sperrung zu verhindern. Hierfür sollte nur der Boden in Kombination mit einem ausreichenden Prallschutz an allen vier Wänden erneuert werden.

Die ermittelten Feuchtigkeitsschäden seien dann so umfangreich ausgefallen, dass mit der Erfahrung aus den Feuchtigkeitsschäden der Sporthalle Wolfskuhle, diese Arbeiten nicht zielführend gewesen wären. Insgesamt entstünde daraus ein Sanierungsumfang, der mehrere Monate dauern würde.

„Im Sommer 2021 wurden den von der Hallenschließung betroffenen Vereinen wie MTG Horst als Hauptnutzer, sofern ein Bedarf gemeldet wurde, entsprechende Ersatzzeiten zur Verfügung gestellt", sagt der Stadtsprecher.

Dominika Sagan

Verein holt Kinder von der Straße

Im Brennpunkt Hörsterfeld können sich Kinder vieler Nationalitäten bei der MTG Horst austoben

Stellt das Angebot der MTG Horst vor: der Vorsitzende des Vereins, Eiko Rümker

Zahlreiche Nationalitäten und Familien mit vielen Kindern: Auch das gehört zum Hörsterfeld wie mancher Polizeieinsatz. Ein Sportprojekt des Vereins „Märkische Turngemeinde Horst 1881" holt sechs- bis zehnjährige Kinder im Brennpunkt Hörsterfeld jetzt von der Straße. Zudem soll das Angebot verhindern, dass sie Haltungs- und Koordinationsschwächen bekommen oder übergewichtig werden.

Das Angebot macht der Verein mitten in Horst. Über 300 Grundschüler besuchen die Astrid-Lindgren-Schule am Lindkenshofer Weg. Die Turnhalle ist relativ geräumig und auch gut ausgestattet. Eiko Rümker, Geschäftsführer der MTG Horst: „Im Gegensatz zu anderen Hallen gibt es hier sogar große Weichbodenmatten." Eine entsprechende Ausrüstung sei wesentliche Grundlage zur Umsetzung des Erfolgskonzeptes „Horst bewegt sich". Und wie sie sich bewegen, die Kinder aus dem Hörsterfeld.

Der neunjährige Zand ist regelmäßiger Besucher des Angebotes: „Ich war schon zehnmal hier oder mehr. Alles gefällt mir gut, aber das Springen mache ich am allerliebsten." Die zehnjährige Sulaf ist von Anfang an dabei: „Das Trampolin gefällt mir richtig gut, ich kann sogar ein Rad schlagen darauf. Ich kann sehr viele Dinge." In zwei Blöcken von je anderthalb Stunden haben die Kinder genügend Zeit und Raum, um sich auszupowern.

Eiko Rümker weiß: „Länger könnten sie sich auch gar nicht konzentrieren. Das würde aus dem Ruder laufen." Hier gebe es ganz andere Probleme: „Wir sind erstaunt, wie viele Kinder ohne Sportschuhe ankommen. Sie haben schlicht und einfach keine."

Immer die nötigen Helferinnen und Helfer zur Verfügung stellen zu können, war vor allem in der Corona-Zeit eine Herausforderung: „Wir sind da anfangs sehr unterstützt worden von der Uni Duisburg-Essen. Jetzt schaffen wir das auch so. Die Betreuer kommen weitgehend aus unserem Pool an Übungsleitern. Heute sind auch zwei Jungs aus unserem Nachwuchs am Start", sagt Rümker.

Und sie: Hannah Decker hilft beim Klettern an der leicht schief gestellten Sprossenwand. Als Studentin fürs Lehramt Sport habe sich „Horst bewegt sich" für sie einfach angeboten. Aller Anfang sei aber auch in dem Viertel schwer: „In der ersten Stunde musste ich noch viel diskutieren mit den Kindern. Aber jetzt klappt's schon deutlich besser." Respekt müsse man sich im Hörsterfeld mitunter verdienen.

Nils Heuser hat ein Freiwilliges Soziales Jahr absolviert bei der MTG: „Nun mache ich eine Ausbildung als Lackierer." Da seien sportliche Einsätze gerade an den Wochenenden ein guter Ausgleich, findet er: „Bei solchen Aktionen helfe ich gerne mit oder im Fitnessclub der MTG." Die Arbeit mit den Kindern aus dem Quartier stelle schon eine Herausforderung dar: „Aber wir sind genügend Betreuer und alles ist bestens organisiert. Dann klappt das auch."

Daniel Henschke

1,8 Millionen Euro für neue Sportanlage

Flutkatastrophe: Konzept für Umbau am Eisenhammer

Die Flut im Juli 2021 hat auch der Sportanlage am Eisenhammer in Kupferdreh übel mitgespielt. Das Gelände soll für rund 1,8 Millionen Euro umgebaut werden. 1,1 Millionen Euro werden aus Mitteln der Hochwasserhilfe refinanziert.

Ein überflutetes Spielfeld, unterspülte Wege, eine verschlammte Drainage: Schon unmittelbar nach der Flutkatastrophe war klar, dass sich viele Schäden auf der Sportanlage im Deilbachtal nicht werden reparieren lassen. Betroffen war damals vor allem der Hockeyplatz des HTC Kupferdreh. Die damalige Kostenschätzung: rund 750.000 Euro.

Die SBE haben in Zusammenarbeit mit der Unteren Wasserbehörde der Stadt Essen nun verschiedene Szenarien für den Neu- bzw. Wiederaufbau des Hockeyplatzes geprüft und dabei insbesondere Kriterien der Nachhaltigkeit und des Hochwasserschutzes zugrunde gelegt.

Die wichtigste Änderung: Der durch die Flut beschädigte Kunstrasen-Hockeyplatz, der sich mitten im potenziellen Überflutungsbereich des Deilbachs befindet, soll an die Stelle des etwas höher gelegenen Tennenspielfeldes verlegt werden. Der Tennenplatz selbst wird derzeit vom Fußballverein VfL Kupferdreh genutzt und war 2021 vom Hochwasser nicht betroffen. Die geplante Verlegung bedeutet indes keinesfalls das Aus für die Mannschaften des VfL. Im Gegenteil: Auch zukünftig wird es zwei Sportvereine am Eisenhammer geben.

Um das sicherzustellen, soll der neue Kunstrasenplatz einen Belag erhalten, der für die Nutzung beider Sportarten – Hockey und Fußball – geeignet ist. Zudem sehen die derzeitigen Überlegungen ein weiteres, für den Trainings- und Spielbetrieb unbedingt erforderliches Kunstrasenkleinspielfeld sowie eine reine Trainingsfläche vor, die beide außerhalb des hochwasserrelevanten Bereiches liegen. Trotz der Reduzierung der Spielfelder, so das Fazit der Stadt, sei der Spiel- und Trainingsbetrieb „durch optimierte Zeiteinteilungen“ gesichert.

Von Vorteil sei hier die „gute und verlässliche Partnerschaft“ beider Vereine bereits in der Vergangenheit. „Dies wird auch sicherlich zukünftig so sein, wenn es um unsere gemeinsame sportliche Heimat geht. Und sicherlich war diese gute Zusammenarbeit und Partnerschaft auch ein Pluspunkt bei der Entscheidung für den neuen Eisenhammer.“

Dem stimmt Georg Wurm, erster Vorsitzender des HTC, zu: „Wir haben diese Lösung zusammen mit der Stadt erarbeitet; der Verein trägt den Vorschlag auf jeden Fall mit, und wir gehen davon aus, dass die neue Anlage unseren Anforderungen gut Rechnung tragen wird.“ Natürlich gebe es den verstärkten Abstimmungsbedarf mit dem VfL, „aber auch das wurde bereits besprochen. Insgesamt gesehen haben wir hier eine tolle Lösung für die Sportanlage“.

Tanja Weimer

Komplett überflutet: der Hockeyplatz im Juli 2021

„Haben die Chance, einmal groß zu denken"

Interview mit Sportdezernentin Simone Raskob zum geplanten Umbau des Grugabades

Das marode Grugabad soll nach jahrelanger Verschleppung endlich saniert werden. Nach dem Willen der Stadt soll das denkmalgeschützte Bad-Ensemble außerdem zum Ganzjahresbad umgebaut werden: Dafür will man das Nichtschwimmerbecken samt Elefantenrutsche überdachen. Der Rat hat den Auftrag gegeben, eine entsprechende Planung vorzubereiten. Die Arbeiten könnten nach diesem Fahrplan frühestens im Herbst 2025 starten. Sportdezernentin Simone Raskob beantwortet Fragen zum millionenschweren Projekt.

- **Frau Raskob, die Sanierungskosten für das Grugabad haben sich in den vergangenen Jahren auf 45 Millionen Euro verdreifacht. Nun will die Stadt das Freibad noch zum Ganzjahresbad machen, so dass die Kosten auf abenteuerliche 90 Millionen hochschnellen – warum?**

Da möchte ich an den Beteiligungsprozess im Jahr 2017 erinnern, für den der damalige Sportdezernent Andreas Bomheuer und Planungsdezernent Hans-Jürgen Best erstklassige Architekten gewonnen hatten. Der Ideenwettbewerb wurde von den Essenerinnen und Essenern sehr intensiv angenommen, die schon damals sagten: Dieser tolle Ort sollte nicht nur vier Monate im Jahr nutzbar sein, sondern zwölf. Wir als Fachverwaltung fühlten uns sehr motiviert, neben der Sanierung, die oberste Priorität hat, den Wunsch nach einem Ganzjahresbetrieb in den Blick zu nehmen.

- **Gewünscht haben sich die Bürger damals auch Looping-Rutschen, gehobene Gastronomie oder Sauna-Landschaften. Die Architekten schlugen eine Plaza vor, Hotelneubauten, ein hippes Quartier. Das auch von der Messe benötigte Parkhaus hätten sie gern gesprengt. Anders gesagt: Wünschen kann man ja viel, aber nichts von alledem soll nun umgesetzt werden …**

Das war damals in der Tat ein großer Sprung, doch mit der Machbarkeitsstudie 2020 wurden die städtebaulichen und sonstigen Extras kassiert und der Fokus auf den Sportbetrieb gelegt. Im Mai 2020 gab es zum möglichen Umbau in ein Ganzjahresbad dann einen – übrigens einstimmigen – Ratsbeschluss. Dieser wird von der Verwaltung umgesetzt.

- **Erst vor sechs Jahren wurde das großzügige Hauptbad geschlossen und als Ersatz das deutlich kleinere Thurmfeld-Bad gebaut. War da der Bedarf noch nicht absehbar?**

Das Thurmfeld ist meines Erachtens viel zu klein. Aber mit der Überdachung des Grugabades schaffen wir ja jetzt keine neue Wasserfläche, sondern nutzen eine vorhandene ganzjährig. Das ist betriebswirtschaftlich durchaus sinnvoll.

Mit dieser Animation veranschaulichte die Stadt Essen im Mai 2020, wir eine Überdachung des Kinderbeckens im Grugabad aussehen könnte.

Die Elefantenrutsche ist eines der Markenzeichen des Grugabades – und denkmalgeschützt.

- **Angenommen, das Ganzjahresbad würde gebaut, wie soll sich die enorme Investition amortisieren?**

Schwimmbäder sind wie die Kultur immer ein Zuschussbetrieb: Wenn Sie ins Aalto-Theater gehen, schießt die Stadt für Ihre Karte 50, 60 Euroz u. Bei einem Badbesuch sind es nicht ganz acht Euro. Beides sind Angebote, die zu einer lebenswerten Stadt gehören. Das Grugabad hat im vergangenen Jahr 1,6 Millionen Euro Betriebskosten verursacht und 173.000 Euro Erlöse erzielt. Eine Erweiterung des Badebetriebes von vier auf zwölf Monate könnte diese Bilanz verbessern…

- **… aber nie die Investitionskosten von 45 Millionen Euro einspielen.**

Das bestreite ich nicht. Doch wir haben jetzt die einmalige Chance, einmal gemeinsam groß zu denken. Dazu gehört auch, dass das Grugabad klimaneutral wird, mit Photovoltaik und Solarthermie.

- **Das Grugabad samt Sprungturm, Tribüne und Elefantenrutsche steht unter Denkmalschutz, wie wollen Sie der Denkmalpflege ein neues Bauwerk schmackhaft machen, das mitten in das Ensemble gesetzt wird und die Rutsche überwölbt?**

Wie so etwas gelingen kann, sieht man beim Stadionbad in Köln, das ebenfalls denkmalgeschützt ist und über einen Wettbewerb umgestaltet wurde. Wir haben die Denkmalbehörden von Anfang an einbezogen und erhoffen uns, dass gerade die denkmalrechtlichen Belange dazu führen werden, dass wir hier eine extrem hochwertige architektonische Lösung bekommen. Von dieser Qualitätssteigerung würde das Bad auch profitieren, wenn es nur die Generalsanierung geben sollte. Wir wollen hier ein Vorzeige-Bad in puncto Klimaneutralität, Sanierung – und Denkmalschutz.

- **Wie wäre es, die Kosten für eine Hallen-Konstruktion gleich ganz zu vermeiden?**

Ich persönlich bin auf das Ergebnis des Wettbewerbs Ende 2023 gespannt und hoffe auf eine hohe Gestaltungsqualität. Aber noch mal: Es gibt keine Vorentscheidung für ein Hallenbad, die Politik bleibt in ihrer Entscheidung völlig frei. Vielleicht sagt der Rat in einem Jahr: Wir stellen das Hallenbad für fünf Jahre zurück. Dann könnten bei der Sanierung aber schon Bauvorbereitungen für eine Überdachung erbracht werden; so würden unnötige Kosten vermieden. Sicher ist nur eines: Die Generalsanierung kommt – und zwar schnell, zügig und bald.

Interview: Christina Wandt und Frank Stenglein

Sport beschwört Zusammenhalt in Krisenzeiten

Erstmals seit 2020 kommt die Sportszene wieder zum Neujahrsempfang zusammen

Am Anfang ein Zweikampf, Mann gegen Mann, und am Ende eine Tanzgruppe, Hand in Hand: Mit diesen Showeinlagen war an auch ohne viele Worte bestens umrissen, worum es (nicht nur) im Essener Sport geht: um den fairen Wettstreit mit Sieg und Niederlage, um Einsatz und Teamgeist, das Gefühl von Gemeinschaft und die große Frage, wo – wenn nicht im Sport – noch eine derart verbindende Kraft für die Gesellschaft steckt. Ein Zusammenhalt, den Essens Sportbund (Espo) wie auch die städtischen Sport- und Bäderbetriebe nicht preisgeben mögen.

Der Neujahrsempfang im Congress-Center Ost der Messe bot dazu den richtigen Rahmen – endlich mal wieder, wäre hinzuzufügen, denn zuletzt gab es dieses Stelldichein der Sportsfreundinnen und -freunde, der Aktiven, Ehrenamtler und Sponsoren pandemiebedingt vor drei Jahren. Soll eben niemand glauben, Corona und Krisen, Krieg und Kostenexplosionen hätte mit ihnen nichts zu tun. Ganz im Gegenteil, glaubt Jochen Sander: Vielleicht, so der Espo-Vorsitzende, sei ja in all den spürbaren Trends zur Vereinzelung, in diesem selbstgenügsamen Leben inmitten von Blasen und Gruppen, der Sport so etwas wie die letzte Adresse, auf die sich all einigen können, „um miteinander im Gespräch zu bleiben".

Ehrenamtliche zahlen Vertrauen zurück

In Essen jedenfalls beschwören alle Beteiligten diesen Zusammenhalt, der andernorts keineswegs selbstverständlich ist – wenn etwa Turn- oder Sporthallen genutzt werden, um dort Flüchtlinge unterzubringen: „Wir konnten das bisher verhindern", sagt Oberbürgermeister Thomas Kufen, eine nicht ganz preiswerte Entscheidung, die er aber nach wie vor für richtig halte: Was dort investiert werde, „kriegen wir hundertfach von den Ehrenamtlichen zurück".

Etwa, wenn sich auf einen öffentlichen Aufruf auf Anhieb fast 100 Freiwillige melden, um als Schwimmassistenten in Grundschulen auszuhelfen. Wenn Vereine sich gezielt um ukrainische

OB Thomas Kufen – hier beim Neujahrsempfang des Sportbunds – sieht die Stadt als „verlässlicher Partner des Sports".

Positives Beispiel für den Zusammenhalt im Essener Sport: Claus Godehus ist einer der freiwilligen Schwimmassistenten.

Flüchtlinge kümmern, sich der Inklusion verschreiben oder sich auch heißen Eisen widmen wie der sexualisierten Gewalt in Vereinen. Kein einfaches Thema, betont Espo-Chef Sander. Aber im Sport wissen sie, dass sie sich auch den schwierigen Fragen stellen müssen: der Gewalt im Sport genauso wie dem Umstand, dass Sport im Verein zu treiben, eben „nicht mehr so sexy ist" wie früher. Und wie umgehen mit E-Sport? Mit dem wachsenden Mangel an Übungsleitern?

Espo weiß Stadt an seiner Seite

Immerhin weiß der Espo die Stadt und ihre Sport- und Bäderbetriebe an seiner Seite. Dass dies so bleibt, dass der Sport weiter seine große Integrationskraft behält, ohne auf Herkunft und finanzielle Möglichkeiten der Akteure zu schauen, dafür seien die Weichen gestellt, betont der OB: von kleinen Bauvorhaben wie neuen Umkleiden in den Stadtteilen bis zu großen Investitionen.

Fast 70 Millionen Euro steckt die Stadt bis 2026 in Vorhaben, darunter den Neubau des Borbecker Hallenbads und eine neue Regatta-Tribüne am Baldeneysee. Zudem soll es bald in jedem der neun Stadtbezirke eine Skater- und Parcours-Anlage geben, wovon ältere Kinder und Jugendliche profitierten. Sie brauchten solche Orte der Begegnung ohne Nutzungskonflikte, das habe die Corona-Zeit gezeigt, glaubt Kufen: „Wir sind keine Stadt, die Probleme immer mit Geld lösen kann", ergänzt er. Aber was auf städtischer Seite immer vorhanden sei: der gute Wille, die Verabredung zu mehr, und mindestens eine aufgezeigte Perspektive: „Wir sind verlässliche Partner des Sports".

Wolfgang Kintscher

Espo ehrt Bosak und Diekmann

Für ihre außerordentlichen Verdienste um den Essener Sport und ihren hohen persönlichen Einsatz hat der Sportbund Espo beim Neujahrsempfang zwei langjährige Aktive geehrt:

Horst Bosak, gelernter Starkstromelektriker und späterer Diplom-Sportlehrer, gilt als Pionier der Übungsleiter-Ausbildung und zeichnete vor 60 Jahren für das Deutsche Turnfest verantwortlich, das 1963 insgesamt rund 40.000 Sportlerinnen und Sportler sowie 30.000 Gäste in die Stadt zog.

Klaus Diekmann, einst selbst Mittelstreckenläufer, machte sich vor allem für die Leichtathletik in Essen verdient und gestaltete als CDU-Ratsherr über zwei Jahrzehnte die Sportpolitik in Essen mit.

Rolf Hantel

Sportvereine stellen sich einem Tabu

Sexuelle Gewalt im Sport: Präventionsprogramm in der Villa Hügel

Petra Fischer vom Essener Sportbund (Espo) berichtete nach einem Jahr Modellprojekt von ihren Erfahrungen.

Jan Hempel spricht von einem Rucksack, den er mit sich herumschleppte. Der frühere Weltklasse-Wasserspringer war über Jahre von seinem damaligen Trainer sexuell missbraucht worden. Hempel machte den Missbrauch öffentlich und warf damit ein Schlaglicht auf ein Tabu-Thema: sexuelle Gewalt im Sport.

Was bedeutet sexuelle Gewalt? Nicht immer müssen Übergriffe wie im Fall Hempel in Vergewaltigungen münden. Sexuelle Gewalt kann subtil sein. Ein Blick, ein Handgriff als Hilfestellung – gut gemeint oder doch getarnt? – an einer intimen Stelle ... Die Grenzen sind fließend. Das zu erkennen macht es schwierig für Sportler, Übungsleiter, Trainer und auch Offizielle.

Zehn Essener Sportvereine haben sich mit finanzieller Unterstützung der Alfried Krupp von Bohlen und Halbach-Stiftung dem Thema in einem Modellprojekt gestellt. Nach einem Jahr zog die Stiftung gemeinsam mit dem Essener Sportbund (Espo) und Beteiligten eine positive Bilanz.

„Was ist überhaupt sexuelle Gewalt?" Diese Frage galt es zu klären, berichtet Petra Fischer vom Espo. Die Antwort kann sehr individuell sein.

Die einen empfinden eine Berührung als Grenzüberschreitung, andere wollen in den Arm genommen werden, brauchen Trost und Aufmunterung, wenn die sportliche Leistung hinter den eigenen Erwartungen zurückgeblieben ist. Wie damit umgehen? In Vereinen gebe es eine große Unsicherheit, so Petra Fischer. Niemand wolle in einen falschen Verdacht geraten.

„Wir schauen genauer hin" – Jochen Sander, Espo-Vorsitzender

Mit dem Formulieren eines Ehrenkodex oder einer Satzung ist es nicht getan. Es gilt Vereine und Aktive zu sensibilisieren, damit es erst gar nicht zu Grenzüberschreitungen kommt. Der erste Schritt: Darüber reden. Die öffentliche Wahrnehmung sexueller Gewalt im Sport, aber nicht nur dort, hilft. „Wir schauen genauer hin", sagt Jochen Sander, Espo-Vorsitzender.

Das führt bestenfalls dazu, dass es gar nicht zu Übergriffen kommt. Welche Warnsignale gibt es? Wo finden Vereine Rat und Hilfe? Auch darum ging es in dem Projekt, das Anstöße geben will. So wird die MTG Horst, Essens mitgliederstärkster Breitensportverein, Übungsleiterinnen und Übungsleiter schulen.

Sensibilität sei auch bei Eltern gefordert, betont Petra Fischer. Ein Beispiel: Muss ein Vater, der sein Kind zum Schwimmunterricht bringt, auch unbedingt mit in die Umkleidekabine gehen?

Das Modellprojekt soll ein Anfang sein. Zehn weitere Vereine werden folgen, denn die Stiftung setzt ihre Förderung für ein weiteres Jahr fort, kündigte Vorstandssprecher Volker Troche an. 3000 Euro gibt es pro Verein. In der nächsten Runde soll die Perspektive von Kindern und Jugendlichen mehr im Fokus stehen, so Petra Fischer.

Marcus Schymiczek

25 Jahre Sport- und Gesunheitszentrum in Altenessen

Am Anfang war es um die „Alte Badeanstalt" gar nicht gut bestellt.

Der Erfolg des Sport- und Gesundheitszentrums (SGZ) in Altenessen war anfangs nicht so selbstverständlich, wie es heute erscheint. Um die ehrwürdige „Alte Badeanstalt" war es Anfang der 1990er Jahre nämlich gar nicht gut bestellt. Der Rat der Stadt hatte sogar beschlossen, das Bad und dort eine Markthalle entstehen zu lassen. Der Plan scheiterte. Was für ein Glück. Im August feierte das Sport- und Gesundheitszentrum sein 25-jähriges Bestehen.

Schon seit den Anfangstagen dabei ist Mathilde Nerlich. Sie schwitzt im SGZ, um fit zu bleiben: „Ich nutze den Reha-Bereich und gehe zur Aquapower. Das Schwimmbad ist für mich ein ganz wichtiges Argument." Die Bottroperin war Krankenschwester im benachbarten Marienhospital und blieb dem SGZ verbunden: „Ausgebildete Kräfte beraten mich bestens, damit ich mir im Alter Stabilität erhalte und klarkomme. Die Atmosphäre ist sehr entspannt hier und nicht so schickimicki. Ich möchte es nicht missen."

Geschäftsführer Arndt Zengerle berichtet: „Als ich 1999 übernahm, fand ich ein Haus mit viel Potenzial, aber relativ dünner Auslastung vor. Wir hatten 150 Mitglieder im kleinen Fitnessclub unterm Dach und 200 Kursteilnehmer, neben dem alten Schwimmbad zwei Sporträume und einen Raum zur Kinderbetreuung." Zwei feste Mitarbeiter, zwei aus Arbeitsbeschaffungsprojekten, zwei Schwimmmeister und drei Minijobber für die Reinigung wuppten das Ganze.

Ganz anders heute, sagt der Geschäftsführer: „Heute haben wir 30 Mitarbeiter, davon zwölf in Vollzeit, die sich um 800 Mitglieder im Fitnessclub sowie 1500 Kursteilnehmer und Rehasportler kümmern. Wir haben das inzwischen grundrenovierte Schwimmbad, dazu zwei Sporthallen, einen 350 Quadratmeter großen Fitnessclub inklusive Sporttherapie und Saunapark, Massageraum, Fußpflege und den ersten Essener Gesundheitskiosk im Eingangsfoyer." Kundenkommunikation sei das A und O hier im SGZ. Deshalb sei auch ein hoher Personalstamm vonnöten.

Von Beginn an wurde das SGZ begeistert aufgenommen im Stadtteil. Als es Rauin 1999 nach Schleswig-Holstein zog, übernahm Arndt Zengerle. Der Diplomsportlehrer erinnert sich: „Der Vorstand hat mich machen lassen und vieles möglich gemacht. Wir hatten immer auch die medizinischen Aspekte im Auge. Früh gab es Präventionskurse, im Grunde war ‚Medical Fitness' von Beginn an unsere Marke." Der hohe Anteil an Reha-Patienten sei wohl einmalig in Essen. Aber trotzdem werde der Fitnessbereich nicht vernachlässigt: „Die Sauna war dann für viele das i-Tüpfelchen." Das Schwimmbad bleibe unersetzlich fürs Frühschwimmen und Schwimmkurse: „Damit sind wir auch Zuspieler für die Schwimmvereine."

Daniel Henschke

Arndt Zengerle ist Geschäftsführer des Altenessener Sport- und Gesundheitszentrums

Die Besten in Essen

Stadt zeichnet rund 200 Sportlerinnen, Sportler und Sportvereine bei der Sportmeisterehrung aus

Im Rahmen der städtischen Sportmeisterehrung werden Sportlerinnen und Sportler mit einer jährlich wechselnden Ehrengabe und einer Urkunde über ihre hervorragenden sportlichen Leistungen ausgezeichnet für:

... Teilnahme an Olympischen Spielen, Special Olympics National Games, Deaflympics
... einen 1., 2. und 3. Platz bei Welt- und/oder Europameisterschaften,
... die Erringung einer Deutschen und/oder Internationalen Deutschen Meisterschaft.
... Außerdem Sportlerinnen und Sportler, die mit dem Silbernen Lorbeerblatt durch den Bundespräsidenten ausgezeichnet wurden.

Diese Kriterien gelten sowohl für die Elite- und Leistungsklasse als auch für die Junioren-, Jugend- und Schülerklassen.

Die begehrten Trophäen

Ehrungskomitee:

- Oberbürgermeister Thomas Kufen
- Ratsherr Michael Schwamborn, Vorsitzender des Ausschusses für die Sport- u. Bäderbetriebe Essen

DIE GEEHRTEN

Schwimmen:

Ehrung der Jugend-, Junioren- und Schülerbesten

SC Aegir Essen 1908 e. V.
1. Leon Fredrik Schmidt (Deutscher Junioren-Kurzbahnmeister über 400 m Lagen)

Essener Schwimmverein 1906 e. V.
1. Carolina Guerra Gonzalez (Deutsche Jahrgangsmeisterin Mehrkampf)

Polizeisportverein Essen 1922 e. V.
1. Bastian Asmann (Deutscher Jahrgangsmeister im Mehrkampf)
2. Laura Sophie Kohlmann (Deutsche Jahrgangsmeisterin über 100 m Brust)
3. Luke Sebastian Zabel (Deutscher Jahrgangsmeister über 200 m Schmetterling)

Polizeisportverein Essen 1922 e. V.
1. Jamelia Drumm
2. Lea Kaiser

Essener Schwimmverein 1906 e. V.
1. Karla Heßmann
2. Janne Niederste-Hollenberg
1. Zara Selimovic
2. Cleo Hentschke (und zweifache Deutsche Jahrgangsmeisterin über 50 m und 200 m Freistil)
1. Fee Lukosch (und Deutsche Jahrgangsmeisterin über 100 m Schmetterling)

Die Startgemeinschaft Essen erhält eine Mannschaftsurkunde für den Gewinn der Deutschen Mannschaftsmeisterschaften B-Jugend.

Ehrung der Deutschen Juniorensprintmeister und Sprintmeisterinnen der 15/16-jährigen

Rudern:

Essen Werdener Ruder-Club von 1896 e. V.
1. Jodie Ferguson (Deutsche Juniorensprintmeisterin der 15/16jährigen im Mixed-Doppelvierer)
1. Jannik Elsner (Deutscher Juniorensprintmeister der 15/16jährigen im Mixed-Doppelvierer und Deutscher Jahrgangsmeister U17 im Achter)
1. Jonas Frommhold (Deutscher Juniorensprintmeister der 15/16jährigen im Mixed-Doppelvierer und Deutscher Jahrgangsmeister U17 im Achter)

Es folgen die Deutsche Juniorensprintmeisterinnen der 15/16 jährigen im Achter mit Steuerfrau
1. Kathleen Bartkowiak

Ruderklub am Baldeneysee
1. Mia Heseding
2. Maleah Lensing

ETuF Essen
1. Mirjam Borzymski

Kettwiger Rudergesellschaft von 1906 e. V.
1. Johanna Preuß
2. Nadja Möllering (und Deutsche Juniorensprintmeisterin der 15/16jährigen im Vierer mit Steuerfrau)
3. Pia Riethmüller (und Deutsche Juniorensprintmeisterin der 15/16jährigen im Vierer mit Steuerfrau)
4. Lotte Martin (zudem zweifache Deutsche Juniorensprintmeisterin der 15/16jährigen im Vierer mit Steuerfrau und im Mixed-Doppelvierer)
1. Julia Stoeber (zudem zweifache Deutsche Juniorensprintmeisterin der 15/16jährigen im Vierer mit Steuerfrau und im Mixed-Doppelvierer)
1. Lilli Fischer (Deutsche Juniorensprintmeisterin der 15/16jährigen im Vierer mit Steuerfrau)

Gehörlosensport:

GTSV 1910 e. V.:
1. Sara Pufhan (Deutsche Juniorenhallenmeisterin in der Leichtathletik über 50 m Sprint)
2. Camilo Seipke (Vierfacher Deutscher Juniorenmeister in der Leichtathletik im 100 m Sprint, im 200 m Lauf, im Weitsprung und im Kugelstoßen (5 kg))

3. Milla Zerebcov (Zweifache Deutsche Juniorenmeisterin U14 in der Leichtathletik im 75 m Sprint und im Weitsprung sowie zweifache Deutsche Juniorenhallenmeisterin U14 in der Leichtathletik im 60 m Lauf und im Weitsprung)
1. Leon Zagragja (Bronzemedaillengewinner bei der Europameisterschaft U19 im Beachvolleyball)
Es folgen fünf Einzelsportlerinnen und Sportler

Cobigolf:
1. Essener Cobigolf-Club Blau-Gold e. V.
29a. Wiebke Peithmann (Deutsche Schülermeisterin)

Eiskunstlauf:
Essener Jugend-Eiskunstlauf Verein e. V.
1. Julia Grabowski (Deutsche Nachwuchsmeisterin)

Ringen:
TV Essen-Dellwig 1893 e. V.
1. Moritz Theodor Barth (Deutscher B-Jugendmeister/Freistil bis 62 kg)

Segeln:
ETuF Essen-Segelriege
1. Clara Sigge (Vize-Europameisterin/Bootsklasse Optimist A)

Fußball:
Sportgemeinschaft Essen-Schönebeck 19/68 e. V.
1. Lily Reimöller (U17 Juniorinnen Europameisterin mit der deutschen Nationalmannschaft)

Kanupolo:
Kanusportverein Rothe Mühle e. V. Essen 1924:
Es folgen die Gewinner*innen der Deutschen Schülermannschaftsmeisterschaft im Kanupolo
1. Ben Armbruster
2. Kevin Cox
3. Silas Niemeyer
4. Lia Sophie Pabst
5. René Marco Richter
6. Miles Sharp
7. Noa Lotte Stratmann
8. Kjell Winter
9. Louis Wolff
10. Lasse Zander
Der KSV Rothe Mühle 1924 e. V. erhält eine Mannschaftsurkunde für den Gewinn der Deutschen Schülermannschaftsmeisterschaft.

Kanurennsport:
Kanusport-Gemeinschaft Essen e. V.
1. Jonas Borkowski (Junioren-Europameister und Bronzemedaillengewinner bei der Junioren-Weltmeisterschaft jeweils im Zweierkajak über 500 m)
2. Enja Rößeling (Junioren-Europameisterin und Junioren-Vizeweltmeisterin jeweils im Einerkajak über 1.000 m)

Ehrung der Elite- und Leistungsklasse

Ehrung der Sportlerinnen und Sportler der Elite- und Leistungsklasse, die ebenfalls mit einer Urkunde und einem Glasframe mit Gravur für hervorragende sportliche Leistungen ausgezeichnet werden:

Polizeisportverein Essen 1922 e.V
1. Cedric Büssing (Deutscher Meister über 400 m Lagen)
1. Philipp Peschke (Zweifacher Deutscher Meister über 4 × 100 m und 4 × 200 m Freistil-Mixed sowie Deutscher Jahrgangsmeister über 100 m Schmetterling)
Es folgen die Deutschen Meisterinnen der 4 × 100 m Freistilstaffel
1. Julianna Dora Bocska (und Deutsche Jahrgangsmeisterin über 50 m Freistil)
2. Nina Sandrine Jazy (zudem Deutsche Meisterin über 4 × 200 m Freistil – Mixed sowie Deutsche Jahrgangsmeisterin und Jugendeuropameisterin über 50 m Freistil)

Essens Oberbürgermeister Thomas Kufen

Essener Schwimmverein 1906 e. V.:
1. Lisa Höpink (und Deutsche Meisterin über 4 × 100 m Freistil-Mixed SC Aegir Essen 1908 e. V.)
2. Rosalie Kleyboldt (und Deutsche Meisterin über 4 × 200 m Freistil-Mixed Ebenfalls vom SC Aegir Essen 1908 e. V.)
3. Benjamin Atmar (Deutscher Meister über 4 × 100 m Freistil-Mixed)
TV Eintracht Frohnhausen
1. Taras Teslenko (Deutscher mit der 4 × 200 m Freistil-Mixed Staffel)
Die erfolgreichen Sportlerinnen und Sportlern aus den verschiedenen Bereichen des Gehörlosensports.
GTSV 1910 e. V.:
1. Olaf Plettenberg
2. Marvin Beer (und Deutscher Jugendmeister im Outdoor-Kartrennen/Einzel)
Es folgen zwei Deutsche Meister im Indoor-Kartrennen in der Schwergewichtsklasse der Herren
1. Deniz Boyaci
2. Stefan Reiz
Die Europamannschaftsmeister und -meisterinnen im Kartrennen
1. Juliane Heine
2. Markus Warnebier
3. Alexandra Merkel (zudem Europameisterin im Kartrennen/Einzel und Zweifache Deutsche Meisterin im Indoor-Kartrennen/Einzel und Outdoor-Kartrennen/Team-Mixed)
Ebenso regelmäßig vertreten: Die Fußballerinnen des GTSV 1910 e. V.: Die Deutschen Meisterinnen im Kleinfeldfußball
1. Claire Alfes
2. Marcellina Bräcker
3. Julia Christ
4. Laura Hoffmann
5. Stefanie Krausen
6. Jana Rerich
7. Clarissa Toma
8. Adelina Worseck
9. Amanda Wysocka
Es folgen die Deutschen Meister im Kleinfeldfußball
1. Boris Bovermann
2. Luca Ballmann
3. Melik Barut
4. Alexander Gaul
5. Dennis Karczewski
6. Eric Niekamp
7. Soufian Nouali
8. Dennis Oberdörfer
9. Alexander Peters
10. Joel Wansi
11. Danny Weber

12. Marc Christ (zudem Teilnehmer der Deaflympics in Caxias do Sul)
Der GTSV 1910 e.V. erhält zwei Mannschaftsurkunden für den Gewinn der Deutschen Kleinfeldmeisterschaft der Herren und der Frauen.
Diese Spieler haben als Mitglieder des Nationalkaders an den Deaflympics in Caxias do Sul teilgenommen
1. Marcel Rekus
1. Joshua Füner
Sowie drei Einzelsportler des GTSV 1910 e.V.
1. Johannes Behr (Deutscher Meister im Tennis/Doppel)
2. Hannah Peters (Dreifach Deutsche Meisterin in der Leichtathletik, im 100 m Sprint, im 200 m Lauf und im Kugelstoßen (4 kg) zudem zweifache Deutsche Hallenmeisterin im 6 m Lauf und im Kugelstoßen und Teilnehmerin an den Deaflympics in Caxias do Sul)

Die artistische Einlage gehört zum festen Programm bei der Sportmeisterehrung

1. Thomas Eller (Teilnehmer an den Deaflympics in Caxias do Sul)

Motorsport:
Motorsportclub Blaugelb-Essen e. V.:
1. Maximilian Beer (Deutscher Langstrecken-Meister im Indoor-Kartrennen) – Team Wertung GTR

Eiskunstlaufen:
Essener Jugend-Eiskunstlauf Verein e. V.:
1. Nicole Schott (Deutsche Meisterin und Teilnehmerin an den 24. Olympischen Winterspielen in Beijing)

Segeln:
Betriebs-Sport-Gemeinschaft Stadtwerke Essen AG e. V.:
1. Hauke Weber (Deutscher Meister in der Conger Klasse)

Apnoetauchen:
Deutscher Unterwasserclub Essen e. V.
89a. Jennifer Wendland (Gold-, Silber- und Bronzemedaillengewinnerin bei der WM im Apnoetauchen in den Disziplinen Constant Weight Monofin, Constant Weigth Bifins und Constant No-Fins)

Cobigolf:
1. Essener Cobigolf-Club Blau-Gold e. V.
1. Mario Barke
2. Dustin Raffler
3. Konrad Peithmann
4. Günther Reinhardt
5. Jan Peithmann (zudem Deutscher Junioren Meister)
Der 1. Essener Cobigolf-Club Blau-Gold e. V. erhält dafür eine Mannschaftsurkunde.
Im Sommer 2022 haben die Special Olympics National Games in Berlin stattgefunden. Drei Essener Vereine haben von dort Goldmedaillen mitgebracht
DJK Franz-Sales-Haus e. V.
1. Franz-Josef Pünzeler (Gewinner der Goldmedaille im Schwimmen über 25 m Freistil)
Lebenshilfe Essen e. V.
1. Lawrence Willschrei (Gewinner der Goldmedaille im Judo Gewichtsklasse bis 73 kg)
2. Wolfram Willschrei (Gewinner der Goldmedaille im Judo Gewichtsklasse bis 81 kg)
Gewinner der Goldmedaille im Handball
ETB Schwarz-Weiß Essen Handball e. V.
1. Tobias Bals
2. Christian Bauer
3. Cansin Bulut
101 Gordon Groß
102. Björn Manner
103. Shembo Okalo
104. Houssein Omeirat
105. Adnan Sankari
106. Cedric Stratmann
107. Abu Thiele
108. Maximilian Tornow
109. Paul Luca Wagner
110. Luke Wolanewitz
111. Thomas Zajac
112. Mohammed Ziban
Die Mannschaft des ETB Schwarz-Weiß Essen Handball e. V. erhält für den Gewinn der Goldmedaille bei den Special Olympics National Games eine Mannschaftsurkunde.
Tennisclub Bredeney e. V.
102. Antonia Balzert
103. Irina Bara
104. Mihaela Buzarnescu
105. Indy de Vroome
106. Anna-Lena Friedsam
107. Katharina Gerlach
108. Barbara Haas
109. Katharina Hobgarski
110. Mina Hodzic
111. Tatjana Maria
112. Mandy Minella
113. Jule Niemeier
114. Bernarda Pera
115. Laura Siegemund
116. Stefanie Vögele
117. Stephanie Wagner

9er Flagfootball
Assindia Cardinals e. V.
Die folgende Mannschaft, bestehend aus Sportlern und einer Sportlerin ist Deutscher Meister im 9er Flagfootball geworden.
102. Kevin Bannert
103. Marius Belina
104. Christoph Bludau
105. Philipp Bogda
106. Julia Bujok
107. Wilfried Buss
108. Martin Chromik
109. Anthony Clarke
110. Maximilian Döink
111. Gordon Freundlieb
112. Michael Füth
113. Jean-Pierre Gartzke
114. Christian Gohl
115. Max Goldstein
116. Ruben Hazebrouk
117. Conny Heinrichsmeyer
118. Dominik Kodzoman
119. Lion Kurth
120. Benjamin Küppers

121. Michael Larem
122. Axel Mandla
123. Florian Münker
124. Sascha Napiontek
125. Mark Ortmann
126. Daniel Pilz
127. Maximilian Richert
128. Laslo Rottmann
129. Mathias Rudde
130. Magnus Schlicht
131. Franziskus Schmitz
132. Lutz Schneider
133. Torsten Scholl
134. Benjamin Schütz
135. Simon Sikorski
136. Nico Stacks
102. Tim Stacks
103. Jannik Strackbein
104. Florian Tenelsen
Die 9er Flagfootball-Mannschaft des Assindia Cardinals e. V. erhält für den Gewinn der Deutschen Meisterschaft eine Mannschaftsurkunde.

Skaterhockey:
ESC Moskitos Essen Skaterhockey e. V.
Robin Dambacher (Deutscher Pokalsieger)
105. Mika Gleixner
106. Fabian Lenz (Gewinner des Europapokals der Pokalsieger)
Die folgenden Spieler sind sowohl Gewinner des Deutschen Pokals als auch Gewinner des Europapokals der Pokalsieger.
102. Daniel Breves
103. Florian Breves
104. Sebastian Bürgers
105. Jona Dannhöl
106. Dominic Doden
107. Marvin Frenzel
108. Fabian Hegmann
109. Benedikt Hüsken
110. Raphael Kerkhoff
111. Joachim Könning
112. Florian Pompino
113. Kevin Porsch
114. Enrico Saccomani
115. Alexander Weiss
116. Sebastian Schneider (zudem Europameister im Inlineskater-Hockey mit der Deutschen Nationalmannschaft)
Die Mannschaft der ESC Moskitos Essen Skaterhockey e. V. erhält zwei Mannschaftsurkunden.

Rudern
Ruderriege TVK 1877 Essen-Kupferdreh
102. Laura Kampmann (Hochschul-Europameisterin im Einer Kettwiger Rudergesellschaft von 1906 e. V.)
103. Lene Mührs (Bronzemedaillengewinnerin bei der U23 WM im Achter und zweifache Deutsche Jahrgansmeisterin im Vierer mit Steuerfrau und im Achter)
102. Lena Siekerkotte (Bronzemedaillengewinnerin bei der U23 WM im Doppelvierer und zweifache Deutsche Jahrgansmeisterin im Doppelzweier und -vierer)
102. Lea Schneider (Silbermedaillengewinnerin bei der U23 WM im Leichten Doppelzweier und Deutsche Jahrgangsmeisterin im Leichten Doppelzweier)
Ruderriege ETuF Essen e. V.
102. Luisa Neerschulte (Vize-Europameisterin im Coastal Rowing und Deutsche Meisterin im Rudern-Vierer)
103. Mohamed Taieb (Weltmeister im Coastal Rowing-Einer und Vize-Weltmeister im Einer im Rowing Beach Sprint)
Diese Kanupolo-Spielerinnen und -spieler sind Welt- und Vizeweltmeister mit der deutschen Nationalmannschaft geworden:
Kanusportverein Rothe Mühle Essen e. V. 1924
102. Anabel Wolff
Kanugesellschaft Wanderfalke Essen e. V.
102. Tom Armbruster
Kanusportverein Rothe Mühle Essen e. V. 1924
102. Jill Rutzen (zudem Silbermedaillengewinnerin bei den World Games)

Die 9er Flagfootball-Mannschaft der Assindia Cardinals

102. Lennart Unterfeld (zudem Goldmedaillengewinner bei den World Games und ausgezeichnet durch den Bundespräsidenten mit dem Silbernen Lorbeerblatt)
Kanugesellschaft Wanderfalke Essen e. V.
102. Hilke Sophie Vogt (zudem Silbermedaillengewinnerin bei den World Games mit der deutschen Nationalmannschaft)
102. Jonas Gauselmann (zudem Goldmedaillengewinner bei den World Games und ausgezeichnet durch den Bundespräsidenten mit dem Silbernen Lorbeerblatt)

Kanurennsport:
Kanusport-Gemeinschaft Essen e. V.
Zwei Deutsche Meisterinnen im Viererkajak über 500 m
102. Rosa Deinert
103. Katharina Köther
104. Caroline Arft (zudem Bronzemedaillengewinnerin bei der WM im Mixed-Zweierkajak über 500 m)
Deutsche Meister im Viererkajak über 1.000 m
102. Yannik Pflugfelder
103. Nico Paufler (zudem Silbermedaillengewinner bei den World Games mit der Deutschen Nationalmannschaft im Einerkajak Kurzdistanz-Marathon und zweifacher Studenten-Weltmeister im Einer- und Zweierkajak, jeweils über 1.000 m)
Europameister und erfolgreichen WM-Teilnehmer
102. Tobias-Pascal Schultz (zudem noch Deutscher Meister im Zweierkajak über 200 m und 500 m sowie Bronzemedaillengewinner bei der Weltmeisterschaft im Mixed Zweierkajak Über 500 m und Europameister im Viererkajak über 1.000 m)
102. Max Rendschmidt (zudem Deutscher Meister im Zweierkajak über 200 m und 500 m und im Einer über 5.000 m sowie Vize-Weltmeister und Europameister im Viererkajak über 500 m)
Ausnahmesportlerinnen auf Vorschlag des Oberbürgermeisters
102. Monika Hußmann (Vizeeuropameisterin im Tischtennis Doppel In der Altersklasse Ü70)
103. Ruth Schneider (Europameisterin im Tischtennis Doppel Und Bronzemedaillengewinnerin bei der Europameisterschaft im Tischtennis Einzel Jeweils in der Altersklasse Ü80)
104. Frauke Hohlbein (Weltmeisterin im Fechten in der Altersklasse Ü60)

Acht Titel bleiben am Niederrhein

Tennis: Turnier in Bergeborbeck litt bei der neunten Auflage an den geringen Meldezahlen

Neunte Auflage der „German Masters Indoors“ im TVN Tennis-Zentrum. Nach zwei Jahren der „Corona-Abstinenz“ kam es zu einer Neuauflage des ITF-Turniers MT700/ DTB S-1 in Europas größter Tennishalle an der Essener Hafenstraße. Erstmals übernahm der Tennisverband Niederrhein die Ausrichtung in eigener Regie.

Zunächst wurde die Veranstaltung 2008 in Wegberg (Kreis Heinsberg) mit bescheidenen 92 Meldungen aus der Taufe gehoben. Waren in den letzten Jahren noch über 500 Teilnehmer am Start, hatten in diesem Jahr rund 280 Akteure gemeldet. Ein Umstand, der dazu führte, dass die Sieger in einigen Altersklassen mangels „Masse“ in der Round Robin (Kästchenmodus) ermittelt werden mussten. Erstmals wurden auch die Altersklassen 30, 35 und Herren 85 ausgespielt.

Die TVN-Präsidentin Sabine Schmitz war mit dem ersten organisatorischen Aufschlag des Verbandes zufrieden: „Die Verbandstrainer und das Sportbüro haben die Veranstaltung problemlos über die Bühne gebracht. Mit den Meldezahlen konnten wir natürlich nicht zufrieden sein. Ein Grund war, dass die ITF den Meldeschluss um eine Woche nach vorn verlegte und die ausländischen Spieler davon nicht zeitnah unterrichtete.“

Mit Ergebnissen der Niederrhein-Vertreter konnte die Präsidentin dagegen zufrieden sein. In den Einzeln feierten zwei Damen und sechs Herren den Turniersieg. Hinzu kamen noch sieben zweite Plätze. Für einen Erfolg war die Sportwartin des Etuf selbst verantwortlich. Im vereinsinternen Finale setzte sie sich gegen die Holländerin Karien Theeuwes nach einem 2:4-Rückstand im zweiten Satz mit 6:2, 7:6 durch.

Die gesamte Welt wollte Reinhilde Adams nach ihrem Finalsieg in der AK 70 gegen die vierfache Weltmeisterin und hohe Favoritin Heidi Eisterlehner von Waldau Stuttgart umarmen: „Ich bin überglücklich über diesen Erfolg“, strahlte die Welt- und Europameisterin der letzten beiden Jahre, die ebenfalls in den Diensten des Regionalligisten Etuf steht.

Eine positive Reaktion kam auch aus Oslo. Detlef Born, der bei den Herren 80 im Consolations-Endspiel dem Bredeneyer Jürgen Kehr mit 6:7, 4:6 unterlag, meldete sich per Mail bei minus zehn Grad und reichlich Schnee aus Norwegen und bedankte sich für die freundliche Turnierleitung.

Einen weiteren Titel für die Essener Teilnehmer feierte Paul Schulte nach seinem Wechsel zum TC GW Stadtwald in der AK 70 mit 6:4, 6:3 gegen seinen langjährigen Trainingspartner und Dauerkonkurrenten Joachim Zöller von TC Babcock Oberhausen, mit dem er auch das Doppel gewann.

Die weiteren TVN-Titelträger: Mirco Timm (BW Elbefeld), Mathias Huning (BW Remscheid), Marc Pradel (GW Ratingen), Thomas Wagenaar (DSD Düsseldorf), Hans-Joachim Singhoff (Stadtwald Hagen).

Dieter Meier (†)

Rückstand aufgeholt: Sabine Schmitz (rechts) besiegte bei den Damen 65 Karien Theeuwes.

Der TC Bredeney schafft etwas Historisches

Nach dem Titelgewinn bei den Frauen werden auch die Männer Deutscher Meister

Das hat man so auch noch nicht gesehen: Die gestandenen Tennisprofis des TC Bredeney hüpften gemeinsam im Kreis um Torsten Rekasch herum und feierten den mit Sekt geduschten Sportdirektor des Essener Bundesligisten. „Es gibt nur einen Torsten Rekasch …“ Der TCB hatte nach dem 5:1-Erfolg beim FTC Palmengarten in Frankfurt den Titel bereits vor dem letzten Spieltag sicher. Wie die Frauen sind auch die Männer vom Zeißbogen nun Deutscher Meister. Und dieses Double ist tatsächlich einzigartig in der Bundesliga-Geschichte – ein historischer Erfolg.

Einzige Niederlage im letzten Spiel gegen Absteiger Neuss

„Was der TC Bredeney in diesem Jahr erreicht hat, ist einmalig. Ich gratuliere den Spielern, dem Teamchef Torsten Rekasch und allen Beteiligten zu diesem Erfolg“, sagte Nico Weschenfelder, DTB-Vizepräsident für Wettkampfsport. Dass die Bredeneyer zwei Tage später beim Heimspiel ausgerechnet gegen Absteiger BW Neuss die einzige Saisonniederlage (2:4) kassierten, ist pures Zahlenwerk ohne Wert.

Auch das ein Zeichen, dass es dem TCB gelungen ist, aus den Solisten eine Mannschaft zu formen. Aber die Strategie des TCB, auf deutsche Spielerinnen und Spieler zu setzen, hat sich ausgezahlt. „Der Titel ist eine Bestätigung dafür, dass wir die richtige Mischung gefunden haben“, sagt Rekasch. „Und uns ist es gelungen, zum entscheidenden Zeitpunkt die richtigen Leute auf den Platz zu kriegen.“

Ungewöhnliche Vertragspolitik

In Bredeney ist eine Gemeinschaft gewachsen, die auch in der kommenden Saison angreifen wird. Denn ein weiterer cleverer Schachzug von Torsten Rekasch: Er hat seinen Profis mittelfristige Verträge gegeben, was gänzlich ungewöhnlich ist für die Tennis-Bundesliga, die ja nur von Legionären lebt. Und damit ist es für die Konkurrenten nahezu ausgeschlossen, dass ein Club bei der Kaderzusammenstellung den nationalen Anstrich übernehmen könnte. Der Markt gibt es schlichtweg nicht mehr her, es fehlt die Qualität.

Gleichwohl darf man vermuten, dass die Konkurrenz sich nicht ergeben und erneut investieren wird, um konkurrenzfähig zu sein im Titelkampf. Eng war es aber schon in dieser Saison. Der TC Bredeney besaß in manchen Situationen auch das nötige Spielglück. Aber die Essener werden in der kommenden Saison ebenfalls oben mitmischen, so viel steht fest.

„Wir werden uns aber dennoch punktuell verstärken“, blickt der TCB-Sportchef voraus. Auch dabei wird er sich zuvor die Meinung der Spieler anhören, wer denn noch ins Aufgebot passen könnte. „Und sollten wir vom Verletzungspech verschont bleiben, werden wir noch stärker sein als in dieser Saison.“

Rolf Hantel

Deutscher Meister 2023: TC Bredeney

Lene Mührs ist die Ergo-Königin

Ruderin von der Kettwiger RG gewinnt bei Ergometer-DM Meistertitel bei den Frauen

Zwei Jahre in Folge musste die Kettwiger Rudergesellschaft ihr populäres Event coronabedingt abblasen, doch in diesem Jahr ging's wieder richtig rund in der Sporthalle des Theodor-Heuss-Gymnasiums: Volles Haus, Pressluft und prächtig die Stimmung. Willkommen in „Deutschlands Ergo-Tempel Nr. 1", wie der Gastgeber die Wettkampfstätte gerne bezeichnet. Im Rahmen des „27. Indoor-Cup" des Ruder-Verbandes NRW wurden zum vierten Mal auch die deutschen Meister auf dem Ruderergometer ermittelt. Und auf ein kleines Jubiläum durfte der Ausrichter ebenfalls stolz sein: Die KRG hatte zum 25. Mal die anspruchsvolle, aufwändige Organisation übernommen.

Schon zwei Tage vor dem ersten Start hatten die Aufbauarbeiten begonnen, um die schnöde Sporthalle in eine Show-Arena zu verwandeln, die den Gästen Spaß und Service zugleich bot. Mehr als 50 Wettkampf-Ergometer wurden auf der Bühne installiert, rund 650 Ruderinnen und Ruderer von 12 bis 70 Jahren kämpften um die Medaillen.

Halle schon bei Vorläufen prall gefüllt

Bei den Vorläufen am Morgen war die Halle bereits prall gefüllt und die Besucher ließen sich von Regattasprecher Michael Hein gerne animieren. Er heizte die Stimmung ordentlich an, was natürlich auch die Aktiven zusätzlich motivierte. Die mussten eine virtuelle Strecke von 1500 bzw. 2000 Metern auf dem „Trockenen" zurücklegen. Die zehn Schnellsten qualifizierten sich für die Finalläufe am Nachmittag. Zwischendurch hatten Bürgermeisterin Julia Jacob zusammen mit Sybille Meier (Vorsitzende KRG) sowie Moritz Petri (Vorsitzender DRV) die Meisterschaften feierlich eröffnet.

Es wurde ein Feuerwerk an sportlichen Höchstleistungen. Und die Essener durften mitjubeln. Die Kettwiger Kader-Ruderin Lene Mührs, im Vorjahr Dritte bei der U23-WM im Frauen-Achter, gewann souverän das Hauptrennen in der Frauenklasse. Ihre Vereinskameradin Julia Stoeber feierte bei den 17/18 jährigen Juniorinnen die Vizemeisterschaft. KRG-Ruderer Boy Lewe Marks holte bei den 17/18-jährigen Leichtgewichten (70 kg) ebenfalls die Silber. Außerdem gab es weitere gute Platzierung, sodass sich der Gastgeber auch über den sportlichen Erfolg freute.

Nebenbei wurde auch noch ein Weltrekord geknackt. Kathrin Marchand (RHTC Leverkusen) unterbot mit 7:18,4 Minuten den Weltrekord beim Para Rudern 30–39 über die 2000 Meter.

Tobias Weysters, Vorsitzender des Fachressorts Wettkampf im Deutschen Ruderverband, sagte begeistert: „Es ist sehr toll, dass wir nach zwei Jahren Coronapause mit digitalen Events endlich wieder eine rauschende Ergo-Party vor Ort feiern konnten. Danke auch an die KRG für die reibungslose und großartige Organisation." Und ja man kommt gerne wieder. Der Termin steht bereits: Im nächsten Jahr am 4. Februar öffnet der Kettwiger Ergo-Tempel wieder seine Pforten.

Rolf Hantel

Deutschlands Ergo-Tempel Nummer eins: die Sporthalle des THG-Gymnasiums in Kettwig

Kettwiger RG jubelt über Vize-Weltmeisterschaft

Ruder-Asse glänzen bei der U23-WM in Plovdiv. Frauen-Achter holt Silber

Der Essener Ruder-Nachwuchs hat seine internationale Prüfung bestanden. Für die U23-Weltmeisterschaften im bulgarischen Plovdiv hatten sich Lene Mührs, Lena Siekerkotte und Paul Martin von der Kettwiger RG (KRG) sowie Antonia Galland vom Ruderklub am Baldeneysee (RaB) qualifiziert. 44 Nationen schickten 750 Ruderinnen und Ruderer an den Start.

Das Frauen-Flaggschiff, in dem Antonia Galland und Lene Mührs saßen, wurde nach einer kämpferischen Glanzleistung Vize-Weltmeister. Das Boot hatte schon im Vorlauf auf sich aufmerksam gemacht, als es bis 200 Meter vor dem Ziel vor den hochfavorisierten Amerikanerinnen lag. Am Ende verlor es aber das Duell und musste in den Hoffnungslauf. Dort waren die Deutschen deutlich schwächer, mussten die Niederländerinnen ziehen lassen, aber der zweite Platz reichte zum Einzug in den Endlauf.

Vor Kanada und Großbritannien

Die Startschnelligkeit der deutschen Frauen kehrte dort rechtzeitig zurück. Nach 500 Metern führten sie, wurden dann aber früher als im Vorlauf von den USA überspurtet. Den Angriffen der Boote aus Kanada und Großbritannien hielt man aber stand und lag im Ziel vor Kanada. „Ich bin super stolz auf die Mädels und hab immer an sie geglaubt, trotz der Delle während des Hoffnungslaufs. Einfach mega“, strahlte Trainer Karsten Timm.

Die Männer im deutschen Achter, zu denen Paul Martin gehört, hatten schon mit einem souveränen Vorlaufsieg ihre Ambitionen untermauert. Die Crew vom Bundesstützpunkt Dortmund startete im Finale ebenfalls mutig und war bei der 500-Meter-Marke vorn. Danach fiel sie auf den vierten Platz zurück. Mit einem starken Zwischenspurt kämpfte sich das DRV-Boot zurück auf einen Medaillenrang und erzwang ein Wimpernschlagfinale. Am Ende fehlten nur neun Hundertstelsekunden für Silber.

Männer mit Bronze sehr zufrieden

Aber mit Bronze war die deutsche Crew super zufrieden. „Es war doch ein bisschen überraschend, dass wir noch mal so an die USA herangeflogen sind. Das war ein Zeichen, dass wir uns mit Bronze nicht zufriedengegeben haben. Das hat dann mit neun Hundertsteln nicht geklappt, aber wir sind trotzdem zufrieden. Das war ein perfekter Saisonabschluss mit einer wichtigen Medaille für den Nachwuchs-Männer-Riemen-Bereich“, sagte U23-Stützpunkttrainer Alexander Weihe.

Dem Frauen-Doppelvierer mit der Kettwiger Lena Siekerkotte an Bord blieb hingegen eine Medaille ganz knapp verwehrt. Trotz eines bärenstarken Endspurts fehlten am Ende nur wenige Zentimeter zu Rang drei. Es gewann Rumänien vor den Tschechinnen und den Niederländerinnen.

Rolf Hantel

Der deutsche U23-Achter mit Lene Mührs (KRG/ hinten Mitte) und Antonia Galland (RaB/ vorn 2.v.r.) ist Vizeweltmeister.

Seit 100 Jahren wird beim SKC gepaddelt

Zum Jubiläum hat der Steeler Kanu Club etwas zurückgegeben

Essen-Steele Sommer 1923: 13 Männer sind auf der Suche nach einer gemeinsamen Freizeitbeschäftigung – und gründen den Steeler Kanu Club (SKC). Die Ausgangslage allerdings ist nicht gerade ideal: Ihnen fehlt das Geld für ein eigenes Bootshaus, die Bauanleitung für das erste Faltboot stammt aus dem Buchhandel, das Abo der Zeitschrift „Kanu-Sport" für August und September des Jahres kostet sie dank Hyperinflation schlappe 30 Millionen Mark.

Sommer 2023: Der SKC feiert Jubiläum und startet online eine Fundraising-Aktion zur Vorfinanzierung der Veranstaltung auf dem Vereinsgelände an der Westfalenstraße. Der Erlös der Feier im Juni ist bereits fest verplant: Er wird komplett an die Elterninitiative zur Unterstützung krebskranker Kinder gehen.

Zwischen beiden Ereignissen liegt ein ganzes Jahrhundert, liegen unzählige Anekdoten aus der Vereinsgeschichte, liegen gute, aber auch schlechte Zeiten. Und gerade letztere sind es, die den Verein dazu bewegt haben, jetzt „etwas zurückgeben zu wollen".

Heidi Baldes, Vorstandsmitglied im SKC: „Wir haben während der Hochwasserkatastrophe 2021 so viel Hilfe von außen bekommen, dass wir jetzt zu unserem Jubiläum anderen helfen wollen. Die Elterninitiative zur Unterstützung krebskranker Kinder wird sich auf unserer 100-Jahr-Feier mit einem eigenen Stand präsentieren und ihre Arbeit vorstellen. Der Erlös des Tages, unter anderem aus unserer Tombola, geht an diese Initiative."

Schwimmend das Wichtigste gerettet

Das Hochwasser vor zwei Jahren, erinnert sich Baldes, sei tatsächlich das wohl schlimmste Ereignis in der jüngeren Vereinsgeschichte gewesen. Ein Verhängnis im Flutjahr. Vorstandsmitglied Marlies Ungar war nachts um vier Uhr die erste vor Ort, um die Boote aus der Halle zu holen. Schwimmend haben die Vereinsmitglieder dann nach und nach zumindest das Wichtigste retten können.

Mittlerweile jedoch ist von der eigentlichen Katastrophe nichts mehr zu sehen. Das Dach ist dank eines Landesprogramms zur Förderung moderner Sportstätten neu gedeckt und gedämmt, demnächst sollen Gelder aus dem Hochwasser-Hilfsfonds beantragt werden, um den vom Wasser hochgedrückten Hallenboden anzugehen, die Fassade des Vereinsheims wurde bereits frisch gestrichen – in Eigenregie.

„Einer unserer größten Vorteile", sagt Hermann Wölki, erster Vorsitzender des SKC und seit 20 Jahren begeisterter Paddler, „ist das wirklich tolle Gemeinschaftsgefühl." 185 Mitglieder zählt der Verein derzeit. Sie kommen aus Steele, dem Essener Norden, Bochum oder Gelsenkirchen. Das jüngste Mitglied ist gerade sieben Jahre alt, der älteste Aktive rüstige 85.

Teuer, versichern die Vorstandsmitglieder übereinstimmend, sei der Kanusport dabei keineswegs. Mit zehn Euro monatlich sind Erwachsene im SKC dabei, Kinder ab 13 Jahren zahlen sieben, Familien 20 Euro. Wer über kein eigenes Boot verfügt, kann auf über 40 Vereinsboote, darunter auch neun Schülerboote, zurückgreifen.

Tanja Weimer

Bootstaufe im Steeler Kanu Club in den 1960er Jahren.

KG-Asse holen Titel in Köln

Die Essener setzen 2023 noch einen drauf und nehmen 22 Medaillen mit

Gefeiert wurde nach den 102. Deutschen Meisterschaften in Köln auf der MS Heisingen auf dem Baldeneysee, der Wirkungsstätte der Erfolge. Und die gab es 2023 reichlich. Kurz zuvor der WM-Titel von Max Rendschmidt und WM-Bronze durch Nico Paufler sowie die erzielten Olympia-Quotenplätze mit Enja Rößeling. Dann der Titel von Tim Dietzler bei der U23-EM und U23-WM-Bronze von Jonas Borkowski.

Gefeiert wurde aber auch das schon im Vorjahr vollzogene 50-jährige Bestehen der KG Essen. Da ließen der stellvertretende Vorsitzende Kai Spenner, und der langjährige ehemalige Vorsitzende Rolf Drewel die vielen herausragenden Erfolge Revue passieren – wie zahlreiche Olympiasiege- und Medaillen, unzählige WM- und EM-Medaillen und noch viel mehr DM-Titel.

Trotz zahlreicher Ausfälle konnten die KGE-Asse bei der DM in Köln mit absolut starken Leistungen aufwarten. Den Auftakt machten Nico Paufler und Niklas Heuser über 1.000 m als Deutsche Meister. „Niklas und ich im Vorlauf kurzfristig zum ersten Mal im Boot gesessen. Unser Plan war, am Ende noch Reserven zu haben. Niklas hat von hinten immer mehr geschoben“, richtete Nico Paufler anschließend Lob an seinen Hintermann. Und der machte tags drauf am Samstag seinem Ruf als guter Hintermann noch einmal alle Ehre. Zusammen mit Schlagmann Ferdinand Dittmar fuhr er einen weiteren DM-Titel für die KGE ein.

Beide hielten dabei eine Serie aufrecht. Denn seit 2014 liegt nun der Titel im 500 m-Zweier in KGE-Hand. Fünf Jahre waren es Max Rendschmidt mit Max Hoff und die vergangenen drei DMs (mit Corona-Unterbrechung) Max Rendschmidt und Tobias-Pascal Schultz, die siegten. Seit neun Jahres ist dieser Titel nun in KGE-Hand. Nico Paufler war es zudem, der im abschließenden 5.000 m-Rennen vorne lag. Bärenstarke Leistungen gelangen mit Medaillenrängen auch Leander Weymann, Yannik Pflugfelder, Simon Sprecht, Jonas Borkowski, und Denis Dimitrow in diversen Bootskombinationen. Die KGE-Damen mussten in Köln dann den Ausfall von Enja Rößeling verkraften. Aber auch ohne sie standen Rosa Deinert und Caroline Arft mehrfach auf dem Podest.

Dann war es der KGE-Nachwuchs, der überzeugte – mit Titeln durch Marleen Sits mit Rose Schmischke und Branimir Dimitrow in der Jugendklasse. Mitmischen konnte auch Schüler Henry Koelmann. Nach der Bronzemedaille im 500 m-Einer und Zweier (Leonhard Böhling) sorgte er mit einem deutlichen Start-Ziel-Sieg im abschließenden Langstreckeneiner für eine optimale DM-Bilanz.

Alles in allem somit eine Deutsche Meisterschaft, die „nun unter den Gegebenheiten einiger Ausfälle sehr schön war. Die Erfolge über alle Klassen, das war einfach sehr gut“, wie der leitende KGE-Trainer Robert Berger betonte.

22 DM-Medaillen gab es am Ende feiern, aufgeteilt auf sieben DM-Titel, acht Vizemeisterschaften und sieben Bronzemedaillen. Das war dann doch noch einmal mehr als im Vorjahr!

Ute Freise

Ferdinand Dittmar und Niklas Heuser setzten mit dem Gewinn des Titels im 500 m-Zweier die gute Tradition der KGE fort.

WM-Gold für Essener Max Rendschmidt

Nico Paufler holt bei der Weltmeiterschaft in Duisburg sensationell Bronze

„Oh, wie ist das schön…" schallte es bei den Kanu-Weltmeisterschaften häufig über der Regattabahn in Duisburg Wedau. Ein Einspieler, den sich das deutsche Team bei „ihrer" Heim-WM bei jedem Erfolg gewünscht hatte.

Für einen goldenen Auftakt sorgte der KGEer Max Rendschmidt im 500 m-Vierer direkt am ersten turbulenten Finaltag. Gewitter hatten zu Unterbrechungen und einer Verschiebung der Finals bis in den Abend geführt. Da waren es dann Max Rendschmidt, Max Lemke, Jacob Schopf (beide Potsdam) und Tom Liebscher-Lucz (Dresden), die Weltmeister wurden. In der Zeit von 1.19,183 Minuten lagen sie genau 387/1000 Sekunden vor den Vize-Weltmeistern aus Ungarn und 448/1000 vor dem ukrainischen Boot auf dem Bronzeplatz.

Nicht unbedingt zu erwarten, denn ohne Medaillenränge in der Saison war das Quartett in die WM gestartet, hatte kurzfristig noch die „Notbremse" gezogen und eine Umbesetzung im Boot vorgenommen. Eine offensichtlich richtige Entscheidung. Und so konnten Rendschmidt & Co. vor der Tribüne von den jubelnden Zuschauern in Empfang genommen werden. „Bei der Heim-WM mit vielen Fans, Familien und Freunden wollen wir ein gutes Spektakel hinlegen", hatte Max Rendschmidt schon vorher angekündigt.

Ein Vorhaben, das er mit seinen Hintermännern nun bravourös umsetzte. „Im Finale habe ich nicht nach rechts und links geschaut und nur auf die Kommandos von hinten vertraut. Auch als Schlagmann bin ich nur so gut wie meine Hintermänner es sind", erklärte Max Rendschmidt. „Max hat als Schlagmann mal wieder seine Qualität unter Beweis gestellt und den unnachahmlichen Endspurt eingeleitet. Dass die hier vom Start an vorne dabei sind und so ein Ding raushauen, hätte ich nicht gedacht", geriet am Ufer auch KGE-Herren-Coach Robert Berger ins Schwärmen.

Nico Paufler holte überraschend die Bronzemedaille.

Nachvollziehbar, dass natürlich Rendschmidt, Max Lemke, Jacob Schopf und Tom Liebscher-Lucz am Ende eines aufregenden Tages mehr als „überglücklich und happy" waren. Da spielte es auch keine Rolle mehr, dass die Siegerehrung des „Deutschlandvierers" durch die Verschiebung erst kurz vor 21.00 Uhr stattfand. Eine ganz besondere Ehrung am Ende eines ganz besonderen Tages.

Nicht weniger aufregend sollte es aus Essener Sicht auch am letzten WM-Tag zugehen. Wieder zogen Gewitter auf und führten zu einer Unterbrechung. Genau vor dem letzten aller Rennen, dem 5.000 m-Einerkajak der Herren mit dem KGEer Nico Paufler. Aber ebenso wie zu Beginn Rendschmidt mit seinem Viererteam mit dem WM-Titel für einen furiosen WM-Auftakt sorgen konnte, war es nun Paufler, der den letzten WM-Glanzpunkt setzte und sensationell Bronze holte.

In die erste Wende von sechs zu fahrenden Runden war er nicht

Jubel über den WM-Titel, Goldmedaille und natürlich vier Quotenplätze für Paris: Max Rendschmidt, Max Lemke, Jacob Schopf (beide Potsdam) und Tom Liebscher-Lucz (Dresden)

unter den Top Ten zu finden. „Ja, der Start war sehr bescheiden. Ich muss mich da auf meine Marathonerfahrung berufen und versuchen, einzusammeln“, beschrieb Paufler später die schwierige Ausgangslage.

Runde für Runde fuhr er sich Platz um Platz weiter nach vorne. Dabei lautstark unterstützt von einem großen Fanblock, der in Nähe der anstehenden Portage alles gab. Gerade da lief es super für Paufler. Raus aus dem Boot, über den langen Steg laufen und wieder rein in den Kajak, das klappte entgegen den Weltcups nun optimal. „Ich habe an der letzten Portage volles Risiko genommen und mich auf der langen Welle des da noch drittplatzierten Kanadiers nach vorne gearbeitet. Und mich entschieden, meinen Angriff auf rund 150 Meter vor dem Ziel zu legen“. Seine Taktik ging auf und unter tosendem Beifall konnte er die Zieleinfahrt auf dem dritten Platz genießen. „Ich bin sprachlos. Nach einem nicht verheißungsvollen Start so ein Rennen hinzulegen, eine absolut kämpferisch mega starke Leistung. Nico ist über sich herausgewachsen. Für mich ein ganz großer Gänsehautmoment dieser WM“, war Heim-Trainer Robert Berger mehr als begeistert von dem Auftritt seines Schützlings.

Gänsehautmomente waren es auch für Nico Paufler. „Besonders die Stimmung hier hat mir beim gesamten Rennen geholfen. Eine unglaubliche Erfahrung. Alle waren da, das gesamte Nationalteam zum letzten Rennen, alle meine Essener Trainingspartner, alte Paddelkollegen, Freunde und meine Familie“, erklärte der Bronzemedaillengewinner. Seinen Dank richtete er auch an KGE-Clubmanager Heino Terporten, der sich mit dem KGE-Vorsitzenden Olaf Schade um den Bau eines neuen stählernen Steuers gekümmert hatte.

Ein Wechselbad der Gefühle hat bei der WM die Essenerin Enja Rößeling mit Lena Röhlings (Berlin) und den beiden Karlsruherinnen Katinka Hofmann und Sarah Brüßler durchgemacht. Die guten Vorleistungen auch im Finale noch einmal abzurufen gelang nicht so ganz. Am Ende fuhren sie als achte über die Ziellinie. Das Positive daran: sie hatten die so wichtigen Quotenplätze für die Olympischen Spiele im nächsten Jahr in Paris eingefahren. „Auch wenn die Finalleistung nicht optimal war, konnte der Vierer nach Paris gefahren werden. Dahin ist nun der Blick gerichtet“, waren sich Enja Rößeling und der Damentrainer Joaquin Delgado einig.

Mehr als schwer hatte es auf der Wedau Caroline Arft im 200 m-Einer, entscheiden doch hier im Sprint Bruchteile von Sekunden über das Weiterkommen. Das war sichtbar bei den Halbfinals, bei denen mit bloßem Auge kaum zu erkennen war, wer in die Finals einzog. Das Quäntchen Glück fehlte am Ende der KGEerin, um sich ins Finale zu fahren.

Ute Freise

Dietzler und Borkowski international erfolgreich

Die Essener Kanu-Asse holen EM-Gold und WM-Bronze

„Jetzt wird auf jeden Fall gefeiert“, gab Tim Dietzler, der jüngere Bruder von Olympiasieger Max Rendschmidt die Marschroute für die Abendgestaltung aus. Denn die Reise zur U23-Europameisterschaft in Montemor-o-Velho an die Westküste Portugals hatte sich speziell für ihn gelohnt.

Gemeinsam mit den beiden Potsdamern Linus Bange und Elias Kurth sowie dem Neubrandenburger Nils Globke wurde Tim Dietzler Europameister im 500 m-Viererkajak! Bei der U23-WM drei Wochen zuvor war das Quartett als vierte nur ganz knapp an einer Medaille vorbeigeschrammt, und hatte so wohl noch eine Rechnung offen. „Ich, wir wollten nach der WM nun unbedingt eine Medaille. Das war es, was mir durch den Kopf ging“, beschrieb er.

Nach recht gutem Start setzte das Quartett mit perfektem Timing zu einem furiosen Endspurt an. Jubel dann im Ziel: in 1.24,435 Minuten hatten sich Tim Dietzler & Co. einen noch respektablen Vorsprung vor den Vierern aus Tschechien (1.25,049) und Spanien (1.25,215) herausgefahren, die bei der WM noch vor dem Deutschen Boot gelegen hatten. Für den jungen Essener war dies nicht nur der erste große internationale Einsatz, sondern zugleich auch die erste internationale Medaille – und dann gleich ein EM-Titel.

„Das war unser bislang bestes Rennen. Es ist gerade Wahnsinn, was hier passiert. Es war ein so geiles Rennen, ich wäre es am liebsten direkt noch einmal gefahren“, sprudelte es aus Tim hervor. Schon grundsätzlich eine Frohnatur, strahlte er mit der portugiesischen Sonne um die Wette und kam er aus dem Lachen gar nicht mehr heraus. Mal abgesehen von der Siegerehrung. Denn zum ersten Mal die Nationalhymne für sich zu hören, sorgte auch bei ihm für Gänsehaut.

Stolz präsentiert Tim Dietzler seine EM-Goldmedaille.

Und irgendwie war Tim Dietzler in Montemor auch in die Fußstapfen seines so erfolgreichen Bruders getreten. Denn Max Rendschmidt feierte 2012 ebenfalls auf der Strecke von Montemor bei den U23-Europameisterschaften mit dem Titel im 1.000 m-Zweier seinen ersten großen internationalen Erfolg.

Drei Wochen zuvor bei den U23-Weltmeisterschaften im italienischen Auronzo war es Jonas Borkowski, der strahlen konnte. Schon die Teilnahme im ersten Leistungsklasse-Jahr ein großer Erfolg. Wie schon im Vorjahr noch als Junior ging er erneut im 500 m-Zweier mit dem Magdeburger Tillmann Sommer an den Start. „Unser großes Ziel war, ins Finale zu fahren. Der Rest sollte Zugabe sein“, berichtete Borkowski später. Und was die beiden für eine Zugabe hinlegten. „Die letzten 200 Meter haben wir gut zwei Bootslängen aufgeholt“. Eine Aufholjagte, die mit einem sensationellen Bronzeplatz belohnt wurde. „Damit hätten wir nicht gerechnet, im ersten Jahr bei der U23-WM auch noch in einer olympischen Bootsklasse eine Medaille zu gewinnen. Das ist einfach unfassbar,“ gab Jonas überglücklich nach Essen durch.

Ute Freise

> 04.08.

Fußball: Die neue Saison ist erst gut 90 Minuten alt, und Rot-Weiss Essen hat schon das erste Frusterlebnis: Trotz einer ansprechenden und engagierten Leistung beim Halleschen FC reicht es am Ende nicht zum (Teil-)Erfolg. Die Gastgeber machen aus ihren wenigen Chancen viel und siegen mit 2:1. Dabei haben die Rot-Weissen die Niederlage quasi selbst eingeleitet. Die in der Vorbereitung noch gelobte Defensive, sie sieht dabei nicht wirklich stabil aus.

> 05.08.

Boxen: Im ersten Kampf nach seiner Erstrunden-Niederlage im März feiert Schwergewichtsboxer Patrick Korte eine gelungene Rückkehr in den Ring. Vor knapp 900 Zuschauern in der Eissporthalle Essen-West siegt der Essener gegen den Mazedonier Alen Lauriolle durch technischen Knockout nach der zweiten Runde. Lauriolle hat sich eine Ellbogenverletzung zugezogen und kann zum dritten Durchgang nicht antreten. Bis zu dieser Aufgabe hat Korte beide Runden deutlich gewonnen.

Auf dem Weg zum 20. Sieg als Profi: Boxer Patrick Korte

> 06.08.

***Skaterhockey:* Die Hockeyskater der Moskitos Essen befinden sich bei der Mission Titelverteidigung weiterhin voll auf Kurs. Nach dem ISHD-Pokalerfolg im Vorjahr zieht der Skaterhockey-Erstligist nach dem überdeutlichen 15:6-Viertelfinalsieg gegen die Düsseldorf Rams erneut ins Final-Four-Turnier ein. Nach dem Kantersieg gegen Düsseldorf dürften die Moskitos als Favorit in die Runde der letzten Vier starten. „Es war hinten raus relativ souverän. Ab der zehnten Minute haben wir das Spiel bestimmt und dann hatte Düsseldorf auch keine Chance mehr", erklärt Moskitos-Chef Thomas Böttcher.**

American Football: Die Assindia Cardinals verlieren das erste Regionalliga-Spiel nach der Rückkehr von Sherman „DJ" Anderson mit 6:9 bei den Bonn Gamecocks, der neue, alte Coach kann aber dennoch einige positive Eindrücke mitnehmen. „Die Jungs sind zusammengewachsen. Wir haben wirklich einen großen Schritt nach vorne gemacht", bilanziert Anderson. „Sie haben die Mentalität, niemals aufzugeben, umgesetzt. Deswegen bin ich sehr stolz auf die Fortschritte, die wir in den letzten paar Wochen gemacht haben."

> 07.08.

Eishockey: Die finale Zulassung zur neuen Eishockey-Saison in der Oberliga Nord haben die Moskitos Essen noch nicht erhalten. Das hält den Klub vom Westbahnhof aber nicht davon ab, weiterhin fleißig am Kader zu tüfteln. Während die Verantwortlichen hinter den Kulissen ihre Auflagen-Hausaufgaben erledigt haben und auf die offizielle Antwort des Deutschen Eishockey-Bunds (DEB) warten sollen, haben die „Mücken" einen neuen Verteidiger verpflichtet. Wobei von neu bei Niklas Hane nur bedingt die Rede sein kann: Hane, damals noch für die Düsseldorfer EG auf dem Eis unterwegs, absolvierte bereits in der Spielzeit 2021/22 mittels Förderlizenz zwölf Partien im Mücken-Dress.

> 08.08.

Basketball: Das nächste – allerdings auch dringend benötigte – Ausrufezeichen ist gesetzt: Erstregionalligist ETB Miners hat sich für die kommende Saison die Dienste von Bryant Allen gesichert, der US-Amerikaner tritt die Nachfolge von Devin Peterson an und soll die Essener zum ersehnten Aufstieg in die Zweite Bundesliga Pro B führen.

***Eishockey:* Der Oberligist verkündet eine überaus wichtige Nachricht. Der Deutsche Eishockey-Bund (DEB) hat grünes Licht gegeben: Die Moskitos haben ihre Auflagen nach eigenen Angaben erfüllt und die finale Zulassung zur Oberliga-Saison 2023/24 erhalten. „Wir freuen uns jetzt auf die kommende Eishockey-Saison in der Oberliga Nord", sagt der Vorsitzende Thomas Böttcher.**

> 12.08.

Skaterhockey: Die Zuschauer in der Hockey-Arena an der Raumerstraße halten für einen Moment die Luft an – und dürfen dann wie Daniel Breves die Arme in die Höhe reißen. Der Distanzschuss des Kapitäns der Hockeyskater der Moskitos Essen zur 8:5-Führung symbolisiert die Vorentscheidung im Bundesliga-Heimspiel gegen die Crash Eagles Kaarst. Im weiteren Verlauf des Schlussdrittels schrauben die Essener das Ergebnis nach Belieben weiter in die Höhe und setzen sich letztlich deutlich mit 12:5 gegen den Tabellendritten durch – ein dickes Ausrufezeichen.

> 13.08.

***Kanupolo:* Déjà-vu für die Kanupolo-Herren des KSV Rothe Mühle (KRM): Der Bundesligist scheitert wie im Vorjahr erst im Endspiel der Deutschen Meisterschaft, muss sich erneut mit Platz zwei begnügen und verpasst die Qualifikation für die Champions League knapp. Erneut unterliegen die Essener zum**

Auftakt der Finalserie, gleichen im zweiten Spiel aus, verlieren aber dann Spiel drei.

Fußball: Verlängerte Pokalschicht an der Hafenstraße, und am Ende zieht der Hamburger SV den Kopf aus der Schlinge: Der 4:3-Sieg des Zweitliga-Spitzenteams nach Verlängerung war sicherlich keine Empfehlung für die Ligasaison, während Rot-Weiss Essen die Aufgaben in der Dritten Liga mit breiter Brust angehen kann. „Man muss der Mannschaft ein Kompliment machen, auch wenn man so etwas nach einer Niederlage nicht hören möchte", sagte Felix Bastians nach dem Pokal-Aus.

> 14.08.

Eishockey: Sandis Zolmanis, Elvijs Biezais – und? Monatelang beschäftigte die Anhänger und Beobachter der Moskitos Essen die Frage, wer die dritte Kontingentstelle des Eishockey-Oberligisten besetzen wird. Nach den Verpflichtungen der beiden lettischen Angreifer stand zwar früh fest, dass ein Verteidiger mit derselben Nationalität die „Mücken" in der Defensive verstärken wird. Jetzt hat der ESC aber auch das Geheimnis gelüftet, um wen es sich genau dreht: Edmunds Augstkalns.

> 17.08.

***Handball:* Paukenschlag beim Handball-Verbandsligisten HSG am Hallo: Rund zwei Wochen vor dem Saisonstart hat sich der Aufsteiger von Trainer René Bülten getrennt, interimsweise übernimmt der Sportliche Leiter Felix Linden zusammen mit Co-Trainer Fabian Schneider die Mannschaft. Ausschlaggebend sei zudem die von vielen Seiten kritisierte Außendarstellung der ambitionierten Mannschaft beim Vorbereitungsturnier der MTG Horst. „Diese Entscheidung zu treffen war extrem schwer für uns, weil wir René menschlich sehr schätzen. Die Mannschaft ist jetzt in der Pflicht, ihre PS auf die Straße zu bringen", richtet der Sportliche Leiter Felix Linden klare Worte an die im Sommer enorm verstärkte Mannschaft.**

> 20.08.

Fußball: Gut und engagiert gespielt, aber die Ausbeute bleibt mager: Rot-Weiss Essen muss sich im ersten Heimspiel der Saison mit einem 1:1 gegen Erzgebirge Aue begnügen und landet nicht den erhofften ersten Dreier. Der katastrophale Rasen an der Hafenstraße fordert dabei zwei Opfer: Aues Linus Rosenlöcher und RWE-Kapitän Felix Bastians verletzten sich auf dem kaum bespielbaren Geläuf.

Torben Müsel steht nach der Pokal-Niederlage gegen den HSV konsterniert auf dem Rasen.

Fußball: Beim Auswärtsspiel des ETB Schwarz-Weiß Essen in Hilden wird der Sport plötzlich in der Schlussphase zur Nebensache. Brightney Igbinadolor bricht auf dem Platz zusammen und muss von einem Rettungswagen abtransportiert werden. Ein Schock-Moment für alle Beteiligten. ETB-Trainer Damian Apfeld erklärt nach dem Abpfiff: „Der Spieler ist im Krankenhaus in der Neurologie. Da wird geschaut, was der Grund dafür war, dass er kollabiert ist. Wir hoffen, dass er gut aus der Sache rauskommt. Wegen dieser Szene rückte schnell das Ergebnis in den Hintergrund."

***Basketball:* Erstregionalligist ETB Miners untermauert weitetr seine Aufstiegsambitionen: In Bilal Atli sichern sich die Essener die Dienste eines weiteren Centers, der, schaut man sich die Statistiken allein der vergangenen Saison an, mehr als nur Backup unter den Körben für Dzemal Selimovic sein kann und wohl auch wird. Der in Syrien geborene EU-Spieler (trotz deutschem Pass) kam beim Absteiger aus Olpe/Biggesee im Schnitt auf 15,9 Punkte pro Spiel, 10,5 Rebounds, 2,7 Assists und 3,6 (!) Blocks.**

> 23.08.

Fußball: Dass Rot-Weiss Essen am Mittwochabend einen Punkt in Köln entführt hat, ist vor allem Jakob Golz zu verdanken. Der Keeper pariert alles, was auf sein Tor kommt, und das ist nicht wenig. RWE kann mit dieser Nullnummer weitaus besser leben als die Viktoria. Man staunt nicht schlecht beim Blick auf den Spielberichtsbogen. Vier Änderungen, neues System, mittendrin: Mustafa Kourouma. Der Youngster gibt sein RWE-Saisondebüt als Innenverteidiger in einer Dreierkette, Felix Bastians fällt verletzt aus. Neu dabei sind zudem Felix Götze sowie Björn Rother und Ron Berlinski, was zu Christoph Dabrowskis Vorgabe passt, ein „ekliger Gegner" sein zu wollen.

Frauenfußball: Dass die SGS Essen eine Talentschmiede besitzt von bundesweiter Relevanz, das hat sich längst herumgesprochen. In Essen an der Ardelhütte reifen aber nicht nur Nationalspielerinnen. Zur neuen Saison ist nun Nikola Ludwig, im der vergangenen Spielzeit Trainerin der U17-Bundesliga-Juniorinnen, vom DFB verpflichtet worden und wird künftig die U16-Nationalmannschaft als Co-Trainerin betreuen.

> 26.08.

***Skaterhockey:* „Essen, Essen!" schallt es in den Schlussminuten des Heimspiels der Hockeyskater der Moskitos Essen durch die Hockey-Arena an der Raumerstraße. Nein,**

ein sportlicher Leckerbissen ist das Bundesliga-Duell mit den Samurai Iserlohn nicht. Die dezimierten Gastgeber überzeugen zwar nicht durch spielerische Finesse, beeindrucken die Anhänger aber mit ihrem unbändigen Kampfgeist und Einsatz und lassen sich in der Schlussphase zurecht für den 6:4-Heimsieg gegen die Sauerländer feiern.

Frauenfußball: Die SGS Essen muss in der Vorbereitung auf die neue Saison in der Frauenfußball-Bundesliga die zweite Niederlage einstecken. Allerdings kann Trainer Markus Högner mit dem 1:2 gegen Twente Enschede deutlich besser leben, als mit dem 0:1 vor einigen Wochen gegen den RSC Anderlecht. Denn die Niederländerinnen sind noch einmal von anderem Format. „Das war unser bisher stärkster Gegner", erkennt der Fußballlehrer und spricht daher von einem „sehr guten" Test, in dem sein Team über weitere Strecken gleichwertig ist.

> 27.08.

Fußball: Mal was Neues bei Rot-Weiss Essen: Stark gekämpft, phasenweise mitreißend gespielt, den Gegner meist beherrscht – und am Ende endlich belohnt werden. In der Nachspielzeit erzielt der eingewechselte Thomas Eisfeld das Siegtor im Derby gegen Preußen Münster. Dnd da ist er, der heiß ersehnte erste Dreier in dieser Saison, der die Arbeit an der Hafenstraße für die nächste Zeit ruhiger macht.

***Kanu:* Schon im Ziel jubelt das deutsche Quartett, und Schlagmann Max Rendschmidt drehte direkt ab und lenkt das Boot in Richtung Tribüne, wo die Crew lautstark gefeiert wird. „Bei der Heim-WM mit vielen Fans, Familien und Freunden wollen wir ein positives Spektakel hinlegen", hat Rendschmidt angekündigt. Das Quartett setzt es bravourös um: Bei der Rennkanu-Weltmeisterschaft in Duisburg gewinnt der deutsche Vierer nach einer Top-Leistung.**

Kanu II: Die Kanurennsport-Weltmeisterschaften sind gelaufen. Wie erhofft, wird auf und an der Duisburger Wedau ein Kanu-Fest der Extraklasse geboten. Trotz teilweise extremer Wetterbedingungen bieten gut 13.000 Zuschauer eine beeindruckende und stimmungsvolle Kulisse. So auch am letzten Wettkampftag. Der irgendwie dem ersten Finaltag gleicht. Gewitter ziehen über die Wedau und führen erneut zu einer Unterbrechung. Genau vor dem letzten aller Rennen, dem 5000-Meter-Einerkajak der Herren mit Nico Paufler. Und ebenso wie zu Beginn Max Rendschmidt mit seinem Viererteam mit dem WM-Titel für Furore sorgen kann, ist es nun Nico Paufler, der einen letzten Glanzpunkt setzt und sensationell die Bronzemedaille gewinnt.

> 30.08.

Fußball: Lange hält sich das Gerücht, dass ein alter Bekannter beim Mülheimer FC 97 in die Führungsriege zurückkehren wird. Mittlerweile hat es sich überall in der Essener Fußballszene herumgesprochen, dass Hakan Katircioglu wieder für den Mülheimer FC 97 arbeitet – als „Geschäftsführer Sport". Schon zweimal war der als Trainer für den MFC aktiv, führte ihn in die Landesliga. Zweimal trennten sich aber jeweils wegen interner Differenzen die Wege. Nun ist er zurück. Denn der Verein sucht nach mehrere Experten, um sich auch hinter den Kulissen besser aufzustellen. Katircioglu sollte vor allem bei der Organisation unterstützen, aus dem Sportlichen werde er sich heraushalten, sagten mehrere Vorstandsmitglieder unisono.

***Basketball:* Erstregionalligist ETB Miners hat kurz vor dem Saisonauftakt am Hallo gegen die Münsterland Baskets Wulfen noch einmal personell nachgelegt – und wie! Die Essener verpflichteten Justin Andrew, der Guard wechselt aus Bonn ins Ruhrgebiet und dürfte ein ganz entscheidendes Puzzle-Teil sein in einer Mannschaft, die den Aufstieg in die Pro B schaffen soll.**

Fußball: Vom siebten Drittliga-Himmel ab aufs Land. Größer konnte der Kontrast kaum sein. Noch kurz vorher wurde Rot-Weiss Essen von einer Welle der Euphorie getragen nach dem Last-Minute-Sieg gegen Preußen Münster, dem ersten Dreier der Saison. Eine rauschende Ballnacht war es beim 1:0 gegen die Westfalen. Nun gibt es in der ersten Runde im Niederrheinpokal ein 6:0 beim Bezirksligisten SuS 09 Dinslaken. Weites Rund, eine beschauliche Tribüne, davor acht Tartanbahnen. Und rund 1500 Zuschauer sehen aus beträchtlicher Entfernung zu. Aber ja, der Rasen sieht besser aus als an der Hafenstraße.

> 31.08.

American Football: Seit knapp eineinhalb Monaten ist Cheftrainer Sherman „DJ" Anderson zurück bei den Assindia Cardinals – und musste bereits einige Hürden überwinden. Nach der 6:9-Niederlage bei den Bonn Gamecocks bei Andersons Rückkehr schwappte eine Corona-Welle über den Football-Regionalligisten. Rund 20 Spieler und eine Handvoll Staff-Mitglieder waren betroffen – das Heimspiel gegen die Düsseldorf Bulldozer musste deshalb abgesagt werden. Die Essener hofften auf eine Neuansetzung, der Verband wertet das Spiel jedoch mit 0:20 gegen die Cardinals, da trotz über 30 Atteste die Mindestspielstärke rein technisch nicht unterschritten wurde. Immerhin ersparte der

Erfolgreiches Essener Quartett bei der Heim-WM: (v. l.) Caroline Arft, Nico Paufler, Enja Rößeling und Max Rendschmidt

Verband den „Men in Blue" die Strafzahlung in Höhe von 500 Euro.

> 01.09.

Fußball: Alexander Rang ist das neueste Mitglied im Vorstand von Rot-Weiss Essen. Er soll Marcus Uhlig, Vorsitzender des Vorstands, und Sascha Peljhan als Vertriebsvorstand unterstützen, wie der Drittligist mitteilt. „Als Kind des Ruhrgebiets habe ich Rot-Weiss natürlich schon immer verfolgt. Durch meine beruflichen und persönlichen Stationen hat sich in den letzten 15 Jahren eine besonders intensive Beziehung zum Verein und der Stadt entwickelt", sagt der Neue.

> 02.09.

***Basketball:* Perfekter Start: Die ETB Miners starten mit einem deutlichen Sieg in die neue Saison der 1. Basketball-Regionalliga: Das Team von Headcoach Lars Wendt feiert vor rund 1000 Fans am Hallo gegen die Münsterland Baskets Wulfen einen souveränen 94:65-Erfolg. Die Essener stellen die Weichen früh auf Sieg, haben nur in den ersten Minuten nach der Halbzeitpause einen kleinen Hänger, lassen aber nie einen Zweifel aufkommen, wer diesen ersten Spieltag siegreich gestalten würde. Die Wendt'sche Analyse nach dem Spiel: Man habe gemerkt, dass noch ein wenig Sand im Getriebe gewesen sei.**

Fußball: Rot-Weiss Essen feiert den zweiten Sieg in Folge. Bei der U23 des SC Freiburg gewinnen die Essener am Samstag durch Tore von Cedric Harenbrock und Marvin Obuz 2:0 und klettern in Liga drei nach oben. „Wir haben die Räume bekommen und sie ausgenutzt", meint Torschütze Obuz. „Ich kann gerade nur glücklich sein." Trainer Christoph Dabrowski spricht seiner Mannschaft ein Kompliment aus. „Wir haben sehr reif und diszipliniert gespielt – und dann wieder zu Null. Zwei Siege in Folge habe ich als RWE-Trainer auch noch nicht erlebt. Jetzt können wir den Sieg erstmal genießen", meint der Coach.

***Handball:* Vom Gegner gibt es für die Handballer des Tusem Essen zum Auftakt richtig eins auf die Mütze: Die Mannschaft von Trainer Michael Hegemann unterlegt am ersten Spieltag der 2. Bundesliga beim Erstliga-Absteiger ASV Hamm-Westfalen mit 23:36 und bekommt gleich mal einige Grenzen aufgezeigt. Auch wenn das Ergebnis etwas zu hoch ausfällt, ist der Erfolg absolut verdient für die Gastgeber. „Wenn du einmal in so einem Negativlauf drin bist, ist es für uns zum jetzigen Zeitpunkt der Entwicklung sehr schwierig, da herauszukommen", sagt Hegemann nach der Niederlage.**

> 03.09.

Kanu: Nico Paufler und Niklas Heuser werden in Köln Deutsche Meister über 1000 Meter. Und Heuser macht seinem Ruf als guter Hintermann noch einmal alle Ehre. Zusammen mit Schlagmann Ferdinand Dittmar fährt er einen weiteren DM-Titel für die KGE und den zweiten für sich ein. Eine starke Leistung gelingt auch Leander Weymann, der im 1000-Meter-Einer dank eines furiosen Endspurts Vizemeister wird. Und hinter den neuen Deutschen Meistern aus Sachsen belegen gleich zwei KGE-Vierer die Folgeplätze: Silber für Ferdinand Dittmar, Heuser, Yannik Pflugfelder und Paufler; Bronze für Simon Sprecht, Jonas Borkowski, Leander Weymann und Denis Dimitrow. Eine Glanzleistung zeigt auf dem Fühlinger See im 200-Meter-Einer auch Rosa Deinert, die überraschend auf dem Bronzeplatz einläuft.

Eishockey: Die Verlängerung ist erst 20 Sekunden alt, als Sandis Zolmanis den Moskitos Essen mit seinem Rückhand-Nachschuss den Heimsieg gegen die Bayreuth Tigers sichert. Der späte Siegtreffer unterstreicht die glänzende Frühform des lettischen Ersatzkapitäns der „Mücken", die durch den 2:1-Erfolg im „kleinen" Finale den Wohnbau-Cup auf dem dritten Platz abschließen. Das „große" Finale entscheiden die Eispiraten Crimmitschau für sich. Leer geht aber keiner der Teilnehmer aus, jeder Verein darf einen Pokal mit nach Hause nehmen.

> 05.09.

***Frauenfußball:* Ihre erste Station im Ausland ist auch ihre letzte. Die Niederländerin Elze Huls beendet nach vielen Verletzungen ihre sportliche Karriere und sagt somit auch der SGS Essen in diesem Sommer Lebewohl. Im Frühjahr 2022 schloss sich die Innenverteidigerin dem Essener Bundesligisten an, für den sie aufgrund zahlreicher körperlicher Beschwerden jedoch kein einziges Spiel bestreiten konnte. Nun zieht die Niederländerin, die zuvor sieben Jahre lang in der Eredivise für den SC Heerenveen aktiv war, in enger Absprache mit dem Verein einen Schlussstrich unter ihre aktive Karriere. „Man muss auch immer bedenken, dass es für alle Sportler auch ein Leben nach dem Fußball gibt", betont SGS-Chef-Trainer Markus Högner.**

> 07.09.

Eishockey: „Ich glaube, dass bis zum Saisonstart noch etwas passieren wird", hat Dan-

Reik Gäbler und die ETB Miners feiern einen perfekten Start in die Basketball-Saison.

ny Albrecht vor rund zwei Wochen gesagt. „Wenn", das konnte der Trainer der Moskitos Essen schon damals verraten, „dann brauchen wir noch etwas für die Spitze und nicht für die Breite." Jetzt hat Albrecht seinen Worten Taten folgen lassen und den nächsten Neuzugang verpflichtet, mit dem die „Mücken" noch einmal ein Ausrufezeichen an die Konkurrenz senden: Dennis Reimer verstärkt den Angriff des Eishockey-Oberligist und wird künftig am Westbahnhof auf Torejagd gehen. In den vergangenen vier Jahren stand der 30 Jahre alte Routinier für Essens Liga-Konkurrenten Crocodiles Hamburg auf dem Eis, ehe er nach seiner Vertragsauflösung kurz nach dem Jahreswechsel zum späteren Nord-Meister Hannover Scorpions wechselte. In dieser Zeit verbuchte der gebürtige Herforder in insgesamt 172 Oberliga-Spielen 205 Scorerpunkte (60 Tore, 145 Assists).

> 08.09.

Fußball: Rot-Weiss Essen verliert das Testspiel gegen die U23 der TSG Hoffenheim mit 1:5. Trainer Christoph Dabrowski wechselt munter durch, auch einige U19-Talente dürfen spielen – und die erste Hälfte ist ausgeglichen. Mit Sandro Plechaty und Aaron Manu kommen zudem zwei Spieler zum Einsatz, die zuletzt wochenlang verletzt fehlten – dass sie ihr Comeback feiern, war die positive Nachricht des Nachmittags. Bitter hingegen: Thomas Eisfeld wird angeschlagen ausgewechselt.

> 09.09.

***Frauenfußball:* Ein Spaziergang ist es nicht für die SGS Essen – und doch zieht der Frauenfußball-Bundesligist letztlich souverän in das Achtelfinale des DFB-Pokals ein. Mit 4:0 besiegte die Elf von Trainer Markus Högner den aufstrebenden VfL Bochum, der trotz der Niederlage nicht ganz unzufrieden gewesen sein dürfte. Denn einen Klassenunterschied lässt der Regionalligist vor allem im ersten Durchgang nicht erkennen. Erst ein Doppelschlag von Essens Ramona Maier und Maike Berentzen bringt die SGS unmittelbar vor dem Pausenpfiff auf die Siegerstraße.**

Basketball: Kein Leckerbissen, eher schwere Kost von der zähen Sorte: Erstregionalligist ETB Miners hat beim 83:77-Erfolg in Hamm deutlich mehr Mühe als erwartet, der zweite Sieg im zweiten Saisonspiel ist noch die beste Nachricht an diesem Abend. Aber: „Wir hatten diesmal zu viele Ausfälle dabei", so Headcoach Lars Wendt kritisch über die Leistung einzelner Akteure. „Gerade im Eins-gegen-eins hatten wir nicht genug entgegenzusetzen", so Wendt zerknirscht, sollte es doch vor allem die Defense sein, die den Unterschied macht. Zum Gegner und im Vergleich zur letzten Saison.

Skaterhockey: Die Moskitos Essen werden die Hauptrunde der Skaterhockey-Bundesliga auf dem zweiten Platz abschließen – das steht nach der 4:11-Niederlage bei den Düsseldorf Rams bereits vor dem abschließenden Heimspiel gegen den Crefelder SC fest. Für die Essener treffen Comebacker Benedikt Hüsken, Leon Arnolds, Daniel Breves und Sebastian Schneider gegen die Landeshauptstädter. „Wir hätten mit einem Sieg noch die Möglichkeit gehabt, mit einem Heimsieg gegen Krefeld noch Erster zu werden und die besten Voraussetzungen für die Playoffs zu haben. Das haben wir durch die Niederlage in Düsseldorf verpasst", sagt Moskitos-Chef Thomas Böttcher.

> 10.09.

***Handball:* „Derbysieger, Derbysieger, hey, hey!", singen die Fans des Tusem Essen nach der Schlusssirene im Heimspiel gegen den TSV Bayer Dormagen. Die Mannschaft von Trainer Michael Hegemann feiert beim 26:23 den ersten Saisonsieg, der hart erkämpft war. Nach der bitteren Auftaktpleite in Hamm (23:36) wollte es der Tusem zu Hause deutlich besser machen. Allerdings musste er dabei auf seinen Kapitän Jonas Ellwanger verzichten, der sich in Hamm eine Bänderverletzung zugezogen hat und erst einmal ausfällt.**

Fußball: Der Schetters Busch brennt lichterloh: In allerletzter Sekunde reißt Calvin Küper ein fast schon verlorenes Spiel aus dem Feuer. Danach gibt es kein Halten mehr, die Spvg Schonnebeck feiert an der Eckfahne den nicht mehr für möglich gehaltenen Punktgewinn, Schiedsrichter Marten Kaufels pfeift die Partie gar nicht mehr an. „Es war natürlich ein absolutes Highlight, noch einmal so zurück zu kommen, aber wir hätten die Partie schon früh entscheiden können, weil wir die klareren Torchancen hatten", ist Schonnebeck-Trainer Dirk Tönnies erleichtert.

American Football: Haarscharf verpassen die Assindia Cardinals das Happy End: In der Schlussminute des Gastspiels bei den Troisdorf Jets (12:14) versuchen die Essener Footballer, das Ergebnis nach ihrer Aufholjagd durch ein Field Goal endgültig zu drehen – allerdings ohne Erfolg. So müssen sich die „Men in Blue" auch im letzten Regionalliga-Duell einer Saison geschlagen geben, die für die Cardinals quasi bereits vor der zwischenzeitlichen Sommerpause gelaufen ist. Der angepeilte Aufstieg? Früh verspielt.

In Bochum müssen die Fußballerinnen der SGS ein dickes Brett bohren.

Trainer Bernd Janzen? Musste während der Sommerpause gehen. Und dennoch sagt Präsident Wilfried Ziegler nach dem letzten Saisonspiel: „Die Gefühle nach dem letzten Spiel waren durchaus positiv – auch wenn es eine Niederlage war."

> 12.09.

Eishockey: Wer sich nach der 1:6-Testspielschlappe gegen die Tilburg Trappers am Westbahnhof umhört, dürfte ein leichtes Grummeln vernehmen. Doch Unruhe? Die wissen die Moskitos Essen gleich im Keim zu ersticken: Mit dem 3:2-Testspielsieg im Rückspiel in Tilburg liefern sie die passende Antwort, die Mut macht vor dem Saisonauftakt gegen eben jene Trappers.

> 15.09.

Handball: „Noch ein Tor und dann feiern wir hier", ist aus dem Kreise der Mannschaft zu hören, als sie sich kurz vor Schluss noch einmal zur Auszeit am Spielfeldrand trifft. Und tatsächlich kommt es für die Handballer des Tusem Essen so. Im Auswärtsspiel beim 1. VfL Potsdam setzt sich das Team von Trainer Michael Hegemann dank einer engagierten Abwehrleistung mit 24:23 durch und feiert damit in dieser Saison den ersten Erfolg in der Fremde.

> 16.09.

Fußball: Alles passt, nur das Ergebnis nicht: Fußball-Drittligist Rot-Weiss Essen dominiert das Heimspiel gegen Jahn Regensburg, muss sich aber am Ende mit einem 0:0 zufrieden geben. „Wir werden nicht größenwahnsinnig, da wir wissen, wo wir herkommen", sagt RWE-Trainer Christoph Dabrowski. „So ein Spiel kann gegen so eine Mannschaft nach einem Konter oder Standard schnell mal in die andere Richtung gehen."

***Volleyball:* „Wir sind froh, dass wir wieder zu Hause sind, dort, wo wir auch trainieren", sagt Trainer Marcel Werzinger. Und die Volleys haben sich mit einem 3:1-Auftaktsieg gegen den SSC Freisen wieder neu eingerichtet, die Heimstärke ist die alte. Fazit nach dem ersten Spieltag vor rund 350 Zuschauern: „Das hat Bock gemacht!" Ein Jahr lang haben die #pottperlen am Hallo gespielt, weil es in der Heimat an der Fried-**

rich-Lange-Straße ein Leck im Hallendach gab. Der Club sah damals in dem Umzug nach Stoppenberg auch eine Chance, sich in einem modernen Ambiente professioneller zu präsentieren. Doch unterm Strich war das alles eine Nummer zu groß. Ohne Kulisse, keine Stimmung.

Skaterhockey: „Deutscher Meister wird nur der ESC!", rufen die Anhänger der Moskitos Essen während des Heimspiels gegen den Crefelder SC. So weit ist es noch nicht, durch den 13:11-Heimerfolg zum Abschluss der Hauptrunde der Skaterhockey-Bundesliga unterstreichen die Essener aber ihre Ambitionen in diesem Jahr. In den ersten beiden Spielabschnitten dominieren die Gastgeber, spielen den Spitzenreiter förmlich an die Wand, verspielen den neunten Heimsieg im neunten Heimspiel durch satte neun Gegentore im Schlussdrittel aber beinahe noch.

Basketball: Der dritte Sieg im dritten Spiel: Basketball-Erstregionalligist ETB Miners feiert gegen die Zweitvertretung von Bayer Leverkusen einen 103:92-Erfolg. Ein souveräner, aber ein am Ende kein klarer Sieg. Zumindest nicht klar genug: Ein 17:28 im Schlussabschnitt kostet die Essener sogar die Tabellenführung, vom Platz an der Sonne grüßt nun die BBA Hagen mit einer um zwei Punkte besseren Differenz. „Das ärgert uns natürlich", so Headcoach Lars Wendt. Zumal man bei den Miners noch mehr als in der Vorsaison Wert auf die Defense legt.

> 17.09.

***Frauenfußball:* Es ist ein Bundesliga-Auftakt mit einer faustdicken Überraschung und einer echten Sensation: Die Fußballerinnen von Eintracht Frankfurt unterliegen bei der SGS Essen mit 0:2. Der Champions-League-Teilnehmer hat im Stadion an der Hafenstraße zwar mehr Spielanteile, kassiert aber durch Annalena Rieke und Laureta Elmazi zwei Gegentore und bleibt im Angriff zu harmlos. Dabei haben die Eintracht-Frauen, die auf die weiterhin nicht fitte Nationalspielerin Sara Doorsoun verzichten mussten, alle sechs vergangenen Spiele gegen Essen gewonnen.**

Eishockey: Selten war die Euphorie vor dem Saisonstart in den vergangenen Jahren so groß bei den Moskitos Essen.. „Eine volle Hütte", das wäre der Traumwunsch von Trainer Danny Albrecht zum Auftakt mit dem Heimspiel gegen die Tilburg Trappers. Spätestens nach dem 6:4-Erfolg bei den Hannover Indians zum Vorbereitungsabschluss hätten sich die Essener die verdient.

> 19.09.

Handball: Auch die zweite weite Auswärtsfahrt binnen weniger Tage hat sich für den Tusem gelohnt. Die Essener ziehen mit einem ungefährdeten 33:24-Erfolg beim Drittligisten HC Oppenweiler/ Backnang in die dritte Runde des DHB-Pokals ein. „Die erste Halbzeit war noch etwas zäh und unsere Abwehr nicht so stabil. Aber in der zweiten Halbzeit haben wir viele Dinge besser umgesetzt und einfache Lösungen gefunden", zeigt sich Trainer Michael Hegemann zufrieden.

Löwen in Herten. Eigentlich scheinen die Miners auf Kurs zu sein, eine solide Leistung hat nach drei Vierteln für entspannte Mienen gesorgt. Doch wie schon zuvor gegen Leverkusen sollte dann nichts mehr zusammenlaufen. Gleichwohl: Der Vergleich hinkt, gegen Bayer II war die Partie schon lange zugunsten der Miners entschieden, da brannte auch in den schwachen letzten zehn Minuten nichts mehr an.

Skaterhockey: Erstligist Moskitos verpasst die Titelverteidigung im ISHD-Pokal beim Final-Four-Turnier in Krefeld. Bereits im Halbfinale gegen die Duisburg Ducks ist nach der 7:8-Niederlage nach Penaltyschießen Endstation. Im Spiel um Platz drei gegen Zweitligisten Deggendorf Pflanz betreiben die Essener „Schadensbegrenzung", wie es Moskitos-Chef Thomas Böttcher formuliert,

Dennis Reimer und die Moskitos schaffen es gleich zum Auftakt, Eishockey-Euphorie auszulösen.

> 22.09.

Eishockey: Später Ausgleich, Siegtreffer in der Verlängerung: Die Moskitos Essen sichern sich im zweiten Saisonspiel den ersten Sieg und zwei Punkte. Bei den Icefighters Leipzig knüpft der Eishockey-Oberligist zumindest phasenweise an den überzeugenden Auftritt zum Auftakt gegen Tilburg an und entscheidet das erste Auswärtsspiel dank eines Treffers von Dennis Reimer mit 4:3 für sich.

> 23.09.

***Basketball:* Eine überraschende 66:68-Niederlage kassieren die ETB Miners bei den**

und qualifizieren sich durch den 8:4-Sieg für den Europacup der Pokalsieger.

> 24.09.

Fußball: Man kann sich gut vorstellen, was Vinko Sapina nach 18 Minuten und ein paar zerquetschten Sekunden durch den Kopf gehen muss, in jedem Fall ist es nichts Zitierfähiges. Der SSV Ulm 1846 geht durch einen Freistoß von Dennis Cessa in Führung – ausgerechnet Sapina, gebürtiger Ulmer, hat den Standard verursacht. Nein, es ist keine gelungene Rückkehr für ihn: Rot-Weiss Essen verliert 1:2 beim SSV 1846. Das ist verdient, denn die Münsterstädter lassen von Anfang an Ball und Gegner laufen.

Handball: Das i-Tüpfelchen der Englischen Woche fehlt den Handballern des Tusem Essen am Ende dann doch. Nach zwei erfolgreichen, aber auch anstrengenden Auswärtsspielen muss sich die Mannschaft von der Margarethenhöhe dem HC Elbflorenz in Dresden mit 24:26 geschlagen geben. Nach drei Siegen in Serie muss der Tusem nun eine Niederlage verdauen.

***Eishockey:* Danny Albrecht wirkt ruhig, gefasst, abgeklärt: „Im dritten Drittel waren wir richtig schlecht. Von daher sind wir ein bisschen demütig und sehr zufrieden mit den zwei Punkten", sagt der Trainer des Eishockey-Oberligisten Moskitos Essen. Euphorie nach dem frühen ersten Saisonsieg? Will bei Albrecht nicht aufkommen. Dabei hat sein Team die zweite Aufgabe des komplizierten Auftakts erfolgreich gelöst: Durch das 4:3 bei den Icefighters Leipzig verbuchen die „Mücken" die ersten Punkte, die Verantwortlichen nicht unbedingt einkalkuliert haben dürften.**

> 26.09.

Handball: Der HSV Überruhr trennt sich von Trainer Ragulan Srijeevaghan. Die Chemie habe nicht zu 100 Prozent gepasst, lässt der Oberligist in einer Mitteilung verlauten: „Beiude Seiten, sowohl der Trainer als auch das Team, haben sich den Start in die Saison sicherlich anders vorgestellt als mit 3:7 auf Platz elf der Tabelle zu stehen."

> 27.09.

Fußball: Klare Sache: Beim Oberligisten SC St. Tönis setzt sich Drittligist Rot-Weiss Essen vor 850 Zuschauern mit 5:0 durch. Unspektakulär, aber ganz souverän absolviert die Mannschaft von Christoph Dabrowski das Pflichtprogramm. Es ist die Generalprobe für das Drittliga-Heimspiel gegen Dynamo Dresden.

> 29.09.

Frauenfußball: Die SGS Essen muss am zweiten Spieltag in der Frauenfußball-Bundesliga die erste Niederlage hinnehmen. Trotz früher Führung unterliegt die Elf von Trainer Markus Högner beim ambitionierten Aufsteiger RB Leipzig mit 2:3. Die Gäste sind nicht das schwächere Team, kassieren gegen abgezockte Sächsinnen aber mit jedem Torschuss einen Gegentreffer. Vor allem Leipzigs Vanessa Fudalla stellt die Essener Defensive vor Probleme. Zwei Mal trifft sie selbst, ein Tor bereitet sie vor. „Heute hat die Effektivität des Gegners gesiegt", erklärt SGS-Trainer Högner.

***Handball:* Sie kommen gar nicht mehr aus dem Grinsen heraus. Den Zweitliga-Handballern von Tusem Essen merkt man beim 31:28-Heimsieg gegen den ambitionierten TuS Nettelstedt-Lübbecke den Spaß am Spiel und die Freude des Gewinnens an. Die Gastgeber zeigen eine reife Leistung. Der Tusem erwischt einen guten Start, spielt überlegt und mutig, ist zudem in der Abwehr sehr griffig. Die Gäste haben ihre Probleme, einen Weg zum Tor zu finden und wenn dann mal eine freie Chance da ist, tun sie sich schwer, diese zu verwerten.**

> 30.09.

Skaterhockey: Ein guter Start in die Playoffs: Im ersten Halbfinal-Spiel besiegen die Moskitos die Düsseldorf Rams mit 8:6. Es ist ein echter Kraftakt der Essener, die krankheitsbedingt auch acht Spieler verzichten müssen. Den Grundstein zum Sieg legen die Moskitos in den ersten 20 Minuten. Da schießt die vom verletzten Kapitän Daniel Breves gecoachte Mannschaft eine 3:1-Führung heraus. Den Zwei-Tore-Vorsprung retten die Essener ins Ziel.

Basketball: Die ETB Miners sind zurück in der Erfolgsspur: Gegen den nach wie vor nicht kompletten DTV Basketball Köln feiert der ETB am Hallo einen ungefährdeten 95:63-Sieg. Einem wilden ersten Viertel ohne Defense auf beiden Seiten folgen drei Viertel, in denen die Miners die komplette Kontrolle haben. Vor allem eben auch in der Verteidigung überzeugte die Mannschaft auf ganzer Linie. 37 zugelassene Punkte in 30 Minuten sprechen eine deutliche Sprache, „das war wirklich richtig gut", befand auch Headcoach Lars Wendt zufrieden.

> 01.10.

Fußball: Die Minimalisten von Rot-Weiss Essen triumphieren und entzaubern den Drittliga-Spitzenreiter Dynamo Dresden. An der Hafenstraße spielt über weite Strecken der Gast, aber RWE, größtenteils im Abwehr-Modus, hielt mit Disziplin, Kampfkraft und Leidenschaft dagegen. Gepaart mit der nötigen Cleverness wird Dresden schließlich klassisch ausgekontert und mit einem 3:1 nach Hause geschickt. Zu hoch, aber RWE jubelt über drei Big Points. „Uns war klar, dass Dresden eine Topmannschaft ist, die das Spiel dominieren will. Das haben wir in der ersten Halbzeit gesehen", sagt RWE-Coach Christoph Dabrowski. „Wir haben das Spielglück auf unsere Seite gehabt, kein Gegentor zu kassieren."

Rot-Weiss Essen feiert den unerwarteten Sieg gegen Dynamo Dresden.

***Eishockey:* Ein Wochenende ganz nach dem Geschmack der Moskitos. Einen solch famosen Doppelspieltag haben sie schon lange nicht mehr erlebt in der jüngeren Vereinsgeschichte. Und er macht so richtig Bock auf mehr. Der Essener Eishockey-Oberligist landet zunächst zu Hause einen 3:2-Überraschungscoup gegen den amtierenden Meister Hannover Scorpions. Und zwei Tage später setzen die Essener dann noch einen drauf und triumphieren im Derby gegen Herne vor 2500 Zuschauern trotz 0:2-Rückstand mit 5:3. „Der Sieg war wichtig, aber ich habe das Gefühl, das Spiel am Sonntag wird noch wichtiger", sagt Moskitos-Torschütze Dennis Reimer.**

> 04.10.

Fußball: So schnell kann es gehen. Rot-Weiss Essen startet mit einem furiosen 3:1-Triumph gegen Spitzenreiter Dynamo Dresden in die Englische Woche und fliegt in den Himmel. Doch bei der SpVgg Unterhaching erleben die Rot-Weissen drei Tage später ihre Münchener „Fetsch"-Spiele, und die sind ganz und gar kein Vergnügen für die Gäste. Mathias Fetsch erzielt alle vier Tore für den Aufsteiger, der verdient und überraschend klar mit 4:0 gewinnt. RWE wird richtig abgewatscht im Bayernland, ist wieder am Boden und in der Tabelle nun hinter dem Aufsteiger.

> 06.10.

Eishockey: Die Moskitos mischen weiterhin die Eishockey-Oberliga auf. Nach dem 3:2-Coup gegen Meister Hannover Scorpions und den Derbyerfolgen in Herne (5:3) und gegen Duisburg (3:2) setzt die Mannschaft von Trainer Danny Albrecht das nächste Ausrufezeichen und gewinnt bei den Herforder Ice Dragons mit 9:2. Der Lohn für die beachtliche Erfolgsserie: Die Moskitos sind nach dem sechsten Spieltag Spitzenreiter in der Gruppe Nord. Begeistert sind die Essener Fans schon zwei Tage zuvor. „Ohne Mannschaft gehn' wir nicht nach Haus'", singen sie in der Eissporthalle am Westbahnhof.

> 07.10.

***Fußball:* Schon weit vor dem Ende verlassen zahlreiche Fans das Stadion. Die übrig gebliebenen setzen zum Abpfiff zu einem Pfeifkonzert an, das die Hafenstraße so schon lange nicht mehr gehört hat. Dieses 0:5 gegen den SC Verl war für Mannschaft, Verantwortliche und Anhänger ein Schock, ein rabenschwarzer Tag für Rot-Weiss Essen. „Wir müssen uns bei den Zuschauern für diesen Auftritt entschuldigen", so Christoph Dabrowski nach dem Abpfiff. Eine „ganz ernüchternde Woche" sei das gewesen.**

> 08.10.

Skaterhockey: In der Play-off-Viertelfinalserie um die Deutsche Meisterschaft zwischen den Moskitos und den Düsseldorf Rams muss die Entscheidung im dritten Spiel fallen: Die Essener bekommen im zweiten Spiel bei den Rams eine ordentliche Abfuhr mit dem 4:10. „Ich habe der Mannschaft nach dem Spiel in der Kabine aber noch mal gesagt: Es gibt keinen Grund, den Kopf in den Sand zu stecken. Wir werden das am Samstag klar machen und dann geht es im Halbfinale weiter."

Frauenfußball: Der Meister Bayern München glänzt nicht an der Hafenstraße. Es reicht eine reife Leistung, um den Bundesliga-Fußballerinnen der SGS Essen schnell die Hoffnung auf einen weiteren Überraschungscoup zu nehmen. Bereits Mitte der ersten Halbzeit haben die Gäste sich einen 2:0-Vorsprung erspielt, der bis zum Schlusspfiff Bestand hat. Vor einer Rekordkulisse von über 4600 Zuschauern bekommen die Essenerinnen klar die Grenzen aufgezeigt. Der FCB besitzt noch einmal eine andere Qualität als Eintracht Frankfurt, das zum Saisonauftakt in Essen überraschend verloren hat.

Handball: In der Lübbecker Arena weiß keiner so recht, was er nach der Schlusssirene fühlen soll. Es ist eine recht ruhige, fast nachdenkliche Stimmung. Die Fans des GWD Minden sind froh über den Punktgewinn, wissen aber auch, dass ihre Mannschaft deutlich mehr hätte holen können. Und Gegner Tusem Essen dürfte nach dem 22:22 eher enttäuscht sein. Der Auswärtssieg war zum Greifen nah. „Wenn uns vorher jemand gesagt hätte, dass wir Unentschieden spielen, hätten wir den Punkt genommen", sagt Tusem-Torhüter Arne Fuchs.

War das Remis in Minden gut oder schlecht? Die Tusem-Handballer um Trainer Michael Hegemann sind unschlüssig.

> 10.10.

***Fußball:* Am Mittag gibt Rot-Weiss Essen bekannt, dass er seinen Kapitän Felix Bastians freigestellt hat. Der Zeitpunkt der Freistellung: durchaus pikant. Die zwei vorangegangenen Spiele hat RWE klar verloren, besonders das 0:5 gegen den SC Verl schmerzt den Verein noch immer. Chaos und Aktionismus an der Hafenstraße? Im Gegenteil, wie die Vorstandsmitglieder Marcus Uhlig und Alexander Rang gemeinsam mit Sportdirektor Marcus Steegmann und Trainer Christoph Dabrowski erklären. „Felix Bastians ist kein Bauernopfer", stellt Vorstandschef Uhlig klar. Nach der Verl-Pleite hat Rot-Weiss zu einer tiefen Analyse angesetzt. Eine Schlussfolgerung war, dass die Freistellung von Felix Bastians unumgänglich sei. Allerdings führten mehrere Gründe, allesamt aus den**

vergangenen anderthalb Jahren, zu diesem Schritt.

> 13.10.

Fußball: Wundertüte Rot-Weiss: Knapp eine Woche nach dem kollektiven Systemausfall beim 0:5 gegen den SC Verl ziehen sich die Spieler von RWE am eigenen Schopf aus dem Sumpf und siegen verdient beim

Riesen-Jubel bei den Hockeyskatern

Nachbarn BVB U23 mit 2:1. Glücklich, völlig ausgelaugt und zufrieden, verließen die Spieler von Rot-Weiss Essen nach dem Überraschungserfolg das Spielfeld im großen Dortmunder Stadion. Wer hätte diese Leistung nach den vorangegangenen turbulenten Tagen an der Hafenstraße für möglich gehalten?

***Handball:* „Morgen frei, morgen frei", fordern die Handballer des Tusem Essen nach dem Spiel in Richtung Michael Hegemann. Der Trainer kann sich das Schmunzeln nicht verkneifen, nickt und belohnt seine Jungs für den souveränen 32:20-Heimsieg gegen den EHV Aue. Es ist ein klassischer Start-Ziel-Sieg für das Team von der Margarethenhöhe, das seinen Erfolgslauf am Hallo fortsetzt. „Es war wirklich alles sehr gut. Wir haben unsere Leistung gut durchgezogen, auch wenn sich am Ende noch ein paar Fehler eingeschlichen haben", sagt Tusem-Torwart Lukas Diedrich.**

Basketball: Ereignisreiche Tage und Wochen in Basketball-Essen. Die plötzliche Abreise von Center Bilal Atli war ein großes Störfeuer für die mit großem Zutrauen gespickte Arbeitsatmosphäre bei den Miners. Schnell war klar: Der Syrer würde nicht zurückkommen, die Suche nach Ersatz: aufgenommen, eigentlich aber – zu dem Zeitpunkt – aussichtslos. Center sind heiß begehrt und so kurz nach Saisonstart alle unter Vertrag. Doch überraschend läuft der ETB wieder in voller Soll-Stärke auf. Die Miners können „Big Man" Tim Troussel (er misst 2,03 Meter) verpflichten. Raphael Wilder spricht von einem „Sechser im Lotto" – was etwas euphorisch klingt, und doch darf man hoffen, das Atli mindestens gleichwertig ersetzt wird.

Eishockey: Die Moskitos verteidigen ihre Pole Position. Der Jubel nach dem 4:2 bei den Rostock Piranhas ist ausgelassen. Ein Spieler nach dem anderen springt nach Spielende gegen die Plexiglas-Scheibe, hinter der die Essener Anhänger feiern. Mehr als 500 Kilometer Fahrtstrecke haben die auf sich genommen. „Wir freuen uns über den Moment, wollen jetzt aber nicht abheben", sagt einmal mehr Trainer Danny Albrecht. „Die Jungs stehen füreinander ein, blocken Schüsse, arbeiten und sind fleißig jeden Tag. Deswegen stehen wir gerade da, wo wir stehen."

> 14.10.

***Skaterhockey:* Die Hockeyskater der Moskitos Essen erleben in ihrem entscheidenden Playoff-Viertelfinalspiel eine Achterbahnfahrt der Gefühle: Drei Sekunden sind die Essener nur vom Ausscheiden entfernt, liegen dann in der Verlängerung schon mit 6:8 in Rückstand, ziehen allerdings dank einer spektakulären Aufholjagd nach dem 9:8-Heimsieg im Penaltyschießen gegen die Düsseldorf Rams doch noch ins Playoff-Halbfinale ein – Dramatik pur.**

Basketball: Start-Ziel-Sieg für die ETB Miners: Der Basketball-Erstregionalligist feiert gegen Citybasket Recklinghausen einen ungefährdeten 109:83-Erfolg, es ist ein rundum gelungener Abend für die allermeisten der 650 Fans am Hallo. Auch ein Abend der schönen Geschichten. Die von Reik Gäbler beispielsweise, der sich gegen Recklinghausen in der Starting Five wiederfindet und in seinen gut 15 Minuten Spielzeit mit einer Unbekümmertheit zu Werke geht, die abfärbt auf das Essener Spiel. Sechs Punkte, vier Rebounds und zwei Assists spiegeln dabei nicht den Einfluss des Youngsters auf das Spiel und seine Agilität wider.

> 15.10.

Eishockey: Die Kulisse am Westbahnhof stimmt mit rund 1200 Zuschauern, die Leistung überzeugt und das Ergebnis ist ebenfalls klasse. Essener Eishockey-Herz, was willst du mehr?! Die Moskitos fliegen von Erfolg zu Erfolg. Das 4:0 am Westbahnhof über Saale Bulls Halle ist schon der siebte Sieg in Serie, wofür die Essener weiterhin mit Rang eins in der Eishockey-Oberliga belohnt werden. Den Grundstein legen die Gastgeber bereits im ersten Drittel mit der 3:0-Führung. „Es war eine geschlossene Mannschaftsleistung", findet Moskitos-Trainer Danny Albrecht gewohnt sachlich.

In Runde drei platzt der Traum

Patrick Korte scheitert in Australien an der Cleverness seines Kontrahenten

Schwergewichtsboxer Patrick Korte hatte bei seinem Kampf in Australien alles gegeben, aber der Gegner erwies sich dann doch als eine Nummer zu groß. Nach acht Minuten und 59 Sekunden war das Abenteuer vorbei: Patrick Korte ging bei seinem großen Kampf in Brisbane gegen den ungeschlagenen Demsey McKean eine Sekunde vor dem Ende der dritten Runde K.o.. Ein Aufwärtshaken des 1,98-Meter großen Australiers beendete das Kräftemessen der beiden Schwergewichtler.

Bis zu diesem Zeitpunkt hatte Korte versucht, seine geplante Marschroute umzusetzen. Er wollte vom ersten Gong an aggressiv sein und den Gegner unter Druck setzen. „Entweder ich überrasche ihn oder er kontert mich aus", hatte der Essener Boxer angekündigt. So kam es dann auch: Korte setzte alles auf eine Karte, aber sein Kontrahent erwies sich als zu clever und ließ sich nicht auf einen offenen Schlagabtausch ein, sondern klammerte die Aktionen stets rechtzeitig ab.

Als „Big Patrick" dann in der dritten Runde bereits ermüdete, wurde McKean offensiver und landete schlussendlich den Knockout.

Hat seinen Kampf in Australien verloren: Schwergewichtsboxer Patrick Korte

Einen Tag nach dem Fight stand bereits der Rückflug für Korte an. Von Brisbane ging es für den Schwergewichtsboxer über Dubai nach Düsseldorf. Vor der langen Rückreise nahm sich der Essener noch die Zeit für ein kurzes Gespräch „Ich möchte überhaupt keine Ausreden suchen, aber es war natürlich eine extreme Reise. 40 Stunden Flug, fast zwei Tage unterwegs – das war schon enorm kräfteraubend. Leider hatte mich die Aufregung im Griff. Ich konnte nicht das abrufen, was wir trainiert hatten", meinte Korte, der einräumen musste: „Der Gegner hat es clever gemacht und sich nicht auf einen offenen Schlagabtausch eingelassen."

Trotz seiner zweiten Niederlage als Profi konnte Korte einiges aus diesem Fight mitnehmen. Es war sein erster Kampf im Ausland – und dann noch auf der Veranstaltung von Star-Promoter Eddie Hearn. „Das war eine tolle Erfahrung und wirklich aufregend. Die ganzen Tage liefen sehr professionell ab", fand der Essener. Natürlich stellte sich auch die Frage, wie die Profikarriere des Borbeckers weitergeht? Die Antwort ist eindeutig: „Ich werde meine Laufbahn definitiv fortsetzen. Egal, ob in Deutschland oder auch international. Ich liebe diesen Sport und werde weitermachen."

Fabrice Nühlen

Ein Essener Europameister im Boxen

Michael Schmidt holt trotz schwerer Knieverletzung den Titel

Den größten Kampf in seiner Karriere hatte Michel Schmidt erfolgreich gemeistert. Im Dezember trat der gebürtige Essener im Cruisergewicht gegen den Schweden Micheal Obin um den vakanten WBF-Europameisterschafts-Titel im Profiboxen an.

Vor rund 600 Zuschauern im Dorstener Weihnachtszirkus blieb Schmidt seiner Taktik treu und zermürbte seinen zehn Jahre älteren Kontrahenten, bis dieser in der sechsten Runde zur Aufgabe gezwungen wurde. Für den Sieger war es sein sechster K. o.-Erfolg im sechsten Kampf.

„Ich habe mich echt wohl gefühlt und wurde von den Zuschauern ordentlich gepusht. Für diese Unterstützung möchte ich mich bedanken. Natürlich war ich aufgeregt, aber mit dem ersten Gong hatte ich den Tunnelblick. Der Gegner war echt stark und hatte eine gute Defensive. Ich musste viel arbeiten und meine Geduld wurde belohnt", erklärte Schmidt anschließend im Gespräch mit dieser Redaktion.

Insgesamt war die Veranstaltung ein voller Erfolg. Schmidts Trainer Ilias Essaoudi war gleichzeitig der Veranstalter und stellte in der langen Kampfnacht gute, ausgeglichene Fights auf die Beine.

Auch der bekannte Promoter Rainer Gottwald, Sieger von Promi Big Brother 2022, war live vor Ort. Insgesamt 13 Kämpfe wurden den Zuschauern geboten, enttäuscht musste niemand die Heimreise antreten.

Für den Profiboxer sollte es erst Monate nach seinem großen Erfolg in Dorsten wieder in den Ring gehen. Nach seinem Titel-Gewinn musste Schmidt erst einmal unters Messer. Denn: Der Essener musste sich in Kiel am Knie operieren lassen, weil sein Meniskus und Kreuzband stark geschädigt waren.

Die damit verbundenen Schmerzen hatten ihn schon vor dem Kampf im Weihnachtszirkus geplagt. Trotz der schweren Verletzung wollte er in Dorsten allerdings unbedingt boxen. Ein gewagter Plan, Ddieser Ehrgeiz wurde letztendlich aber mit dem Titel belohnt. ***Fabrice Nühlen***

Ein durchwachsenes Jahr für Patrick Korte

Zwei Siege in Essen, aber der größte Kampf gerät zur Enttäuschung

Für seinen 22. Profikampf hatte sich Patrick Korte einen exklusiven Ort ausgesucht. In der Essener Kreuzeskirche wollte der Schwergewichtsboxer nach seiner Niederlage im Oktober 2022 wieder in die Erfolgsspur zurückkehren. Was auch funktionierte. Der Essener benötigte nur wenige Minuten, um seinen Widersacher Andreas Masold aus Rheinland-Pfalz auf die Bretter zu schicken und ihn vorzeitig zu bezwingen.

Schon in Runde zwei kam das Ende. Der Ringrichter brach das ungleiche Duell ab und erklärte Korte zum Sieger durch Knockout. Für den Lokalmatadoren war es vor rund 300 Zuschauern eine gelungene Rückkehr in den Ring.

Rundum war es ein gelungener Kampfabend, der von Kortes Trainer Sebastian Tlatlik (Boxing Industry) organisiert wurde. Die Kreuzeskirche war mit 350 Zuschauern ausverkauft und die Stimmung gut. Ganz zur Freude von Korte: „Die Atmosphäre war echt super." Vor allem das gediegene Ambiente in der Kreuzeskirche verlieh dem Abend eine besondere Note.

Kortes 23. Kampf aber echte mit einer Enttäuschung, dabei hatte sich der Essener viel vorgenommen vor seinem Showdown mit dem bis dahin ungeschlagenen Rostocker Felix Langberg. In Hamburg musste Korte bereits in der ersten Runde viermal zu Boden, ehe der Fight von Ringrichter Oliver Brien nach dem vierten und letzten Niederschlag beendet wurde.

Der Kampf in der Essener Eissporthalle gegen den gebürtigen Mazedonier Alen Lauriolle endete mit einem Sieg des Essener Boxers.

Langes Warten auf den Auftritt

Dabei hatte der dreifache Familienvater lange auf seinen Kampf warten müssen. Um 19 Uhr startete die Hamburger Veranstaltung, die live auf YouTube übertragen wurde. Allerdings wurden erst alle acht Vorkämpfe ausgetragen, ehe „Big Patrick" gegen 23.40 Uhr in das Seilgeviert stieg.

Trotz der großen Enttäuschung zeigte sich der Essener als fairer Verlierer: „Ich bin stolz und dankbar, dass ich die Möglichkeit hatte, hier in Hamburg zu kämpfen. Gratulation an Felix und sein Team. Er war einfach der bessere Mann, leider war es nicht mein Tag. Ich suche überhaupt keine Ausreden. So ist Boxen. Wir müssen das alles im Nachhinein analysieren."

Das war ihm offenbar gelungen, denn sein Comeback lief positiv: Im ersten Kampf nach seiner Erstrunden-Niederlage im März hat der Essener Schwergewichtsboxer eine gelungene Rückkehr in den Ring gefeiert. Vor knapp 900 Zuschauern in der Eissporthalle Essen-West siegte er gegen den Mazedonier Alen Lauriolle durch technischen Knockout nach der zweiten Runde.

Lauriolle hatte sich eine Ellbogenverletzung zugezogen und konnte zum dritten Durchgang nicht antreten. Bis zu dieser Aufgabe hatte Korte beide Runden deutlich gewonnen. Für Korte war der Erfolg über Lauriolle sein 20. Sieg als Profiboxer – ein Jubiläum.

Fabrice Nühlen

Die Zukunft heißt (erstmal) Oberliga

Rollstuhlbasketball: Hot Rolling Bears wagen nach ernüchternder Saison den Neustart

Der maximale Erfolg in der Saison 2022/23 spricht Bände. Im Heimspiel gegen Hannover United lagen die Hot Rolling Bears zur Halbzeit mit lediglich neun Punkten zurück. Das Spiel ging deutlich verloren, aber Hannover belegte in der Endabrechnung der Rollstuhlbasketball-Bundesliga Rang drei. Für den Letzten der Spielzeit war allein der Halbzeitstand ein achtbares Ergebnis. Das dürfte eine Menge aussagen über den Essener Klub, der sich trotz einiger Hindernisse dazu entschieden hatte, das Abenteuer Bundesliga in Angriff zu nehmen.

Es war ein hartes Jahr für die Bears und den neuen Vorsitzenden Steffen Rundholz, der 2023 das Amt von seinem Vorgänger Joel Schaake übernommen hatte. Nicht nur aufgrund der punktlosen Spielrunde in der höchsten deutschen Liga, sondern auch, weil die Weltmeisterschaft der Rollstuhlbasketballer in Dubai die Planung der Essener durcheinander gebracht hatte.

Niederländischer Verband zieht Nationalspieler ab

Es ist üblich, dass die WM im Winter ausgetragen wird. Aufgrund der Fußball-Weltmeisterschaft in Katar jedoch – so die offizielle Begründung – musste das Turnier auf den Sommer verschoben werden. Das wiederum hatte zur Folge, dass der niederländische Verband seine Nationalspieler von den Hot Rolling Bears abzog. „Die Verbände haben im WM-Jahr ihre Spielerinnen und Spieler immer gern bei sich", begründet Steffen Rundholz.

Bitter für die Bears: Die Leistungsträger Ilse Arts, Bo Kramer und Walter Vlaanderen mussten gehen, Ersatz war kaum zu bekommen. „Das waren Stammkräfte", erklärt Rundholz. Auf der Suche nach adäquaten Kräften verzweifelte er: „Da wurden Summen ausgerufen, die wir nicht zahlen konnten."

Das Trio war weg, somit auch Teile des Stammpersonals. „Mit denen haben wir die zweite Liga gut gemeistert. Ohne sie hatten wir keine Chance. Erst recht nicht eine Liga höher", begründet Rundholz den logischen Schritt: Die Bears zogen sich zurück, meldeten für die Oberliga.

Die sei zwar auch kein Selbstläufer, aber doch besser zu stimmen als die erste oder zweite Liga. „Unsere Gegner sind nicht schlecht, wir haben Chancen", betont Rundholz. Trotz der ernüchternden Spielzeit will er seinen Klub nicht in der Versenkung verschwinden sehen: „Auf Sicht werden wir die 2. Bundesliga wieder anpeilen."

Dominik Hamers

Romario Biswane und die Hot Rolling Bears hatten in der Bundesliga keinen guten Stand.

Finnland statt Hawaii

Triathlet Tobias Hallebach hat in Lahti an der Halbdistanz-WM teilgenommen

Auf der Liste möglicher Reiseziele stand Lahti nicht. Schweden, Norwegen – ja, das hätte sich Tobias Hallebach vorstellen können. Aber Lahti, das rund 100 Kilometer nördlich von Finnlands Hauptstadt Helsinki liegt, hatte der Essener Triathlet nicht auf dem Schirm.

Es gehört zum Glück der besonders schnellen Hobbysportlern im Ausdauer-Dreikampfs, dass die Weltmeisterschaften über die Iron-man-Halbdistanz in jedem Jahr an einem anderen Ort ausgetragen werden. Hallebach, auf Mallorca für die WM in Lahti qualifiziert, hatte also einen guten Grund, doch nach Finnland zu reisen.

Die Eindrücke? „Es war genial“, sagte der Essener nach seiner Rückkehr. Als Wintersport-Fan war es für den TRC-84-Starter etwas ganz Besonderes, das Rennen im Schatten der Skisprung-Schanzen abzureißen.

Es war eine kleine, wenn auch nur ganz, ganz kleine Entschädigung für seinen verpassten Hawaii-Start im Jahr zuvor. Hallebach hatte sich in Frankfurt für die legendäre WM auf der Tropeninsel qualifiziert, musste dann aber wegen einer Corona-Infektion im Hotel bleiben. Der Lebenstraum geplatzt, die Verzweiflung groß. 2024 darf er dort starten. Aber erstmal: Lahti statt Kailua-Kona.

Mit Deutschland-Fahne ins Ziel: Triathlet Tobias Hallebach

Gastgeber stellt ganzes Haus zur Verfügung

Gemeinsam mit der Essener Triathletin Ellen Scholz war er angereist. Der Gastgeber der Essener überraschte den Tross mit einer frohen Botschaft: „Er hat sich spontan entschieden, bei seiner Freundin zu wohnen, so lange wir da waren. Also hatten wir ein ganzes Haus für uns“, berichtet Tobias Hallebach.

Sportlich sind die Halbdistanz-Weltmeisterschaften meist von geringer Aussagekraft. Viele Triathletinnen und Triathleten ziehen den Start auf Hawaii vor. Hallebach aber passte der Termin ganz gut. „Ich wollte vor Hawaii keine größeren Rennen mehr machen, sondern eher auf Schnelligkeit gehen.“ Ein Vorhaben, das sich auf der Strecke von 1,9 Kilometern schwimmen, 90 Kilometern auf dem Rad und dem abschließenden Halbmarathon besser umsetzen lässt.

4:18 Stunden hat der Essener gebraucht, angesichts der 900 Höhenmeter auf der Radstrecke eine starke Leistung. So war zumindest Abwechslung drin. „Finnland stellt man sich als ein Land mit viel freier Fläche und ein paar Bäumen vor. So habe ich es jetzt auch kennengelernt“, berichtet Hallebach.

Aus Triathlon-Sicht konnte der junge Ausnahmesportler aus Essen zufrieden sein. Und aus Wintersport-Sicht? Da war doch noch was. „Ich habe einen Eishockey-Puk von den Lahti Pelicans mitgenommen“, sagt er lachend.

Dominik Hamers

Ein zweites „Ja“ nach zehn Jahren

Triathletin Mareike Eißmann hat sich ihren Traum vom Ironman auf Hawaii erfüllt

Die Arme hatte sie auf dem Zielteppich weit ausgebreitet. Als wollte sie alles aufsaugen und alle umarmen. Dazu das Licht der untergehenden Sonne über der Tropeninsel. Dem Zielteppich beim Ironman Hawaii sagen ja die, die schon drüber gelaufen sind, eine gewisse Magie nach. Es sind nur wenige Sekunden, in der das Bad in der feiernden Menge genossen werden kann. Aber dafür, das sagen eben auch alle, lohne sich die Arbeit. Die harte Arbeit.

Mareike Eißmann hat das erlebt, und die Ärztin aus dem Essener Elisabeth-Krankenhaus weiß wie kaum jemand anders, welche Entbehrungen und Mühen nötig sind, um sich den Traum vom Start bei der Weltmeisterschaft zu erfüllen. Ganz nebenbei: Nach 10:21:09 Stunden hatte sie das Rennen ihres Lebens abgeschlossen.

Mareike Eißmann in ihrem Element

Szenenwechsel: Zehn Jahre nach der Hochzeit sagte sie ein zweites Mal „Ja“. Diesmal aber gab's den Kuss schon vorher, und das weiße Kleid hatte sie gegen knapp zehn Stunden lang vollgeschwitzte Sportkleidung getauscht. Der Ort für das zwar nicht lebensverändernde, aber doch bedeutsame „Ja“ war auch kein Standesamt oder eine Kirche. Sondern der Hamburger Rathausplatz, dem Ziel beim Ironman in der Hansestadt.

Hawaii-Reise war eigentlich nicht geplant

Dort hatte Ehemann Jens eine Überraschung parat: Eigentlich war der Plan, ein eventuelles Ticket nach Hawaii gar nicht zu lösen, denn die Reise zum Sehnsuchtsort aller Triathletinnen und Triathleten ist nicht nur verdammt lang, sondern auch richtig teuer. Aber Jens Eißmannn neben seinem „Job“ als Ehemann auch Trainer der Essener Triathletin hatte eine Ahnung – und deswegen vorgesorgt. Die beiden Töchter würden in der Zeit der Hawaii-Reise bei Bekannten bleiben. Für alles andere sei gesorgt.

So ging das „Ja“ der frisch gebackenen Altersklassen-Siegerin einfacher über die Lippen. „Für mich war außerdem meine Platzierung ausschlaggebend. Als Erstplatzierte habe ich ganz anders über Hawaii nachgedacht als wenn ich Zehnte geworden wäre und mich qualifiziert hätte.“

Mit einer weiteren Langdistanz ging einher, dass sie das hohe Trainingspensum auch nach dem eigentlichem Jahresabschluss in Hamburg aufrechthalten musste. 18 bis 20 Stunden neben dem Vollzeitjob – eine ganz normale Woche für die Athletin des TRC 84. „Zum Glück habe ich Unterstützung von der Familie und meinem Mann. Alle haben mir den Rücken freigehalten. Dafür bin ich sehr dankbar.“

Wohl auch diese Dankbarkeit dürfte sich auf dem Zielteppich entladen haben. Unglücklich: Ausgerechnet wenige Sekunden vor ihrem Zieleinlauf stoppte der Livestream aus Hawaii, vermutlich wegen technischer Probleme. Zum Glück hatte Ehemann Jens vorgesorgt und sein Handy gezückt. Ein Video vom Zieleinlauf war Mareike Eißmann somit sicher. Eine kurze und intensive Sequenz als Ende einer langen Geschichte.

Dominik Hamers

Olympia fest im Blick

Viktoria Heising von Germania Überruhr denkt schon an 2028

Zwei Leichtathletinnen, zwei Generationen, die eines verbindet: Beide Frauen waren bzw. sind erfolgreiche 400-Meter-Hürden-Läuferinnen. Und das Treffen von Anne Wienands (Essener LV) und Viktoria Heising (TLV Germania Überruhr) beim Training im Hallostadion kommt nicht von ungefähr. Wienands, 1983 Gründungsmitglied des Essener LV, hielt lange Zeit eine lokale Bestmarke. Am 24. Juli 1982 stellte sie bei den deutschen Meisterschaften in München im Finale über 400 Meter Hürden in 60,02 Sekunden einen Stadt-Rekord auf.

Zwei Generationen: Stadtrekordhalterin Viktoria Heising und die 65-jährige Anne Wienands (ELV), die vor 40 Jahren eine Bestmarke über 400m-Hürden aufgestellt hatte.

Erst beachtliche 40 Jahre später ist dieser Rekord geknackt worden von Viktoria Heising, die im Alter von 19 Jahren 59,33 Sekunden gelaufen ist. „Nur 18 Hundertstel Sekunden schneller und ich hätte mich bei einem Qualifikationslauf des Deutschen Leichtathletikverbandes für die Weltmeisterschaften in Cali (Kolumbien) qualifiziert", erinnert sich Heising. Mit nur einem Meter Rückstand zur Zweitplatzierten wurde sie leider nicht nominiert.

Aber Viktoria Heising hat das allerdings locker weggesteckt, was auch ein bisschen ihrem Gemüt entspricht. Sie ist eine lebensfrohe junge Frau. Und belohnt wurde sie zudem für den verpassten WM-Start auch vom Deutschen Leichtathletikverband (DLV): Sie durfte mit der Nationalmannschaft im Vorprogramm der Europameisterschaften in München einen Länderkampf bestreiten, den die Deutschen auch dank ihrer Leistung gewannen. Die Essenerin gewann bei diesem Vergleich die 400 Meter Hürden.

Die Athletin setzt sich ehrgeizige Ziele – auch privat. 2024 wird sie ihr Lehramtsstudium für Chemie und Mathematik beenden. In dem Jahr, in dem auch die Olympischen Spiele in Paris stattfinden werden. „Diese Olympiade kommt mir noch etwas zu früh. Meine eigentliche Zielrichtung geht hin zur Teilnahme an Olympia 2028 in Los Angeles und auch zu den Sommerspielen 2032 in Brisbane."

Georg Lukas

Weltrekord beim Blumensaatlauf

Klemens Wittig ist der schnellste in seiner Altersklasse

Die Resonanz beim 31. Blumensaat-Lauf des Tusem am Baldeneysee war durchaus positiv. Doch nicht der Sieger stand am Ende im Mittelpunkt, sondern ein Oldie. Der 85-jährige Dortmunder Klemens Wittig (LC Rapid Dortmund) stellte über die zehn Kilometer in 50:33 Minuten einen neuen Weltrekord für diese Altersklasse auf. Im Gesamteinlauf belegte der Dortmunder Platz 212, und blieb dabei mit über zwei Minuten deutlich unter dem alten Weltrekordmarke (52:53 Minuten) des Italieners Luciano Aquarien. Der neue Rekordhalter läuft seit seinem 40. Lebensjahr und hat bis zu diesem Zeitpunkt als Betriebsleiter „mit viel Zeit" sogar kräftig geraucht. „Damals paffte ich pro Tag über 30 Stück. Als ich dann aber mit der Lauferei begann, habe ich damit sofort aufgehört."

Georg Lukas

Muharrem Yilmaz (Ayyo Team) feiert Klemens Wittig.

Ein neues Gesicht in der Laufszene

Siegerin Joleen Gedwart überrascht beim Silvesterlauf auf Zollverein über zehn Kilometer

Fünf Jahre Silvesterlauf auf dem Gelände der ehemaligen Zeche Zollverein: Davor fand aber bereits auch mindestens zehn Jahre lang der Silvesterlauf durch die Straßen von Haarzopf statt. Alle Läufer wurden organisiert und ins Leben gerufen von Ernst Peter Berghaus vom Team Essen 99. Ein kleiner Verein mit Schwerpunkten im Triathlon und im Ausdauersport. Der Erlös der Läufe ging fast immer an einen sozialen Zweck.

Dieses Mal werden Kinder aus der Ukraine durch die Startgelder der Teilnehmer unterstützt. Berghaus erinnert sich: „Mit den ersten Silvesterläufen mussten sich die Teilnehmer Gedanken über ihre Laufschuhe machen. Die Laufstrecken waren damals tief verschneit und in den Kurven vereist und rutschig.“.

Der Veranstalter weiter: „Bereits in den frühen Morgenstunden mussten von uns die Laufwege vor dem ersten Startschuss mit Sand entschärft werden“. Stunden vor dem ersten Startschuss sah man Berghaus mit Sandschubkarre und Schaufel. Die Laufkurven wurden von ihm von Eis und Schnee befreit.

Zusätzlich sorgten bei den Teilnehmern Laufschuhe mit Spikes mit 6 Millimeter oder 12 Millimeter Dornen für einen sicheren Halt. Handschuhe, Pullis und Mütze schützten damals die Teilnehmer gegen die klirrende Kälte, denn der letzte Tag im alten Jahr war eigentlich bei den Silvesterläufen mit Minustemperaturen immer frostig.

Doch diesmal hatte der Zollverein Straßenkaffeehauswetter“ mit frühlingshaften Temperaturen von 17 Grad. Der Klimawandel macht sich auch bei einer Silvester-Laufveranstaltung mittlerweile bemerkbar. In den gut besuchten Teilnehmerfeldern glänzten in diesem Jahr einige Essener. Über 5000 Meter der Frauen zeigte Anna Maria Hiegemann (LT Stoppenberg) auf ihrer fast täglichen Trainingsstrecke ihre gute Form. In 18:21,0 Minuten gewann die Physiotherapeutin vor Christina Trippe (Team Essen 99) in 19:42,5 Minuten.

Triathlet Matthias Graute wird mit dem Jahreswechsel in diesem Jahr in der Altersklasse M 40 startberechtigt sein. Mit 39 zeigte er seine Leistungsbereitschaft und gewann im Hauptlauf der Männer die 10 Kilometer in 32:33,0 Minuten. Als ausgebildeter Lehrer und Sportwissenschaftler an der Uni Düsseldorf plant er übrigens eine Karriere als internationaler Triathlontrainer. Schon jetzt werden von ihm weltweit Triathleten betreut.

Eine Überraschung gab es im Lauf der Frauen. Ein neues Gesicht der Essener Laufszene siegte souverän und verblüffte die Laufexperten. Joleen Gedwart aus Kupferdreh blieb als einzige Frau in 38.03,3 Minuten unter 40 Minuten. Gedwart spielte über 20 Jahre Feldhockey beim HTC in Kupferdreh und kam erst vor einem Jahr über ihren Vater und ihre Schwester zum Dauerlauf. Für sie blieben mittlerweile die Stoppuhren über 10 Km bei guten 36:36 Minuten und über die Halbmarathonstrecke bei 1:19,55 Stunden stehen.

Georg Lukas

Überraschte mit ihrem Sieg über 10 Kilometer: Joleen Gedwart

Spitzensport beim „Tag der Überflieger"

Hochkarätig besetztes Leichtathletikfest bei Germania Überruhr

Es war wieder einmal eine beeindruckende Vorstellung, die sich den Leichtathletik-Liebhabern auf der Bezirkssportanlage in Überruhr bot. International besonders stark besetzt waren in diesem Jahr bei der siebten Auflage der Dreisprung und der Hochsprung der Männer. Yasser Triki, Olympia-Fünfter aus Algerien, verbesserte im Dreisprung seine Saison-Bestmarke auf 17,06 Meter. Im Hochsprung der Männer ging es so hoch wie noch nie in Überruhr.

Hamish Kerr, Dritter der Hallen-WM 2022 aus Neuseeland, stellte mit 2,31 Metern seine Freiluft-Bestmarke und damit zugleich den neuseeländischen Rekord ein. In beiden Fällen waren es auch neue Meeting-Rekorde. Dank der Partner an der Seite haben Cheforganisator Tim Husel und seine Crew inzwischen eine gewisse Planungssicherheit.

Mehr als 100 Freiwillige helfen mit

Auch die Bezirksverwaltung steuerte ihren Obolus bei. OB Thomas Kufen, wie gewohnt Schirmherr der Veranstaltung, lobte ausdrücklich das ehrenamtliche Engagement der mehr als 100 Helferinnen und Helfer, die das Meeting erneut in Eigenregie realisiert hatten.

Im Hochsprung kam Falk Wendrich (LAZ Soest) hinter dem Neuseeländer Kerr auf den zweiten Platz. Er zeigte mit einer Höhe von 2,21 Metern, dass in dieser Freiluftsaison mit ihm noch zu rechnen ist. Dritter wurde mit übersprungenen 2,18 Metern Marco Fassinotti aus Italien.

Florian Hornig (TSV Bayer 04 Leverkusen) sprang mit ebenfalls 2,18 Metern bis auf zwei Zentimeter an seine eigene Bestmarke heran und freute sich über eine Verbesserung seiner Saison-Bestleistung um acht Zentimeter.

Im Dreisprung der Frauen machten es die klar favorisierten Springerinnen Kira Wittmann (LG Göttingen) und Anna Gräfin Kesyserlingk (LAV Bayer Uerdingen/Dormagen) spannend. 13,75 Meter und 13,53 Meter gelangen ihnen erst im sechsten und letzten Versuch. Bis dahin hatte die Ukrainerin Marija Siney mit 13,52 Metern deutlich vorn gelegen.

Der Gastgeber TLV Germania Überruhr durfte an diesem Tag auch einmal über eine Athletin aus den eigenen Reihen jubeln. Im Dreisprung der U20 glückte der erst 14-jährigen Lokalmatadorin Antonia Rüenauver im letzten Versuch ein weiter Satz von 11,15 Metern. Das bedeutet persönliche Bestleistung, die ihr auch das Ticket zu den Deutschen Meisterschaften der U16 einbrachte.

Knapp war's auch beim der Weitsprung der Männer. Luka Herden (LG Brillux Münster) und Oliver Koletzko (VfB Stuttgart) lagen ab dem dritten Versuch mit 7,71 Metern gemeinsam an der Spitze. Angefeuert vom Publikum gelang dem Deutschen Hochschulmeister aus Münster dann im letzten Versuch noch eine Steigerung um fünf Zentimeter.

Rolf Hantel

Abgehoben und die Latte überflogen: Nina Borger belegte den zweiten Platz beim Hochsprung der Frauen.

Laufen ist Teil seines Lebens

Ralf Schuster hat in Münster seinen 200. Marathon absolviert

Hellblau strahlt die Linie auf Münsters Straßen, die den Weg über 42,195 Kilometer weist: Mehr als 2100 Läuferinnen und Läufer haben sich im September, beim 21. Münster-Marathon auf die längste olympische Strecke begeben, und einer unter ihnen feierte ein seltenes Jubiläum: Ralf Schuster vom TC Kray 1892 hat im Alter von 61 Jahren seinen insgesamt 200. Marathon absolviert.

Wobei 200. Marathon eigentlich nicht ganz richtig ist, schließlich sind auch einige Ultra-Marathons von längerer Strecke dabei. Denn auch davon hat Schuster schon einige in den Schuhen: Schon zehn Mal hat er beispielsweise die Strecke von 100 Kilometern hinter sich gebracht. Sagen wir es also so: Ralf Schuster vom TC Kray 1892 hat zum 200. Mal mindestens 42,195 Kilometer bewältigen.

Schuster läuft. Täglich. Seit etwa zwei Jahrzehnten. Wie lange schon? So genau weiß er das gar nicht. „Da muss ich mal meine Frau fragen. Sie sagt: Ungefähr 20 Jahre." Davor habe er keinerlei Beziehung zum Laufen gehabt. „Fußball habe ich gespielt, so wie jeder hier im Ruhrgebiet. Laufen? Langweilig." Als Postbeamter habe er gearbeitet, bis er krank wurde. Unter anderem die Knie wollten nicht mehr so richtig.

Der Essener läuft mindestens 15 Kilometer täglich

„Ich hatte zwei, drei Jahre große Probleme, musste quasi wieder lernen mich richtig zu bewegen. Das war schon eine schwierige Zeit damals, aber das Laufen hat mir geholfen." Erstmal kürzere Strecken, um wieder in die Bewegung hineinzukommen. „Das war der Einstieg", erinnert er sich. „Von da an ging es mir so langsam wieder besser. Und die Strecken wurden länger."

Heute sei Laufen Teil seines Lebens. Zweimal pro Woche geht er zum Lauftreff der TC Kray, an den übrigen Tagen läuft er einfach mal zu Hause los. Täglich eigentlich nie weniger als 15 Kilometer. „Ich laufe viel im Essener Norden oder auch mal rüber nach Bochum." Aber was macht man eigentlich, um sich beim Laufen die Zeit zu vertreiben? Wird das nicht langweilig? Offenbar nicht: „Mein Geheimnis ist: Ich laufe so gut wie nie alleine, und dann unterhalte ich mich." Wo andere nach Luft japsen, plaudert er. Vorzugsweise mit Birgit Jahn, seiner Laufpartnerin. „Die wohnt bei uns in der Nähe, das trifft sich gut. Wir trainieren zusammen und machen auch Wettkämpfe zusammen." Ihr hat er beispielsweise auch bei ihrem ersten Marathon geholfen.

Sein erster eigener Marathon sei übrigens gar nicht so schlimm gewesen wie befürchtet. „Ich bin dann relativ schnell zum Ultra-Marathon übergegangen. Als ich vor meinem ersten 100er stand, da habe ich allerdings schon ein bisschen Bammel gehabt." Das sei ja immerhin mehr als ein doppelter Marathon, eine echte Schallmauer. „Aber da läuft man natürlich sehr langsam und schaut sich auch die Landschaft an."

Ein Zeitvertreib, dem er auch im beschaulichen Münsterland nachgegangen ist. 4:45:29 Stunden hat er für die Strecke gebraucht.

Torsten Wellmann

Ralf Schuster, hier ein Foto vom Baldeneysteig Ultratrail 2022, hat im September seinen 200. Marathon absolviert.

Sieger hat doppelt Grund zum Feiern

Tusem-Marathon: Marcel Bräutigam freute sich erst über Platz eins, dann über zweites Kind

Der Westenergie Marathon „Rund um den Baldeneysee“ hat schon viele Geschichten und Geschichtchen geschrieben, schließlich gibt es ihn ja schon seit 1963. So eine Ausdauer muss man erst einmal haben, aber die Marathonis sind solche Strecken gewohnt.

Natürlich lieferte auch die 61. Auflage eine Episode für die Chronik. Der Erfurter Marcel Bräutigam (Rennsteiglaufverein) hatte als Erster das Zielband hinter der Tribüne am Regattaturm zerrissen. Er gewann in 2:20,36 Stunden deutlich vor dem Vorjahressieger Tobias Singer (Berlin/ 2:27:32 Std.) und dem Düsseldorfer Kevin Kranz (2:30:20 Std.). Auch Bräutigam war nicht zum ersten Mal im Essener Süden. Bereits 2012 und 2019 war er dort jeweils Zweiter geworden.

Als wäre die Strapaze nicht groß genug gewesen, Zeit blieb dem Thüringer nicht, um großartig zu verschnaufen. Er hatte es nach dem Lauf richtig eilig. Schließlich lag die Ehefrau daheim in Erfurt im Krankenhaus und erwartete das gemeinsame zweite Kind. Der Tusem ist ja seit jeher stolz auf das familiäre Ambiente am See und zögerte nicht, die Siegerehrung vorzuziehen. Doch die kleine Lena wollte offenbar nicht auf den Papa warten und erblickte etwa 70 Minuten nach der Zeremonie in Essen das Licht der Welt.

Schicksal – wie das manchmal so ist im Leben. Der Polizeibeamte wollte eigentlich bereits Ende September beim Berliner Marathon starten. Damals hatte ihn allerdings eine Virusinfektion daran gehindert.

Ayyo-Team gewinnt die Frauen-Wertung

Mit Krankheiten kennt sich die Siegerin bei den Frauen bestens aus. Die Bochumerin Lisa Geldermann ist nämlich von Beruf Chirurgin. Sie gewann in 2:55,32 Stunden gefolgt von Rebecca Bein (3:08,46) und Susanne Kömmlinger (beide Köln/ 3:12:57). Geldermann freute sich nach den gut 42 Kilometern vor allem auch über ihre persönliche Bestzeit.

„Ich bin sehr zufrieden“, strahlte er und plauderte auch ein bisschen aus dem Privatleben: „Mein neuer Familienname hat mir Glück gebracht. Ich habe nämlich vor zwei Monaten geheiratet und meinen Mädchennamen Stollenwerk abgelegt.“ Ende des Jahres wird die Bochumerin in die Schweiz ziehen, was eine Rückkehr im nächsten Jahr an den Baldeneysee wohl eher unwahrscheinlich macht.

Beste Frauen-Mannschaft wurde das Ayyo Team Altenessen. Dort sorgten in 2:46:11 Stunden Monika Niedziella, Berta Grundenberg, Vera Deul und Andrea Höllisch für den Erfolg. Bei den Männern gewannen die Ayyo-Klubkollegen Malte Hoffmann, Andreas Sprott und Abbi Westphal (2:35:48 Std.). Zusätzlich gab es für die Altenessener Platz eins mit der Mixedstaffel (2:46:11 Std.).

Die Allbaustaffel mit Kanu-Olympiasieger Max Rendschmidt, Armin Rosmus, Radio-Essen-Moderator Joshua Windelschmidt und Tusem-Handballer Finley Werschkull benötigte 3:20 Stunden bis ins Ziel. Die „Allbau“ als Namenspatron spendete nach guter Tradition für jedes besser platzierte Team 50 Euro für die Aktion „Lichtblicke“, sodass diesmal ein Erlös von 1100 Euro herauskam.

Georg Lukas/Rolf Hantel

Marcel Bräutigam gewann den Marathon am Baldeneysee.

Freudentränen bei Nicole Schott

Die Essener Eiskunstläuferin wird mit Bestleistung WM-Siebte

Der letzte Ton des Queen-Songs „Bohemian Rhapsody" lief gerade aus, da ließ Nicole Schott ihren Tränen freien Lauf. Es waren Tränen der Freude, denn die Sportsoldatin aus Essen hatt bei der Weltmeisterschaft im japanischen Saitama den bis dahin größten Erfolg in ihrer Karriere gefeiert. Nach einer starken Leistung im Kurzprogramm ließ sie eine beeindruckende Kür folgen und wurde bei der Weltmeisterschaft im März sensationell Siebte.

„So perfekt bin ich noch nie gelaufen. Ich bin einfach nur zufrieden und habe jeden Moment genossen", sagte die in Oberstdorf trainierende Schott, die Mitglied des Essener Jugend-Eiskunstlauf Vereins (EJE) ist. In Abwesenheit der russischen Top-Athletinnen war sie zweitbeste Europäerin.

Grund dafür waren zwei fehlerfreie Programme, und die waren der siebenmaligen Deutschen Meisterin auf internationaler Bühne noch nie gelungen. Es passte alles: Jeder Sprung, jede Geste. Das schlug sich auch in ihrer persönlichen Rekordpunktzahl nieder: 197,76.

Zu Beginn des Jahres hatte Schott ihre Titelsammlung mit dem Gewinn der siebten Deutschen Meisterschaft aufgehübscht. Bereits nach dem Kurzprogramm lag sie in Führung, vor ihren EJE-Vereinskolleginnen und -kollegen Holly Moore und Jan Egorov, die Silber gewannen.

Trotzdem war Schott nicht vollends glücklich: Denn die Eiskunstläuferin sorgt sich um ihre sportliche Laufbahn. Die Fördermittel der Deutschen Eislauf-Union sind knapp: „Die Zukunft ist offen. Die finanzielle Situation des Verbandes ist nicht gut, wir müssen sehen, welche Lösungen es geben könnte. Anderenfalls ist unser Sport nur noch ein sehr teures Hobby."

Dominik Hamers

Die Essenerin Nicole Schott bei der Weltmeisterschaft im japanischen Saitama

Neue Titelträger im Essener Eiskunstlauf

Die Stadtmeisterschaft war ein besonderer Wettbewerb

Den höchsten Stellenwert hat die Essener Stadtmeisterschaft innerhalb einer Eiskunstlauf-Saison natürlich nicht, aber für den Essener Jugend-Eiskunstlauf Verein ist sie dennoch von besonderer Bedeutung. Es geht schließlich um die Vorherrschaft in der Stadt.

Dennoch gingen 124 Teilnehmer an den Start in der Eissporthalle am Westbahnhof, allesamt vom EJE – eine ordentliche Zahl. Den Anfang machten die „Minis", angefangen mit der Jüngsten, die erst dreieinhalb Jahre alt ist, bis zu den Vier-, Fünf- und Sechsjährigen. Am späten Nachmittag und Abend waren dann die Leistungssportlerinnen und -sportler an der Reihe. Lea Schumann sicherte sich den Titel als Stadtmeisterin, Luca Undank den als Stadtmeister – bei beiden fehlte die Konkurrenz in der Gruppe.

Für Schumann war der Titel bei den Junioren Damen deswegen fast schon eine Selbstverständlichkeit, Neuling Luca Undank stürzte zwar ein paar Mal, konnte sich aber dennoch den Titel sichern.

Julian Lötte

Warum ein Darts-Profi in Essen trainierte

Der Kneipensport zieht weltweit mehr und mehr Aufmerksamkeit auf sich

Die Darts-Weltmeisterschaft in London hat über Weihnachten und den Jahreswechsel die Aufmerksamkeit der Fans auf sich gezogen – wahre Darts-Leidenschaft gibt es aber auch in Essen. Und zwar in einer eher unscheinbaren ehemaligen Eckkneipe in Katernberg. In der „Beisenschänke" hat in den vergangenen Jahren auch ein echter Star der Szene trainiert: Der Belgier Dimitri van den Bergh – Spitzname „The Dreammaker" – spielt auf Weltklasse-Niveau und war bis vor einigen Jahren Teil der Mannschaft in Katernberg.

Im hinteren Raum der Beisenschänke trainierte er, gab Tipps und Tricks an die Essener Spieler weiter. „Wir konnten sehr viel von ihm lernen", sagt Joel Hanft. Er ist Teamkapitän des „DC Beisenschänke". Von Profi van den Bergh, den die Liebe in den Essener Norden gezogen habe, hat sich Joel Hanft einiges abgeschaut. Hat er einen Rest von 14 auf der Scheibe, spielt er grundsätzlich nicht mehr auf das Feld der Doppel-Sieben, sondern auf die Sechs, um dann eine Doppel-Vier zu werfen – in den Ohren von Laien klingt all das kryptisch. Zahlenverständnis und schnelles Kopfrechnen sind im Darts allerdings entscheidend.

Die Begeisterung für den Kneipensport verbindet die Essenerinnen und Essener, die sich regelmäßig in der Beisenschänke treffen. Die Eckkneipe ist heute Vereinsheim, der gastronomische Betrieb habe sich irgendwann nicht mehr gelohnt, sagt der ehemalige Wirt Klaus Hanft. Nun sind der DC Beisenschänke und der DC Ruhrpott Essen in der Kneipe beheimatet. Es gibt elektronische Dartsscheiben, auf die mit Kunststoffpfeilen gezielt wird, aber auch analoge Scheiben und Stahlpfeile.

Joel Hanft, Jill Schüßler und Sascha Kaiser (v.l.) im Vereinsheim in der Beisenschänke in Essen-Katernberg

Einige Bierchen gehen über die Theke

Ob E-Darts oder Steeldarts – bei Training und Turnier gehen meist so einige Bierchen über die Theke. „Es ist eben ein echter Kneipensport, ich habe selbst bei Bierrunden angefangen, bevor ich in den Verein eingetreten bin", sagt Klaus Hanft. Fünf Jahre lang spielte er mit dem DC Ruhrpott Essen irgendwann sogar in der Bundesliga. Ein gewisser Ehrgeiz ist da, vielen Spielern und Spielerinnen geht es aber vor allem um Gemeinschaft und Geselligkeit.

„Es gibt eine große Darts-Familie im Ruhrgebiet", sagt Sascha Kaiser, der seit einigen Jahren in Katernberg spielt. „Bei den Turnieren trifft man immer Leute, die man kennt." Zu Turnieren im Steeldarts begrüßen die Essener auch Teams aus Belgien und den Niederlanden. Jeden Freitag gibt es im Vereinsheim an der Grundstraße 83 ein offenes Turnier, das „Beisenranking". Wer durch die Weltmeisterschaft auf den Geschmack kommt und sich selbst einmal am Dartspfeil ausprobieren möchte, ist dazu eingeladen.

Eine Reise nach London ist für viele der Spieler ein Traum, den sie sich irgendwann erfüllen möchten. Der legendäre „Ally Pally", wie Darts-Fans den Alexandra Palace nennen, ist dort Austragungsort der Darts-Weltmeisterschaft.

Katrin Clemens

Pool und Snooker unter einem Dach

60 Aktive gehören zum Billardverein PSC Whiteball – trotz hoher Kosten für den Sport

Der Billardverein PSC Whiteball vereint als einziger in Essen Pool und Snooker unter einem Dach. Der 2003 als „BC Walkabout" in einer Krayer Spielhalle gegründete Club war 2019 an die Münchener Straße 50 gezogen und hatte Büroräume zu seinen Zwecken umgebaut. Vier blau bezogene Poolbillardtische und vier Snookertische mit grünem Tuch bieten nun ausreichend Spielmöglichkeiten.

Niklas Runze aus Kray-Leithe hat beim Besuch in der Spielhalle seine Großeltern im Schlepptau. „Wir gucken gerne Snooker im Fernsehen. Das wollte ich mir mal genauer anschauen und ein bisschen ausprobieren", sagte er. „Das hat echt Spaß gemacht, ist aber schon schwer. Das macht man nicht mal eben so. Ich kann mir aber gut vorstellen, hobbymäßig Snooker zu spielen."

Der erste Vorsitzende Patrik Hermanns skizzierte das Bild eines Clubs, dessen Situation sowohl sportlich als auch finanziell stabil ist: „Dass wir nach dem Aufstieg jetzt auch im Poolbillard Landesliganiveau präsentieren können, macht uns natürlich besonders stolz."

Ein deutliches Plus an Mitgliedern seit Beginn des Jahres habe den durch die Pandemie verursachten „Knick" wettgemacht, betonte Hermanns: „Wir haben nun mehr als 60 Billardbegeisterte im Club. Die Durchführung von eigenen Turnieren und die umfassenden Renovierungs- und Umbauarbeiten hier an der Münchener Straße haben zu einer steigenden Attraktivität des Vereins beigetragen."

Beim Rundgang wurde auf die LED-Beleuchtung hingewiesen, die zumindest für Trainings- und Spielbetrieb vollauf ausreiche. Ein Kostenfaktor, gab Vize-Boss Jörg Duda lächelnd zu: „Die Lumenzahl passt. Aber eine WM könnten wir hier nicht austragen." Der Verein müsse halt auf die Finanzen schauen, alleine das alle zwei Jahre fällige Neubeziehen der acht Tische koste an die 7000 Euro.

Die Preise für einen Pool-Queue lägen für Anfänger bei 40 Euro, könnten aber auf bis zu 5000 Euro steigen, so Hermanns. Neuerdings würden die Hartholz-Queues mit Carbon verfeinert: „Die Wirkungsübertragung ist eine ganz andere." Jörg Duda ergänzte, dass Snooker-Queues zwischen 120 und 800 Euro kosten: „Dann spielt man sein Leben lang mit dem Queue. Ich habe bisher auch erst einmal erlebt, dass einer seinen zertrümmert hat."

Beide Sportarten hätten gemein, dass der Gegner durch technisches Können zu Fehlern gezwungen werde. Das erfordere sehr viel Ambition und Training: „Der Einstieg ist schwer, das Erlernen der Techniken dauert. Dann kommen die ersten Erfolge", so Duda.

Dabei mache die Technik vielleicht 20 Prozent aus, den Rest die mentale Stärke. Daher werde beim Snooker fast gar nicht gesprochen, betonte Jörg Duda: „Ein Gentleman-Sport ohne emotionale Ausbrüche und mit sehr traditionellem Verhaltenskodex." Patrik Hermanns schmunzelte: „Beim Pool wird schon mal geflucht. Doch die Konzentration muss erhalten bleiben."

Daniel Henschke

Beim Billard kommt es vor allem auf die mentale Stärke an.

Die glücklichsten Menschen am Strand

333 Kilometer mit dem Rad von Altendorf nach Bensersiel: Die ERG fährt ihre Tour „ERG2Nordsee"

Mit dem Rennrad von Essen an der Ruhr nach Bensersiel an der Nordsee – und zwar am Stück. Diese Tortur nehmen alljährlich am ersten Juni-Wochenende immer wieder neue Menschen auf sich, die an ihre Grenzen gehen wollen. 2023 am Start: 40 Radfahrerinnen und Radfahrer aus der Region, begleitet von sechs Guides und zwei Begleitfahrzeugen. Mit dabei auch sechs Mitglieder der Essener Radsportgemeinschaft 1900 (ERG 1900) aus Altendorf.

„ERG2Nordsee": ein viel zu unspektakulär klingender Name für diese insgesamt fünfte Reise von Sonnenaufgang zu Sonnenuntergang. Noch ist es dunkel, als sich die Gruppe an der in Altendorf trifft. Die Betreiber des Cafés an der Uferpromenade sind an diesem Tag extra früh aufgestanden, haben um 3 Uhr geöffnet, um die Gruppe mit Frühstück zu versorgen: Brötchen, Nuss-Nougat-Creme, Kaffee. Auf dieser Fahrt werden die Teilnehmenden viel Energie benötigen.

Insgesamt 333 Kilometer liegen vor den Athletinnen und Athleten. In einem der Begleitfahrzeuge sitzt Maik Wagner, im richtigen Leben Gründer und Inhaber einer Consulting-Agentur für Webentwicklung und -architektur. „Directeur sportif" würde man ihn bei der Tour de France nennen. Er ist quasi der Chef des Ganzen, er sitzt im Verpflegungswagen, und er weiß, wovon er spricht – denn er hat diese Tour auch schon einmal als Fahrer hinter sich gebracht.

Mehr als ein Marathon

Das Leben eines Rennradfahrers, so sagt er, das sei die Geschichte des Testens und des Überwindens von Grenzen. Und die überwundenen Grenzen brennen sich ins Gedächtnis ein: „Jeder Radfahrer kennt die Straße seiner ersten Ausfahrt. Jeder weiß, wann er zum ersten Mal eine Strecke von 100 Kilometern gefahren ist", erklärt Wagner. „Jeder weiß, wann er zum ersten Mal 100 Meilen und zum ersten Mal 200 Kilometer gefahren ist." Letzteres sei für Radfahrer der Marathon. Und was sind dann 333 Kilometer? Unerreichbar. Eigentlich absurd.

Mit Radrennen, also Wettbewerb gegeneinander, hat diese Fahrt nichts zu tun. Es ist ein Rennen im Team, aber eben nicht gegen andere Teams, sondern gegen sich selbst. Gegen den vielzitierten inneren Schweinehund. Möglichst viel im Windschatten, um Kräfte zu sparen. Immer die kleinen Ziele vor Augen.

Noch ist es dunkel: Start der Tour an der „Radmosphäre" in Altendorf

Das erste liegt bei Schloss Raesfeld. Pause. Es gibt Brioche und Salamibrote. Abgesehen davon ist sein Verpflegungswagen vollgestopft mit Kraft in Form von Energieriegeln, Gewürzgurken und anderen interessanten Leckereien. Es ist alles vorhanden, was man so braucht: warm und kalt, vegetarisch, vegan und fleischhaltig. Ebenfalls mit dabei: 120 Liter Wasser – und Apfelsaft.

Und die Vorbereitung ist alles. Natürlich haben alle vorher trainiert oder sind in so guter Verfassung, dass sie die Strecke auch ohne besonderes Training schaffen. Eine Tour in Richtung Norden hat zudem einen Vorteil: Es gibt kaum Berge. „Keine Probleme" vermeldet dann auch Klaus Barkhofen von der „Essener Radsportgemeinschaft", der im sogenannten Besenwagen am Ende

19.30 Uhr am Strand von Bensersiel: Im Team haben sie die 333 Kilometer lange Strecke bewältigt.

des Feldes sitzt. Seine Aufgabe: aufpassen, dass die Truppe nicht von Fahrzeugen überholt wird. Und, falls nötig, diejenigen einsammeln, die aufgrund fehlender Kraft oder eines kaputten Rades nicht weiterkommen.

Nach zwölf Stunden schwindet die Konzentration

Kleinere Stürze lassen sich nicht vermeiden. Man fährt eng zusammen, und nach zwölf bis 15 Stunden lässt die Konzentration unweigerlich etwas nach. Da touchiert man den einen oder anderen Mitfahrer quasi unweigerlich. Doch alle können bis zum Ende durchfahren. Und: Die Tour ist perfekt organisiert. „Wir fahren in jedem Jahr die gleiche Strecke", sagt Wagner.

Die zweite Pause folgt bei Gronau: zweites Frühstück, diesmal etwas deftiger mit Frikadellen, Bauernbrot und Nussecken. Letztere eignen sich gut, um sie in die Tasche zu stecken, und es bleibt keine Verpackung übrig, wenn man sie während der Fahrt isst. Weiter geht's Richtung Norden.

Aus organisatorischer Sicht könnte man die Tour auch in Zahlen umschreiben: 333 Kilometer, sechs Helfer, drei Busse fürs Gepäck und die spätere Rückfahrt, zwei Begleitfahrzeuge, vier Pausen; 50 Prozent „Ersttäter", wie Wagner es formuliert, „leider nur drei Frauen. Im letzten Jahr machten Frauen ein Drittel des Feldes aus". In der Ausschreibung hatte man vorgeschrieben, dass im Schnitt 25 km/h gefahren werden sollte – tatsächlich werden es am Ende 26,9 km/h sein.

Die letzte Pause folgt bei Kilometer 240: Aurich. Wagner weiß aus eigener Erfahrung, was das bedeutet: „Die letzte Etappe, vor allem aber die letzten 40 Kilometer, die ziehen sich. Da muss man die Leute noch mal motivieren." Sein Zaubermittel: tiefgefrorene Mini-Windbeutel. Und darüber hinaus die Gewissheit: „Sobald die zum ersten Mal die Nordsee sehen, dann wissen sie: Wir haben es fast geschafft. Das ist ein sehr emotionaler Moment."

Wildfremde umarmen sich

Gegen 19.30 Uhr ist es endlich soweit: Am Strand von Bensersiel liegen sich Menschen, die sich am Morgen noch wildfremd waren, in den Armen. Sitzen in Strandkörben, atmen Nordseeluft, graben die Füße in den Sand. Das Übernachtungsgepäck wartet in der Jugendherberge Bensersiel, deren Mitarbeiter übrigens – wie schon die der „Radmosphäre" am Morgen – Überstunden machen, um das Fahrerfeld zu begrüßen und warmes Abendessen bereitzuhalten. Und vielleicht ein Bier oder ein Glas Sekt. Zum Feiern.

333 Kilometer liegen hinter ihnen – eigentlich absurd. Und dennoch: Schon am Strand von Bensersiel scheinen die Beine nach mehr zu gieren. Wagner: „Da haben die ersten schon wieder darüber geredet: Was machen wir als nächstes? Wo können wir 400 Kilometer fahren?"

Die 300 verführt, sie macht vielleicht sogar süchtig. Denn wenn man es geschafft hat, da sind sich die Teilnehmer einig, kommen Emotionen hoch. Barkhofen: „In Bensersiel stand einer der Fahrer neben mir und hat es auf den Punkt gebracht. Er sagte: ‚Ich bin der glücklichste Mensch an diesem Strand.'"

Torsten Wellmann

Bronze bei der Deutschen Meisterschaft

Die U20-Volleyballer des VV Humann schneiden in Biberach an der Riss gut ab

Starke Platzierungen erkämpften sich die Nachwuchs-Volleyballer des VV Humann Essen bei deutschen Meisterschaften. Dabei hatten alle drei VVH-Teams eine Hand an der Medaille, als sie in ihren Viertelfinals jeweils mit 1:0 nach Sätzen vorne lagen.

Während die beiden U16-Teams ihren Gegnern RC Sorpesee (Mädchen) und VC Brandenburg (Jungen) danach knapp mit 1:2 unterlagen, schaffte es die U20 aus Steele ins Halbfinale. Dabei revanchierten sie sich für zwei bittere Niederlagen im Vorjahr gegen MTV Ludwigsburg und sprangen mit 15:9 im Entscheidungssatz aufs Treppchen. Dass es nicht für einen noch größeren Wurf reichte, lag an der knappen Halbfinal-Niederlage gegen Ausrichter TSV Mühldorf. Nach gewonnenem ersten Satz fehlte den Humännern um die starken Angreifer Luc Lüftner und Tim Borchert im zweiten Durchgang nur zwei Punkte zum Finaleinzug.

Kraftakt im entscheidenden Vorrundenspiel

Auf dem Weg zur Bronzemedaille war den Essenern im oberschwäbischen Biberach an der Riss bereits ein Husarenstück gelungen. Im entscheidenden Vorrundenspiel lagen sie 0:1 und 11:20 gegen den Berliner TSC zurück, retteten sich aber in den Entscheidungssatz, siegten dort in der Verlängerung 21:19 durch und wurden so Gruppensieger.

Nach jeweils knappen Viertelfinal-Niederlagen konnten auch die beiden U16-Teams mit Rang sechs hochzufrieden sein. Für den weiblichen Nachwuchs war es die beste Platzierung der Vereinsgeschichte. Die Volleyballerinnen besiegten in der Vorrunde Erfurt und Stuttgart, unterlagen aber dem Marzahner VC. In der Zwischenrunde gewann die Mannschaft um die überragende Angreiferin Rika Dieckmann deutlich mit 2:0 gegen Freiburg.

Die Neuauflage des NRW-Endspiels gegen den RC Sorpesee gestalteten die Essenerinnen dann unerwartet eng und ärgerten den Favoriten mit einem Satzgewinn. In der Platzierungsrunde aktivierten die VVH-Spielerinnen noch die letzten Kraftreserven und beendeten das Turnier nach einem Sieg über Chemnitz und einer Niederlage gegen Schwerin auf Platz sechs.

Einen ähnlichen Weg nahmen auch die Jungen. Nach einer Niederlage gegen Leipzig zog das Team um Kapitän Matteo Linka mit Siegen über Heidelberg, Dessau und Schwerin ins Viertelfinale ein. Dort lieferte es dem Ausrichter und späteren Vizemeister VC Brandenburg vor allem im Tiebreak einen spannenden Kampf und unterlag mit 13:15. Ein Sieg gegen Freiburg und eine Niederlage gegen Berlin brachte dann Rang sechs unter den 16 besten Teams Deutschlands.

Jan Hildebrand

Jubel bei der U20 des VV Humann. Die Volleyball-Talente haben Platz drei bei der Deutschen Meisterschaft erkämpft.

Der VV Humann bleibt unabsteigbar

Dank glücklicher Fügung schlagen die Essener Volleyballer weiter in der 2. Liga auf

Die Sommerpause hatten sich die Zweitliga-Volleyballer des VV Humann Essen verdient. Die Saison war stressig genug und hatte enorm viel Kraft gekostet, nicht nur körperlich, sondern auch mental.

Doch das Engagement, die Leidenschaft und das ständige Aufbäumen haben sich gelohnt. VV Humann wird auch künftig in der 2. Bundesliga aufschlagen. Und wenn man es in der Gesamtheit betrachtet, war es eine überragende Saison für den Club, die vermutlich in ganz Deutschland ihresgleichen sucht.

Die Unabsteigbaren! So nennt man diese Teams, die sich ständig auf den letzten Metern in Sicherheit bringen. Auch den Humännern ist dieses Kunststück einmal mehr gelungen. Zugegeben, weniger sportlich, sondern formal auf Antrag bei der Deutschen Volleyball Liga – und dank einer aus Essener Sicht glücklichen Auf- und Abstiegsregelung.

Die Unabsteigbaren: Mit dem 3:1-Sieg über Warnemüde retteten sich die Humänner auf den wichtigen vorletzten Platz.

Am vorletzten Spieltag Mitte April gewann das blutjunge Team von Trainer Peter Bach das letzte Heimspiel der Saison vor ausverkauftem Haus gegen den SV Warnemünde mit 3:1. Es war erst der fünfte Sieg aus 21 Spielen. Und die Fans feierten ihre Mannschaft ausgelassen. Mit diesen drei Punkten überholte der VVH den ETV Hamburg in der Tabelle und kletterte auf den vorletzten Platz. Es war ein entscheidender Schritt.

VVH verpasste das Wunder

Sogar der direkte Klassenerhalt war vor dem Saisonfinale noch möglich. Doch VVH verpasste das Wunder. Zwar verloren die Konkurrenten Schüttorf und Hamburg jeweils mit 1:3, aber auch die Humänner waren in Münster (0:3) chancenlos. Also Abstieg. Natürlich waren die Youngster aus Steele enttäuscht. „Die Jungs waren extrem fleißig in den letzten zehn Monaten und wir haben uns entwickelt“, sagte Trainer Bach. „Unsere Mannschaft ist jetzt traurig, wird aber wiederkommen.“ Als hätte es der erfahrene „Bacher“ geahnt.

Nicht Meister TuS Mondorf, sondern der Tabellendritte VC Bitterfeld-Wolfen hat den Sprung in die 1. Liga gewagt. Vereine aus dem Norden sind von dort nicht abgestiegen, und nur Hamburg hat die 2. Liga nach unten verlassen. Die zwei freien Plätze nehmen die Neuen aus der 3. Liga, Dessau Volleys und TSV Giesen II, ein. Und der VV Humann ist geblieben.

Was für eine glückliche Fügung für den gesamten Verein, der auch unterhalb der 2. Liga dominierte. VVH gewann den Titel in der Regionalliga, in der Ober- und in der Verbandsliga. Wäre die Erste aus der 2. Liga abgestiegen, wäre allen laut Statuten der verdiente Lohn, der Aufstieg, versagt geblieben. Doch nun klettert Regionalliga-Meister VVH II in die Dritte Liga, Oberliga-Primus VVH III rückt auf in die Regionalliga. So wird Humann in der kommenden Spielzeit in allen Spielklassen (Ausnahme 1. Bundesliga) mit einem Herren-Team vertreten sein, wobei das meisterliche Verbandsliga-Team sogar auf den Aufstieg in die Oberliga freiwillig verzichtet hat, weil die eigene Vierte (Vizemeister) dort weiterhin vertreten ist. Mehr Erfolg geht nicht.

Rolf Hantel

Große Party für KSV Rothe Mühle

Die Essener gewinnen auf dem Baldeneysee das weltweit größte Kanupolo-Turnier

Drei, zwei, eins … Die Uhr tickte langsam herunter. Als der Schlusspfiff ertönte, gab es am Baldeneysee – auf dem Wasser und am Ufer – kein Halten mehr. Auf der Tribüne herrschte völlige Ekstase, die Party-Version von „Griechischer Wein" dröhnte aus den Boxen. Auf dem Wasser fielen sich die Spieler in den Booten in die Arme, ein euphorisierter Michael Konrad schrie seine Freude heraus – die Sensation war perfekt.

Der KSV Rothe Mühle (KRM) hat das geschafft, was den Essenern nach dem durchwachsenen Bundesliga-Start niemand so richtig zugetraut hatte, und den Deutschland Cup, das weltgrößte Kanupolo-Turnier, das Heimspiel auf dem Baldeneysee, gewonnen. Im Endspiel triumphierten die Rot-Weißen mit 5:4 über FOA Liverpool – wie bereits bei der Auflage 2019.

„Heute ist ein ganz großer Tag", erklärte KRM-Coach Konrad. Die beiden Konkurrenten lieferten sich ein enges Finale, in dem es hin und her ging, Rothe Mühle aber stets die Kontrolle und Oberhand behielt. „Was unheimlich geholfen hat, war, dass wir in Führung gegangen sind, wir nicht hinterherlaufen mussten und dann nach dem ersten Tor unheimlich viel Selbstvertrauen hatten", freute sich Konrad.

Patrick Lawrentz gelingt Dreierpack

Hauptverantwortlich für den Finalsieg: Patrick Lawrentz, der gegen Liverpool den Ball gleich drei Mal platziert an den gegnerischen Paddeln vorbei ins Netz setzte. Er fühle sich „fantastisch", sagte er wenige Minuten nach dem Abpfiff mit seinem Boot unterm Arm. „Das ist erst recht in Essen besonders schön, weil ja auch die ganzen Essener hier mitjubeln."

Rothe Mühle, dessen Damenteam Siebter wurde, war mit dem Ziel Halbfinale gestartet, fühlte sich nicht als Favorit, was der Mannschaft gut getan habe, so Konrad. Zehn Spiele bestritten die Essener in der Vor-, Zwischen- und K.o.-Runde und verließen das Wasser jedes Mal als Sieger – eine phänomenale Bilanz.

Großartig gefeiert wurde nicht mehr, denn am Wochenende darauf stand bereits der zweite Bundesliga-Spieltag an – die Spieler müssen schnell regenerieren. Zumal die drei Turniertage für alle Beteiligten kräftezehrend waren. „Es ist insgesamt sehr gut gelaufen – nicht nur, weil Rothe Mühle gewonnen hat", sagte Jürgen Konrad, der Kopf des Organisationsteams. Das Wetter spielte mit, die Sonne schien nahezu ununterbrochen.

Die KG Wanderfalke (KGW) hat gewohntermaßen keine lange Anreise. Die Werdener, die die Top-Ten angepeilt hatten, beendeten den Deutschland Cup auf Platz sieben nach dem 4:3-Sieg gegen RKV Berlin. „Von daher: Ziel erreicht. Es ist natürlich schade, dass wir im Viertelfinale gegen Rothe Mühle ausgeschieden sind", erklärte KGW-Kapitän Lukas Körner, der dafür maßgeblich die individuellen Fehler in der ersten Halbzeit verantwortlich machte. „Wenn wir fehlerfreier spielen würden, hätten wir da sicherlich auch ein bisschen mehr rausholen können."

Julian Lötte

Geschafft: Lennart Unterfeld und Leon Konrad vom KSV Rothe Mühle feiern den Finalsieg auf dem Baldeneysee.

KSV scheitert erneut im Finale

Wanderfalke bei DM Dritter – Havelbrüder gewinnen das Endspiel gegen Rothe Mühle

Essen Déjà-vu für die Kanupolo-Herren des KSV Rothe Mühle (KRM): Der Bundesligist scheiterte wie im Vorjahr erst im Endspiel der Deutschen Meisterschaft, muss sich erneut mit Platz zwei begnügen und hat die Qualifikation für die Champions League knapp verpasst. Erneut unterlagen die Essener zum Auftakt der Finalserie, glichen im zweiten Spiel aus, verloren aber dann Spiel drei.

Diesmal triumphierten in Köln die Havelbrüder Berlin und schnappten KRM den Titel weg. „Der ganz große Unterschied war, dass es in diesem Jahr unter wesentlich dramatischeren Umständen ablief. Unsere Leistung war deutlich besser“, erklärte KRM-Coach Michael Konrad. „Die Finalspiele zwei und drei waren mit Sicherheit das Beste, was man in den letzten zehn Jahren in Deutschland gesehen hat.“

Froh über einen „Mega-Abschluss“ bei der DM: Wanderfalke-Kapitän Lukas Körner freut sich über den dritten Platz.

Im ersten Finalspiel mussten sich die Essener zwar mit 2:3 geschlagen geben, waren sich aber sicher, „dass wir gut gespielt haben, nichts ändern brauchen und einfach nur so weitermachen müssen“, meinte Konrad. Im zweiten Duell stand Rothe Mühle also unter Druck, erkämpfte sich aber durch den Siegtreffer von Sven Vogt in der dritten Verlängerung das entscheidende Finalspiel.

Erstmals seit 16 Jahren auf dem Treppchen

Im dritten Aufeinandertreffen wurde es dann dramatisch: Die Essener lagen bis eine Sekunde vor Schluss mit 3:4 zurück, ehe erneut Vogt traf. „Unbeschreiblich“, laut Konrad. Es sei ein Wechselbad der Gefühle gewesen. „Wir waren raus, hatten aber auch zwischendurch die Chance, alles klarzumachen.“ Der Treffer zum Meistertitel zugunsten der Havelbrüder habe dann ins Bild gepasst. In der zweiten Overtime musste sich Rothe Mühle dann nach einem abgefälschten Ball, der über den Essener Goalie hinweg ins Tor flog, geschlagen geben – aus der Traum.

Während die Rot-Weißen die DM mit einer Enttäuschung abschlossen, überwogen bei KG Wanderfalke (KGW) die positiven Gefühle, nachdem sie sich gegen Meiderich den dritten Platz gesichert hatten. Erstmals seit 16 Jahren landeten die Werdener auf dem Treppchen. „Insofern war es eine sehr bedeutsame Deutsche Meisterschaft für uns“, sagte KGW-Kapitän Lukas Körner.

Es sei „echt ein Mega-Abschluss“ gewesen – auch, wenn KGW sich das Ziel, vor Lokalrivale Rothe Mühle zu landen, nicht erfüllen konnte. Im Viertelfinale setzten sich die Wanderfalken erst im dritten Spiel gegen den RSV Hannover durch. Im Halbfinale legte KGW gegen die Havelbrüder, zunächst vor, verlor jedoch die Spiele zwei und drei. Vor den Duellen um Platz drei habe das Team gesagt, es wolle sich für die Saison belohnen – mit Erfolg. Beim 5:1 und 3:0 ließen die Essener Duisburg keine Chance, der konsequenten Abwehrarbeit sei Dank. „Wir haben eine gute Entwicklung genommen in dieser Saison“, freute sich Körner.

Julian Lötte

Vier Einzel-Titel gehen nach Essen

Auch das Damen-Quartett der SG Steele räumt bei den Westdeutschen Meisterschaften ab

Mit vier Gold-, acht Silber- und einer Bronzemedaille kamen die Essener Starterinnen und Starter äußerst erfolgreich von den 53. Westdeutschen Einzelmeisterschaften der Seniorinnen und Senioren aus Hamm zurück, wo erstmals nach Beginn der Corona-Pandemie wieder Doppel und Mixed-Konkurrenzen ausgespielt wurden.

Allein drei Gold- und acht Silbermedaillen brachte das Damen-Quartett der SG Steele mit nach Hause. Damit waren Kornelia Ruthenbeck (3× Silber im Seniorinnen 65 Einzel, Doppel und Mixed), Monika Hußmann (3× Silber im Seniorinnen 70 Einzel, Doppel und Mixed), Monika Flothwedel (1× Gold im Seniorinnen 75 Doppel, 2× Silber im Doppel und Mixed) sowie Ruth Schneider (2× Gold im Seniorinnen 80 Einzel und Mixed) die fleißigsten Edelmetallsammlerinnen der insgesamt elf Teilnehmer. Alle vier spielten sich sowohl in den Einzel-, den Doppel- und Mixed-Konkurrenzen bis ins Finale und sind damit auch für die Deutschen Meisterschaften qualifiziert.

Ruth Schneider konnte sowohl das Einzel- als auch das Mixedfinale gewinnen und ist somit zweifache Westdeutsche Meisterin. Monika Flothwedel gewann das Endspiel im Doppel der Seniorinnen 75 mit ihrer Partnerin R. Lindner (TTF Rhenania Königshof). Das vierte Gold errangen Bernd Witthaus (GW Schönebeck) und Heinz Krajewski (ESV GW Essen) im Doppel der Senioren 80.

Eine völlig unerwartete Bronzemedaille kam dann noch in der Doppelkonkurrenz der Senioren 60 hinzu, als Thomas Nagrotzki (DJK Dellwig), der lediglich als Ersatzmann nachnominiert worden war, mit seinem zugelosten Doppelpartner K. Goldbeck (TTG Gladbeck-Süd) bis ins Halbfinale vorstieß, dort aber gegen die späteren Sieger denkbar knapp mit 9:11 im Entscheidungssatz verlor.

Bei den Senioren 55 gelang Jürgen Hirsch (TV Horst-Eiberg) ein Achtungserfolg. Gemeinsam mit dem Essener Rainer Jungblut (Union Velbert) überstand er die Gruppenphase und traf in der K. o.-Runde im Viertelfinale auf den späteren Vizemeister Dirk Skock (Schwalbe-Bergneustadt), unterlag aber in drei knappen Sätzen (-9, -8, -10). Christoph Siepmann (MTG Horst) belegte in der Gruppenphase der Senioren 60 einen zweiten Platz und qualifizierte sich erwartungsgemäß für die K. o.-Runde, schied aber ebenfalls nach einem 3:1-Sieg im Achtelfinale gegen Ulrich Watermann (TuS Bexterhagen) im Viertelfinale gegen Alexander Michajlov (PSV Oberhausen) aus.

Bei den Senioren 70 behielt Reinhard Scholven (DJK Dellwig 1910) in der Gruppenphase zwar mit drei 3:0-Siegen eine „weiße Weste“, schied dann aber im Achtelfinale gegen Josef Pöppelbuss (TTV Hervest Dorsten) aus. Bernd Witthaus blieb in der Gruppenphase der Senioren 80 ungeschlagen, musste dann aber ebenfalls im Viertelfinale die Segel gegen Gerhard Pigerl (BW Grevenbroich) die Segel streichen.

Andreas Beckmann

Gold im Doppel: Bernd Witthaus von GW Schönebeck

Franz-Sales-Haus krönt prächtige Bilanz

Erfolgreiche Tischtennis-Saison. Aber einige Mannschaften verzichten auf den Aufstieg

Aufsteiger in die Tischtennis-Oberliga – das Team des Franz-Sales-Haus: Gianni Ducree, Kagan Kizilates, Benjamin Kley, Niklas Simon, David Sprenger, Michael Höhl, Lennart Kley, Kay Schlowinsky und Dennis Stadie

Die klassenhöchsten Essener Tischtennis-Teams blicken auf eine prächtige Bilanz. Die Damen-Mannschaft der SG Steele erreichte in der NRW-Liga den siebten Tabellenplatz und damit den anvisierten Klassenerhalt, dabei hatte Steele im Laufe der Saison aber auch mit erheblichen Aufstellungssorgen zu kämpfen. Die Konsequenz: Rückzug aus der NRW-Liga.

Das Aushängeschild im Essener Tischtennis ist aber zweifelsohne das Herren-Team vom Franz-Sales-Haus, das NRW-Liga-Meister wurde und mit dem Aufstieg in die Oberliga den Durchmarsch schaffte. Wie knapp die Meisterschaft letztlich entschieden wurde, zeigt die Tatsache, dass die vier erstplatzierten Mannschaften jeweils nur ein Punkt in der Endabrechnung trennte.

Sich unter diesen vier nahezu gleichwertigen Teams am Ende durchgesetzt zu haben, spricht für die Ausdauer und die mannschaftliche Geschlossenheit der Huttroper, die damit nach einer Durststrecke von neun Jahren im nächsten Jahr wieder eine Essener Oberliga-Mannschaft stellen werden.

In der Damen-Verbandsliga gewann DSJ Stoppenberg ebenfalls den Titel, wird aber auf die Aufstiegsoption in die NRW-Liga verzichten. Mit Platz drei für die Damen des Franz-Sales-Hauses und Platz sieben für den Tusem gibt es weitere mehr als zufriedenstellende Ergebnisse in dieser Liga.

Spitzenspieler hat Tusem verlassen

In der Herren-Verbandsliga gab es mit der Vizemeisterschaft des Tusem zwar einen Lichtblick, doch hat das Team auf die möglichen Relegationsspiele zur NRW-Liga verzichtet. Die Mannschaft bleibt im nächsten Jahr nicht zusammen, da der bisherige Spitzenspieler Felix Kleeberg und eine Reihe weiterer Spieler den Verein verlassen haben.

Mit MTG Horst auf Platz drei, die eine bärenstarke Rückrunde spielte, und Adler Union Frintrop auf Platz sieben schafften zwei weitere Essener Teams den Klassenerhalt. Lediglich TTV Altenessen muss als Tabellenletzter den Abstieg hinnehmen und es ist noch völlig offen, in welcher Liga sie im nächsten Jahr aufschlagen werden. Dafür rückt die Zweitvertretung des Franz-Sales-Hauses in die Verbandsliga nach, die in überlegender Manier die Meisterschaft in der Landesliga schaffte. DSJ Stoppenberg und der TTC Werden belegten in ihren Landesliga-Gruppen jeweils gute vierte Plätze und schafften den Klassenerhalt.

Dies gelang der Zweitvertretung der MTG Horst nicht, sie stieg als Tabellenletzter aus der Landesliga ab, während Adler Union Frintrop II den Klassenerhalt noch über eine Relegationsrunde geschafft hat.

Andreas Beckmann

Erneuter Umbruch beim RCE

Rugby: Der Essener Klub entwickelt sich weiter, muss aber viele Hindernisse nehmen

Es war eine Saison mit Höhen und Tiefen für die Essener Rugger. Platz drei in der Regionalliga-Endabrechnung klingt nicht danach, als hätte der RCE seine Ambitionen, auf Sicht wieder in die 2. Bundesliga zurückzukehren, untermauert. Doch der Klub hatte andere Herausforderungen, denen er sich stellen musste. Wieder mal.

Frank Haberland, Chef des RCE, hatte daher gar keine Mühen, ein positives Fazit zu ziehen: „Bei aller Kritik muss man fairerweise auch sagen, dass wir aufgrund der vielen neuen Spieler schon stolz auf den dritten Platz sein können." Vor der Saison 2022/23 hatten viele neue Akteure bei den Essenern angeheuert, der Großteil davon hatte zu diesem Zeitpunkt noch keine Rugby-Erfahrung. Völlig klar: Die abgelaufene Saison diente dem RCE lediglich als Übergangs-Spielzeit.

Sportlich war der Zug längst abgefahren, ehe das Rugby-Jahr offiziell endete: Zum Saisonausklang unterlag der RCE dem Zweitplatzierten Köln mit 14:41, doch weder nach oben, noch nach unten war Bewegung drin. Als Meister stand schon früh der übermächtige RC Paderborn fest.

Spieler aus zwölf Nationen gehören zum Kader

Das Ziel hatten die Rugger also nicht erreicht, aber das war auch gar nicht schlimm. „Du brauchst Zeit, um einen guten Spieler zu formen. Die werden wir uns nehmen", sagte Kapitän Hagen Schomberg nach der letzten Partie. Trotz Rang drei zeigte er sich zuversichtlich, „dass wir uns auch wieder ganz oben mit den Teams an der Tabellenspitze messen können".

Wieder einmal hat es einen Umbruch gegeben, neue Spieler haben den Weg nach Essen gefunden, teils aus allen Richtungen. Akteure aus zwölf Nationen gehören zum RCE-Kader. Aber Nachwuchs ist schwierig zu finden: „Wir sind immer noch eine Randsportart", weiß Klub-Chef Haberland, „um das festzustellen, braucht man nur die Zeitung aufzuschlagen, wenn eine Weltmeisterschaft läuft."

Frankreich, Südafrika, Neuseeland, Irland – das alles sind gestandene Rugby-Nationen. Dort laufe die Akquise von allein. Die Essener – wie viele deutsche Rugby-Vereine – müssen aktiv um neue Leute werden. „Wir würden ja gern in den Schulen Rugby-Kurse geben. Aber das dürfen wir nicht, weil bei uns niemand einen Übungsleiterschein hat", beschwert sich Haberland.

Immerhin: Der Aufakt in die neue Regionalliga-Saison war gute Werbung für den RCE und den Rugby-Sport. Nach Siegen gegen die Tourists Münster (21:17) und die SG Rheinland (36:12) übernahm die Mannschaft von Trainer Mejdi Frikha am zweiten Spieltag die Tabellenführung.

Luke Eisenblätter und Elia Michel vom RC Essen im Spiel gegen Düsseldorf

Dominik Hamers

Ein neuer Versuch mit „DJ“

Football-Regionalligist Assindia Cardinals hat im Sommer den Trainer gewechselt

Es war die Konsequenz aus dem enttäuschenden Saisonverlauf. Die Assindia Cardinals haben im Sommer Cheftrainer Bernd Janzen von seinen Aufgaben entbunden. Sherman „DJ“ Anderson, der die Essener in der Saison 2019 von der Regionalliga in die Zweite Liga (GFL2) geführt hatte, ist Seit Sommer 2023 der neue Coach des Football-Regionalligisten.

„Wir haben uns die Entscheidung alles andere als leicht gemacht, vieles abgewogen, sind aber letztendlich zu dem Schluss gekommen, dass Verein und Team neue Impulse und Perspektiven brauchen. Jeder weiß, dass mit dem letzten Schiedsrichter-Pfiff einer Saison die Vorbereitungen für die neue starten. Da kann die Zeit für Veränderungen und Neuausrichtungen sehr schnell sehr knapp werden und man könnte unter Druck geraten“, erklärt Vereinschef Wilfried Ziegler. Weitere Veränderungen in der Trainercrew hat es nicht gegeben.

Übernommen hatte Janzen den Job in Essen im Oktober 2020 von „DJ“ Anderson – der drei Jahre später an die Seitenlinie zurückkehrt. „DJ“ war bereits in verschiedenen Positionen bei einigen Vereinen im Essener Umkreis als Coach aktiv. Zuletzt half er am Ende der Vorsaison für die Relegation bei den Düsseldorf Panthern aus. „Er ist sehr loyal und bringt den gewissen amerikanischen Spirit rein“, sagt Ziegler über den in Florida geborenen Anderson. „Die richtige Mischung aus Zuckerbrot und Peitsche, er kann anfeuern und motivieren, aber auch ein harter Hund sein.“

Der Verein will in die Zweite Liga zurück

Ziegler erwarte, „dass er den positiven Spirit ins Team zurückbringt – auch, wenn es im Prinzip um nichts mehr geht. Er soll jetzt schon im Team die Aufbruchstimmung für 2024 erzeugen.“ Der Verein wolle in die Zweite Liga zurück. „Das ist dann auch das erklärte Saisonziel für 2024 – ganz klar“, sagt Ziegler.

Was verwundert: Die Cardinals und Anderson hatten sich rund drei Jahren zuvor einvernehmlich aufgrund „unterschiedlicher Zukunftsvorstellungen“ getrennt. Bestehen die immer noch? Anderson sagt, er sei damals nicht mit den kommunikativen Herausforderungen der Corona-Pandemie klargekommen, das sei der Grund für die damalige Trennung gewesen. „So war das kein Football für mich“, erklärt er. Es sei eine gute Entscheidung gewesen, der Kontakt zu den Cardinals riss nie ab, er schaute sich auch immer mal wieder Spiele „Am Hallo“ an.

„Essen war immer eine Station, an der ich gerne gecoacht haben. Ich habe mich immer wohlgefühlt in Essen – mit dem Team und dem Management, aber vor allem auch mit den Fans. Das ist für mich ein gutes Pflaster“, so „DJ“. Er habe nicht vor, Aufbauarbeit zu leisten, die Basis müsse stimmen. „Und das tut sie in Essen. Ich möchte die Saison gerne vernünftig abschließen.“ Und mit Blick in die Zukunft: „Die Art und Weise, wie wir uns auf Spiele vorbereiten, wie wir trainieren, wie die Abläufe sind, wollen wir schon jetzt installieren und mit in die Winterpause nehmen.“

Julian Lötte

Die Assindia Cardinals versuchen es noch einmal mit Sherman DJ Anderson als Cheftrainer.

Cardinals rügen System der ELF

Football-Regionalligist kritisiert die herrschende Ungerechtigkeit

Haarscharf verpassten die Assindia Cardinals das Happy End: In der Schlussminute des Gastspiels bei den Troisdorf Jets versuchten die Essener Footballer, das Ergebnis nach ihrer Aufholjagd durch ein Field Goal endgültig zu drehen – allerdings ohne Erfolg. So mussten sich die „Men in Blue" auch im letzten Regionalliga-Duell einer Saison geschlagen geben, die für die Cardinals quasi bereits vor der zwischenzeitlichen Sommerpause gelaufen war.

Der angepeilte Aufstieg? Früh verspielt. Trainer Bernd Janzen? Musste während der Sommerpause gehen. Und dennoch sagt Präsident Wilfried Ziegler nach dem letzten Saisonspiel: „Die Gefühle nach dem letzten Spiel waren durchaus positiv – auch wenn es eine Niederlage war." Der Grund dafür sind die Auftritte in den ersten Spielen unter Trainer-Rückkehrer Sherman „DJ" Anderson, die hoffen lassen, dass die neue Spielzeit eine erfolgreichere wird. „Die positiven Ansätze, die kann man deutlich erkennen", erklärt Ziegler.

Assindia Cardinals wollen wieder angreifen

Spielerisch stimmt die Richtung wieder, allerdings war in den letzten Spielen dann doch etwas die Luft raus. Im nächsten Jahr will der Regionalligist den nächsten Angriff auf den Aufstieg starten, nachdem die Essener den Traum von der direkten Rückkehr in die Zweite Liga (GFL2) früh ausgeträumt hatten.

Welche Lehren zieht der Präsident aus dem verkorksten Jahr? „Wir müssen insgesamt konsequenter mit der Mannschaft umgehen als im letzten Jahr. Den Jungs muss immer wieder vor Augen gehalten werden, worum es geht, wenn wir den Aufstieg als Ziel ausgeben", so Ziegler. „Das muss viel intensiver und häufiger in jedem Training gezeigt werden."

Externe Verstärkungen zu verpflichten, ist spätestens seit der Gründung European League of Football (ELF) eine große Herausforderung für die Vereine: Die im Juni 2021 gestartete Liga zieht den Vereinen die Spieler ab.

„Auf der einen Seite muss man mit der Konkurrenz leben", weiß Ziegler. „Das Ungerechte an der Situation ist einfach, dass sie sich – wann und wie sie wollen – bei den Vereinen bedienen können, wie sie lustig sind. Und das auch zu den Zeitpunkten, zu denen es den Vereinen richtig schadet."

Da sich die ELF außerhalb von jeglichen Sportsystemen bewege, gibt es auch keine Sperre für die jeweiligen Spieler. Das Franchise-System versprüht einen Hype, die Klubs können im Gegensatz zu „normalen" Vereinen mit Gehältern locken – attraktiv für die Spieler, fatal für die Vereine. Die ELF-Klubs verstärken sich mit Erst- oder Zweitliga-Spielern. Die wiederum ziehen Spieler von Regionalligisten wie den Cardinals, die deswegen bei der Spielersuche auf die unteren Ligen zurückgreifen müssen. Das Niveau sinkt zwangsläufig.

Und was Ziegler im Zusammenhang mit der ELF wichtig ist zu betonen: „Das sind keine Vereine, sondern im Franchise-System organisierte Wirtschaftsunternehmen – das ist in der Wahrnehmung nicht ganz klar."

Julian Lötte

Robert Shufford und die Assindia Cardinals wollen in der nächsten Saison wieder angreifen.

Neuer Alltag für Essener Football-Talent

Jason Söntgerath will sich in England den Traum von der Profi-Karriere erfüllen

Auf einmal geht alles ganz schnell. Jason Söntgerath wird von der NFL Academy zum Tryout in Düsseldorf eingeladen, setzt sich durch. „Das war der Startschuss“, erinnert er sich.

Bei einem Video-Call erhält er die Information, dass er die Möglichkeit bekomme, seinen schulischen und sportlichen Weg in Loughborough im Vereinigten Königreich fortzusetzen. Kurze Zeit später ist der Vertrag unterschrieben, ein paar organisatorische Dinge müssen noch geklärt werden, dann geht's los.

Der akademische Teil der Ausbildung läuft über die Schule der Loughborough University, erzählt er, alles Sportliche läuft unter dem Namen der NFL Academy. Das Talentsichtungs- und Förderprogramm basiert auf einem High-School-Konzept, wie es in den Vereinigten Staaten der Fall ist. „Die NFL Academy in Loughborough eröffnet talentierten Nachwuchsspielern aus verschiedenen Ländern einen Weg in den amerikanischen College Football und schafft eine weitere Möglichkeit für junge Football-Talente, sich für eine Profikarriere zu qualifizieren“, erklärt Alexander Steinforth, General Manager NFL Deutschland.

Die Faszination Football entsteht bei Söntgerath im Jahr 2014, als die Seattle Seahawks den Super Bowl gewinnen. Ab diesem Zeitpunkt verfolgt er die Sportart. „Ich hatte aber nie vor, es selbst zu spielen“, erklärt das Talent. Vor rund zwei Jahren erst schnappt Söntgerath sich seinen besten Freund, die beiden absolvieren ein Probetraining beim nächstgelegenen Verein, den Assindia Cardinals in Essen.

Angebote aus der Jugendbundesliga ausgeschlagen

In den letzten Zügen der Saison trainiert er noch mit der U16, ehe seine Karriere im Folgejahr in der U19 richtig beginnt. „Ich habe relativ schnell gemerkt, dass ich ein gewisses Grundtalent habe – auch, was das Spielverständnis angeht“, sagt der Wide Receiver. „Ich war immer schon ein bisschen schneller als viele meiner Klassenkameraden.“ Söntgerath sei ein „sehr ehrgeiziger Typ“, sagt sein ehemaliger U19-Coach Oliver Kluss. „Er wollte immer trainieren – egal, wie viele Leute da waren.“ Der Youngster hatte laut Kluss auch Angebote aus der Jugendbundesliga. „Trotzdem ist er uns treu geblieben und da geblieben, wo er Football gelernt hat.“

Nach knapp der Hälfte der zweiten Saison in Essen kontaktiert ihn der Wide-Receiver-Coach der NFL Academy; ihm gefällt, was er auf dem Highlight-Tape gesehen hat. Söntgerath wird zum Tryout eingeladen, setzt sich durch. Rund zwei Monate später lebt er den NFL-Traum in Loughborough – sein Leben hat sich um 180 Grad gedreht.

Zum ersten Mal lebt der Essener allein, erstmals sei er überhaupt in einem anderen Land, erzählt er, „weil ich mit meinen Eltern immer Urlaub in Deutschland gemacht habe“. Die ersten anderthalb Wochen seien schon hart gewesen. Es sei sein Traum, sich mit Football eine gute Ausbildung zu ermöglichen. Die volle Unterstützung von seinen Eltern hat Söntgerath – und das, obwohl der finanzielle Aspekt natürlich nicht zu vernachlässigen ist.

Julian Lötte

Läuft den Verteidigern davon: Jason Söntgerath. Er trainiert an der NFL-Academy.

HCE Tabellenführer – aber die Brocken kommen noch

Die Regionalliga-Frauen von HC Essen sind auf gutem Weg zurück in die 2. Bundesliga

Mit drei Herbstmeisterschaften und einem zweiten Platz können die Essener Hockey-Vereine auf einen sehr erfolgreichen ersten Teil der Feldsaison 23/24 zurückblicken.

Regionalliga

Der HC Essen hatte sich mit dem Aufstieg in die 2. Bundesliga ein ehrgeiziges Ziel gesetzt – mit den Frauen und den Männern. Doch nach sechs von 14 Spieltagen meldet der HCE nur einen Teilerfolg.

Die Frauen sind auf einem guten Weg zum direkten Wiederaufstieg. Das Team von Trainer Carsten Fischbach geht immerhin mit vier Punkten Vorsprung vor Verfolger SW Neuss in die Winterpause. „Leider haben wir beim Saisonstart mit dem 3:3 gegen Düsseldorfer HC II wichtige Zähler liegengelassen", erinnert sich Fischbach. Aber sein Team legte daraufhin eine Serie von fünf Siegen hin.

Doch der Essener Trainer weiß genau, dass sein Team lange nicht durch ist, schließlich steht im nächsten Jahr noch zweimal der direkte Vergleich mit Verfolger SW Neuss an, der mit vier Punkten Rückstand auf Rang zwei liegt. Die Baustellen gilt es bis dahin zu beheben. „Wir müssen unser Zusammenspiel verbessern und die Taktiken besser umsetzen", weiß HCE-Mittelfeldspielerin Alissa Büser.

Ganz anders ist die Situation an der Hubertusburg für die Herren. Mit neun Zählern Rückstand auf den Aufstiegsfavoriten Club Raffelberg ist der Meisterschaftszug wohl schon abgefahren. „Enttäuschend waren die 0:1-Niederlage beim Aufsteiger ETG Wuppertal und die viel zu hohe 0:7-Schlappe beim Bonner THV", erinnert Trainer Oliver Plauk.

Seine Mannschaft hat sich aber trotzdem nicht aufgegeben. „Positiv war, dass wir in Raffelberg einen 0:3-Rückstand aufgeholt haben und natürlich der wichtige 5:3-Erfolg gegen Kahlenberger HTC", sagt Plauk, der allerdings – ganz realistisch – vom ausgegebenen Ziel abrückt: „Unser Saisonziel ist nun Platz drei."

Oberliga

„Nach zwei Abstiegen hintereinander wollen wir uns in der Oberliga nun erst einmal etablieren", hatte Torfrau Susi Struth von Etuf Essen zum Saisonstart verkündet. Das ist der Mannschaft voll gelungen. Mit Platz vier (zehn Punkte) liegen die Essenerinnen im Mittelfeld der Tabelle mit komfortablem Abstand zur Abstiegszone. „Dennoch gehen wir mit etwas gemischten Gefühlen in die Winterpause", sagt Struth, die mit dem Saisonverlauf nicht ganz zufrieden ist. „Es wäre im einen oder anderen Spiel mehr drin gewesen für uns."

Für eine positive Überraschung sorgten die Herren vom ETB, die ungeschlagen auf Platz zwei nur einen Zähler hinter Spitzenreiter Moerser TV überwintern. „Das ist mehr, als wir vor der Saison erwartet hätten", ist selbst Trainer Tobias Bierkämper etwas überrascht. „Wir klagen auf hohem Niveau, wenn wir uns über drei Unentschieden ärgern. Aber saisonübergreifend haben wir nun neun Spiele nicht mehr verloren."

Manfred Leufgen

Birthe Hülser (r.) und der HC Essen haben gute Chancen, den direkten Wiederaufstieg in die 2. Liga zu schaffen.

HCE-Teams spielen weiter in der 2. Liga

Hallenhockey: Die Essener schaffen mit Frauen- und Männermannschaft den Klassenerhalt

Der HC Essen ist auch in der Hallensaison 2023/24 mit beiden Mannschaften in der 2. Bundesliga vertreten. Am letzten Spieltag der abgelaufenen Runde lief für die Essener alles nach Wunsch. HCE-Sprecherin Henrike Ehls schwärmte von der Stimmung in der Kupferdreher Sporthalle: „Viele Zuschauer haben beide Teams angefeuert und bis zum Schluss mit gefiebert. Wir sind stolz, dass beide Mannschaften den Verbleib in der 2. Liga geschafft haben."

Bei den Damen kassierte Schlusslicht Eintracht Dortmund nach dem 5:5 gegen Kahlenberg ein 2:7 in Raffelberg und steigt in die Regionalliga ab. Den HCE-Männern reichten fünf Punkte für den vorletzten Tabellenplatz, da Kahlenberg (3 Punkte) nach dem 6:11 bei SW Köln – auch gegen Raffelberg – mit 4:6 unterlag.

Mit einem Achtungserfolg (9:9) gegen Erstliga-Aufsteiger BW Köln beendete der HCE eine Zittersaison. Der Gastgeber begann defensiv und ging durch einen Konter von Fabian Verdaguer in Führung. Danach drehte Köln auf und setzte sich schnell auf 4:1 ab. Im Gegensatz zum 3:14 im Hinspiel nahmen die Essener das höhere Spieltempo an und schafften durch Tore von Jan Zielinski und Jonathan Löwe den Anschluss zum 3:4. Unbeeindruckt bauten die Domstädter den Vorsprung wieder auf drei Tore aus. Erik von Gymnich und Zielinski verkürzten auf 5:6.

Bangen vor dem Livestream

Der HCE kam gut aus der Pause und ging durch Zielinski und Jonathan Löwe mit 7:6 in Führung. Köln reagierte, setzte für den Torwart einen weiteren Feldspieler ein und drehte das Spiel zur 8:7-Führung. Der HCE entschloss sich ebenfalls für die Überzahl und kam damit mit zwei Toren durch Fabian Verdaguer zum 9:8. Kurz vor Schluss retteten die Gäste, die tags zuvor bereits Meister geworden waren, noch einen Punkt.

Danach begann auch für den Mannschaftsbetreuer Jochen Boddenberg das Warten auf das Endergebnis vom Spiel Kahlenberg gegen Raffelberg: „Die letzten Sekunden wurden bei uns in Halle mitgezählt, weil die Zuschauer den Livestream verfolgten." Kahlenberg verlor das Spiel, damit hatte der HCE den Klassenerhalt sicher.

HCE-Trainer Philipp Weide wurde nach dem Spiel gegen BW Köln verabschiedet. Er kam zusammen mit Steven Dühr als Spielertrainer-Duo im Herbst 2018 zur Hubertusburg und führte die 1. Herren auf dem Feld von der Oberliga direkt in die Regionalliga. In der Saison 21/22 wurde mit der Vizemeisterschaft nur knapp der Aufstieg in die 2. Bundesliga Nord verpasst. Das wiederum gelang seinem Team in der Halle mit zwei Aufstiegen in Folge (18/19 und 19/20). Seit der Saison 21/22 war Weide zusammen mit Carsten Fischbach auch Trainer der 1. Damen beim HCE und führte das Team sowohl auf dem Feld als auch in der Halle in die 2. Bundesliga.

Dieter Meier †

Kopf-an-Kopf-Rennen: Marc Heimeshoff vom HCE (l.) und Niklas Kleinherbers (Kahlenberg)

Mit 30 an der Spitze des Traditionsvereins

Sportlehrer Tim Schwarze führt seit Juni den Werdener Turnerbund

Es ist ein beachtlicher Generationswechsel: Die bisherige Vorsitzende des Werdener Turnerbundes (WTB) Brigitte Schmitt hat den Staffelstab in 40 Jahre jüngere Hände gegeben. Mit 30 Jahren hat Sportlehrer Tim Schwarze die Führung des Großvereins übernommen.

Der 1886 gegründete Werdener Turnerbund ist einer der Traditionsclubs im Abteistädtchen. Damals wurde in den Sälen von Wirtschaften geturnt; erster Vorsitzender war Hermann Rosenthal.

Inzwischen ist der WTB ein Großverein mit vielen Sparten und modernen Sportstätten. Aber: Die Vorsitzende Brigitte Schmitt und auch andere Mitglieder des bisherigen Vorstands wie Uli Kromer und Dirk Heimeshoff haben die 70 Jahre bereits erreicht oder stehen kurz davor. Alle hatten deutlich gemacht, dass sie ihre Ämter nun endgültig niederlegen würden. Der eindringliche Appell an die große Vereinsfamilie, sich ehrenamtlich im Vorstand zu engagieren, war aber weitgehend wirkungslos verpufft.

Der traditionsreiche Werdener Turnerbund ohne Führung? Dieses Szenario drohte ernsthaft und brachte Tim Schwarze ziemlich ins Grübeln. Seit dem Jahr 2005 ist er Vereinsmitglied, zunächst als Leichtathlet. Seit vier Jahren ist Schwarze überdies Übungsleiter der „Jedermänner“, die mit Kraft- und Ausdauerübungen fit bleiben möchten.

Der Gymnasiallehrer für Sport und katholische Religion warf seinen Hut in den Ring – und wurde auf der Hauptversammlung von den rund 50 anwesenden stimmberechtigten Mitgliedern zum neuen Vorsitzenden gewählt. Er bleibt aber Jugendwart beim DJK Badmintonverein Essen-Werden.

Man wolle zukünftig die Mitgliedsbeiträge gezielter und auch ein Stück weit „gerechter“ einsetzen, sagt Tim Schwarze im Gespräch mit dieser Redaktion: „Im WTB gibt es Flaggschiffe wie Tennis und Volleyball. Aber uns müssen alle Abteilungen wichtig sein. Alle sollen so ausgestattet werden, dass sie ihre sportlichen Ziele auch erreichen können. Da müssen wir eventuell auch umschichten im Verein.“ Ein Beispiel, das Tim Schwarze nennt: „Die aufstrebende Taekwondo-Abteilung braucht zusätzliche Trainingszeiten.“

Man werde Gelder einsparen auf der einen Seite, auf der anderen Seite auch die Einnahmen erhöhen, dafür die Trainer und Übungsleiter auskömmlicher bezahlen. Verstärkt solle es in dem Sportverein in Zukunft auch Fortbildungen, Präventionsschulungen und Erste-Hilfe-Kurse geben.

Erste Arbeitstreffen des neuen Vorstandes hätten gezeigt: „Es gibt viel zu tun. Dinge wie

Tim Schwarze ist neuer Vorsitzender des Werdener Turnerbundes. Er hat sich bereits viel vorgenommen.

Digitalisierung und der Öffentlichkeitsauftritt sind dringlich, andere müssen wir perspektivisch angehen."

Die Geschäftsstelle mitten in der City sorge für Aufmerksamkeit, stelle aber schon einen hohen Kostenfaktor dar: „Und wir möchten die öffentlichen Schwimmzeiten ausweiten und führen ab sofort wieder Kindergeburtstage durch. Das Bad ist nicht nur Ort des Sporttreibens, sondern auch der Kommunikation und des Treffens."

Der Verein als Ganzes solle zusammenrücken. Warum nicht ein Sommerfest des Gesamtvereins und eine gemeinsame Weihnachtsfeier? Die Familie Schwarze ist sportlich unterwegs und gehört der katholischen Gemeinde St. Ludgerus an. Mutter Veronika versieht ehrenamtlich Küsterdienste in der Basilika und der Kirche St. Lucius, die Söhne Daniel und Tim waren Messdiener. Tim Schwarze wurde in den Kirchenvorstand gewählt, im Ortsverband der CDU ist er in der zweiten Reihe aktiv.

Er möchte ein Vorsitzender sein, der genau hinhört: „Ich werde auch sagen, wo es langgeht. Und zwar in aller Deutlichkeit." Eine Personalversammlung müsse her und Gespräche mit den Abteilungsleitungen: „Uns ist es wichtig, dass die Abteilungen in sich klar sind. Dass die Arbeit dort funktioniert. Da hoffen wir auf eine gute Zusammenarbeit."

Daniel Henschke

DM-Bronze für Süßelbeck und Beckmann

Turnerinnen der SG Heisingen überzeugen in Bielefeld

Tami Süßelbeck von der SG Heisingen belegte bei der DM in Bielefeld Rang drei in der Disziplin Geradeturnen zur Musik.

Die Rhönradturnerin Tami Süßelbeck von der SG Heisingen hat in Bielefeld bei den Deutschen Meisterschaften in der Disziplin Geradeturnen zur Musik die Bronzemedaille gewonnen. Ihre Vereinskollegin Fabienne Beckmann belegte in der Disziplin Sprung ebenfalls Rang drei.

Zu den Titelkämpfen in Ostwestfalen trafen sich die besten deutschen Rhönradturnerinnen und Turner der Altersklasse 19+. Von Heisingen hatten sich vier Heisinger Turnerinnen bei den Norddeutschen für die DM qualifiziert.

Tami Süßelbeck präsentierte die drei Disziplinen Sprung, Spiraleturnen und Musikkür sehr sicher und belegte im Dreikampf Platz fünf. Mit einem gestreckten Salto vorwärts mit halber Drehung vom Rad bewies Fabienne Beckmann ihre Stärke beim Sprung. In der Musikkür musste sie jedoch aufgrund kleiner Fehler Punktverluste hinnehmen und kam somit in der Gesamtwertung auf Platz 14.

Süßelbeck belegte in der Einzeldisziplin Musikkür einen Platz unter den ersten Sechs, Beckmann gelang dies im Sprung, sodass sich beide für die Finalwettkämpfe in den jeweiligen Disziplinen qualifiziert hatten.

Die Heisingerin Celina Schmidtke zeigte eine ordentliche Musikkür im Geradeturnen. In ihrer Spiralekür musste sie leider einige Punktabzüge hinnehmen und durch ihre derzeitig schwächere Disziplin, dem Sprung, kam sie sie lediglich auf Platz 20.

Katernberger auf viertem Platz

Undankbarer Abschluss der Vereinsmeisterschaften in Kelheim

Die Deutschen Vereinsmeisterschaften fanden erstmals nach der Corona-Pause am traditionellen Termin wieder zwischen Weihnachten und Neujahr statt. Die Schachfreunde Katernberg aus Essen kehrten dabei aus Kelheim mit dem vierten Platz bei der U14 zurück, während die Mädchen der Schachfreunde Werden in Neumünster den elften Platz bei der U16w erreichten.

Überragender Spieler der Katernberger war der erst 12-jährige Mykola Korchynskyi, der am Spitzenbrett auf 5,5 Punkte aus sieben Runden kam. Bei der Siegerehrung standen dem jungen Ukrainer dennoch die Tränen in den Augen, denn nach einem dramatischen Finish fiel die SFK-Auswahl noch auf den vierten Platz zurück, da Baden Baden die letzte Partie des Turniers gewann und sich damit noch auf Rang zwei vorschob. Im Turnierverlauf hatten die Katernberger nur gegen Baden Baden verloren und teilten mit 10:4 Mannschaftspunkten am Ende Platz zwei, mussten sich dank der schlechteren Feinwertung aber mit dem undankbaren vierten Platz zufrieden geben.

Hinter Mykola Korchynskyi spielten Nils Berresheim (3,5 Punkte aus 7 Partien), Collin Goldkuhle (3 aus 5), Daniel Klaus (2,5 aus 5) und Lukas Lüersen (3 aus 4).

Die Mädchen der Schachfreunde Werden gingen in Neumünster als krasser Außenseiter an den Start, mit dem elften Platz und 7:7 Mannschaftspunkten kann das Team zufrieden sein. Die meisten Punkte holte Gastspielerin Kiara Laurien Walter (ausgezeichnete 5 Punkte aus 7 Partien an Brett 2), außerdem spielten Clara Yumi Kanno (2 aus 7 an Brett 1), Daniela Claussen (1,5 aus 7 an Brett 3) und Victoria Kaufmann (2 aus 7 an Brett 4).

Dominik Hamers

Überragender Spieler der Essener: Mykola Korchynskyi

Willy Rosen

Mit 90 noch am Schachbrett

Willy Rosen ist eine der prägenden Persönlichkeiten seines Sports

Mit Willy Rosen (Schachfreunde Katernberg) vollendete eine der prägenden Persönlichkeiten des Nachkriegsschachs in Essen im März das 90. Lebensjahr. Im Laufe seiner über 75-jährigen Turnierkarriere feierte er eine bemerkenswerte Reihe von Erfolgen: Bereits als Jugendspieler besiegte er 1949 den Ex-Weltmeister Euwe bei einer Simultanveranstaltung. In den 70er Jahren war er maßgeblich am Aufstieg „seiner“ Katernberger in die Schachbundesliga beteiligt, formte als Trainer zahlreiche Jugendspieler. Im Fernschach zählte der Internationale Fernschachmeister zum Stamm der Nationalmannschaft.

Neben dem Turnierschach blieb Willy Rosen noch Zeit für ehrenamtliches Engagement: Über Jahrzehnte führte er die Kasse sowohl im Verein als auch im Essener Schachverband, der ihn für sein sportliches und ehrenamtliches Engagement zum Ehrenmitglied ernannte. Bis heute hat sich der Jubilar eine beneidenswerte geistige Frische erhalten und wenig von seiner Spielstärke eingebüßt, was er nicht zuletzt am Spitzenbrett der Verbandsliga Ruhrgebiet beweist!

dh

Ein klasse Turnier auf der Ruhrhalbinsel

Großmeister Kornejew gewinnt, SF Katernberg in der Mannschaftswertung vorn

Dieser Mann muss es wissen. Oleg Kornejew hat Hunderte Schach-Turniere auf der ganzen Welt gespielt. „Dieses Turnier in Essen ist wirklich erste Klasse. Mir hat es großen Spaß gemacht“, sagte der Russe, der seit 2012 für Spanien an den Schachbrettern sitzt. Mit 6,5 Punkten aus sieben Partien gewann Großmeister Kornejew das 35. Ruhrhalbinsel Open in Essen-Überruhr.

Erstmals seit vier Jahren konnte das größte Essener Schach-Turnier wieder an den Brettern mit klassischer Bedenkzeit gespielt werden. Die Corona-Krise hat allerdings nicht nur negative Auswirkungen auf das Schach gehabt. Keine Sportart eignet sich so ideal für das Internet wie das königliche Spiel. Und so haben in der Zeit des coronabedingten Kontaktverbots viele neue und erfreulicherweise auch junge Spieler zum Schach gefunden. Die Ausrichter des Ruhrhalbinsel Open, der Verein Germania Ruhrhalbinsel, musste sogar Teilnehmer abweisen, weil die Resonanz so gewaltig war. „Leider durften wir in den Räumlichkeiten nur 120 Spieler antreten lassen“, erklärt Turnierleiter Hannes Schäfer.

In Daniel Hausrath vom Bundesligisten Mülheim-Nord landete mit sechs Punkten ein weiterer Großmeister auf Platz zwei beim Essener Traditionsturnier. Er ist Stammgast beim Ruhrhalbinsel Open. Und ein überaus erfolgreicher noch obendrein: Schon fünfmal holte er sich den Turniersieg. „Natürlich sind wir alle sehr glücklich, dass wir uns wieder an den Brettern gegenübersitzen können“, sagt er mit Rückblick auf die vorherigen Jahre. „Und hier in Überruhr stimmt alles. Die Atmosphäre ist super, das Spiellokal ist sehr gut und ich kann meinen Sohn mitbringen.“ Und so schaute Hausrath auch immer wieder mal am Brett seines Sohnes Frederic vorbei, mit zehn Jahren der jüngste Spieler war.

Die Mannschaftswertung gewannen die Schachfreunde Katernberg. Für den einstigen Bundesligisten saßen neben den erfahrenen Kyrill Scheck und Martin Villwock auch einige junge Talente wie Collin Goldkuhle, der auch einen Ratingpreis gewann, und Nils Berresheim an den Brettern. Einen Ratingpreis sicherte sich auch Torsten Bühn (SK Holsterhausen). Als beste Frau wurde Kordula Lebioda-Dette (SF Werden) ausgezeichnet.

Thomas Lelgemann

Die Sieger des Ruhrhalbinsel-Open

Charlotte Leven dominiert die Stadtmeisterschaften

Werdener Badminton-Ass nutzt den Heimvorteil und holt das Triple

Charlotte Leven vom Ausrichter OSC Blau-Gelb Werden hat ihren Heimvorteil bei den Offenen Essener Badminton-Stadtmeisterschaften genutzt und das Triple geschafft. Die Landesliga-Spielerin siegte in der A-Klasse im Dameneinzel im Doppel sowie im Mixed und verhalf dem OSC damit auch maßgeblich zum souveränen Gewinn des Vereinspokals in der höchsten Spielklasse.

Erfolgreichster Teilnehmer bei den Herren war Patrick Tillack, der in Borbeck wohnt und in der Vorsaison für Tbd. Osterfeld in der Landesliga aufschlug. Er holte sich gemeinsam mit Leven den Titel im Mixed und wurde sowohl im Einzel als auch im Doppel Vizemeister.

In zwei Disziplinen blieb Charlotte Leven im gesamten Turnierverlauf ungeschlagen. Dabei gab sie im Einzel und im Doppel gemeinsam mit Annika Zerbst jeweils nur einen Satz ab. Alles geben musste sie dagegen an der Seite von Patrick Tillack im Mixed. Gleich das erste Gruppenspiel verlor das top gesetzte Duo in drei umkämpften Sätzen gegen das OSC-Duo Simone Berning und Maximilian Hemmert-Halswick knapp mit 18:21, 21:19 und 19:21. Im spannenden Finale trafen die vier dann wieder aufeinander und Leven/Tillack gelang die Revanche, als sie sich in der Verlängerung des Entscheidungssatzes hauchdünn mit 23:21 durchsetzten.

Im Endspiel des Herreneinzels unterlag Tillack dem favorisierten Verbandsligaspieler Maurice Malkowski deutlich. Seinem Osterfelder Klubkollegen unterlag der Titelverteidiger mit 14:21 und 11:21. Knapper fiel die Niederlage allerdings im Doppel-Finale aus, das Tillack mit OSC-Spitzenspieler Sebastian Fuchs bestritt. Gegen André Hinz und Marvin Lohrengel (RW Borbeck) zogen die beiden im entscheidenden dritten Satz mit 18:21 den Kürzeren.

Den Doppelerfolg in der Vereinswertung machte Ausrichter OSC Blau-Gelb mit dem Pokalgewinn in der B-Klasse perfekt, in der Spieler von der Kreis- bis zur Bezirksklasse antraten. Diesmal setzten sich die Werdener nach einem Kopf-an-Kopf-Rennen mit nur einem Punkt Vorsprung gegen den 1. Essener BC durch. Bester Spieler im B-Feld war allerdings ein Nicht-Essener: Andre Stelten vom BC 89 Bottrop gewann zwei Titel. Im Herrendoppel siegte er mit seinem Klubkollegen Tobias Hullerum und im Mixed war der Bottroper mit seiner Teamkollegin Darleen Shirin Sturm erfolgreich.

Alexandra Becker

Mixed-Sieger: links Simone Berning, Charlotte Leven mit Patrick Tillack sowie rechts Carina Schnell und Marvin Lohrengel

Talent brilliert bei Nachwuchs-Stadtmeisterschaft

Der 16-jährige Laksan Gnanaranjan holt in der U19 gleich drei Titel

Das Badminton-Talent Laksan Gnanaranjan zeigte bei den Jugend- und Schüler-Stadtmeisterschaften eine beeindruckende Leistung und wurde der Favoritenrolle gerecht. Der Borbecker, der für den TSV Heimaterde Mülheim spielt, startete freiwillig in der höchsten Altersklasse U19 und holte als einziger Teilnehmer bei diesem Turnier das Triple. Dabei gab er keinen einzigen Satz ab.

Neben dem Einzel-Titel gewann er auch das Mixed mit seiner Schwester Piriyangha und das Jungendoppel mit seinem Mülheimer Vereinskollegen John Connor Dickhut, der in Burgaltendorf wohnt. Eine starke Bilanz wies auch Jugendspieler Jan Gauk vom Ausrichter TV Stoppenberg auf. In der U17 holte er sich zwei Titel im Einzel und im Mixed mit seiner Clubkameradin Kendra Marie Kohlmann. Außerdem wurde der junge Stoppenberger bei seinem freiwilligen Start in der U19 mit seinem Teamkollegen Luca Del Vecchio Vizemeister im Doppel.

In derselben Altersklasse trug sich die Borbeckerin Piriyangha Gnanaranjan (TSV Heimaterde) mit ihrem Triumph im Mädcheneinzel ebenfalls zum zweiten Mal in die Siegerliste ein. Das Double schafften außerdem drei Schülerspieler des neugegründeten Clubs DJK Badmintonverein Essen-Werden, der aus der Abteilung von DJK Grün-Weiß Essen-Werden/Heidhausen hervorgegangen ist. Juri Singer war in der U15 im Einzel und im Doppel erfolgreich, Ella Schriewer siegte in derselbewn Altersklasse im Einzel sowie im Doppel, und Ronja Heppekausen wurde U13-Stadtmeisterin im Einzel und Mixed.

Damit hatte das Werdener Trio maßgeblichen Anteil am souveränen Gewinn der Vereinswertung in der Schülerklasse, wo der DJK Badmintonverein sämtliche Titel einheimste. In der Jugendklasse lieferte sich die Werdener Talentschmiede ein Kopf-an-Kopf-Rennen mit TV Stoppenberg, der sich letztlich knapp mit zwei Punkten Vorsprung durchsetzte. In der Gesamtwertung lag der DJK BV Essen-Werden mit fast 100 Punkten Vorsprung wieder deutlich vorn und sicherte sich somit seinen zweiten Vereinspokal.

Alexandra Becker

Mixed U19: Kiara Richter, Julius Moritz, Piriyangha Gnanaranjan, Laksan Gnanaranjan, Wiebke Hollstein, Luca Del Vecchio (v. l.)

DIE STADTMEISTER

U19 Jungen:
Laksan Gnanaranjan (Essener Bürger); Mädchen: Piriyangha Gnanaranjan (EB); Jungendoppel: 1. John Connor Dickhut/Gnanaranjan (EB); Mädchendoppel: Melinda Buhrke/Melina Murek (DJK); Mixed: L. Gnanaranjan/P. Gnanaranjan (EB).

U17 Jungen:
Jan Gauk (TVS), Jungendoppel: Benjamin Noje/Luca Rodemann (DJK). Mixed: Gauk/Kendra Marie Kohlmann (TVS).

U15 Jungen:
Juri Singer. Mädchen: Ella Schriewer; Jungendoppel: Ensar Öztürk/Singer (DJK); Mädchendoppel: Pia Heppekausen/Schriewer.

U13 Jungen:
1. Phineas Imping (DJK); Mädchen: Ronja Heppekausen (DJK); Jungendoppel: 1. Finn Balzar/Ameya Burugari (DJK); Mixed: 1. Balzar/R. Heppekausen (DJK).

U11 Jungen:
Jona Stratmann (DJK).

Kusch und Jazy setzen Glanzlichter

Die Essener Schwimmer zeigen sich bei der Mannschafts-DM in Topform

Die Stimmung im proppenvollen Sportbad am Thurmfeld war klasse. Tröten, klatschen, Anfeuerungsgeschrei – Rennen für Rennen, Bahn für Bahn. Man kann nachvollziehen, warum die Schwimmerinnen und Schwimmer die deutsche Mannschaftsmeisterschaft (DMS) so lieben. Selten erleben die Individualisten diesen Teamgeist. Sie stehen beisammen am Beckenrand und puschen unermüdlich ihre Teamkollegen, die das Wasser durchpflügen und um Punkte kämpfen.

Das gesamte Wettkampfprogramm einmal rauf und runter. Insgesamt 34 Rennen sind es: alle Lagen, alle Distanzen und jede Hundertstelsekunde zählt im Kampf um den Meistertitel. Die Bundesliga mag allein wegen der 25 m-Kurzbahn sportlich nur eine untergeordnete Rolle spielen, das Prestige ist nicht zu verachten. Beste Mannschaft Deutschlands – und alle im Klub helfen mit.

Auch weil einige Teams unter den insgesamt je elf Erstligisten vielleicht nicht so auftrumpften, wie die Experten anhand der Meldezeiten hochgerechnet hatten, wurde es für die Startgemeinschaft Essen bei den Männern ein erfreulich erfolgreicher Wettkampf. Der Gastgeber war auf den Punkt fit. Die Frauen der SGE landeten auf Rang fünf, die Männer auf sechs, was dann schon eine kleine Überraschung war. „Wir sind sehr zufrieden“, sagte Nicole Endruschat, Cheftrainerin am Bundesstützpunkt in Rüttenscheid. „Bei den Frauen lief's wie erwartet, bei den Männern besser. Sie alle haben einen guten Job gemacht.“ Bei den Männern gewann die SG Frankfurt souverän den Titel mit rund 2400 Zählern Vorsprung.

Alle SGE-Aktiven hatten sich für das Finale ein temporäres schwarzes Tattoo auf den Körper gesprüht. Einen Gladiatoren-Helm, der den Kampfgeist symbolisieren sollte. Dass die Essener Männer so unerwartet gut abschnitten, ist zum Großteil Marius Kusch zu verdanken. Der besitzt das Startrecht für die SGE, trainiert aber seit Jahren in den USA. Der Dritte der Kurzbahn-WM in Melbourne war eigens für die Titelkämpfe aus Indianapolis angereist und gleich am Tag danach schon wieder weg. Hinterlassen hat er einen überragenden Eindruck.

Der Kurzbahn-Europameister war mit 4327 Punkten der beste Punktesammler des gesamten Wettbewerbs. Die 22,42 Sekunden über 50 m-Schmetterling war zudem die einzige Einzelleistung, die mehr als 900 Zähler einbrachte. Da hatte selbst der Olympiasieger (London 2012) und aktuelle Kurzbahn-Weltmeister Chad le Clos, der Südafrikaner im Frankfurter Team, das Nachsehen. Aber er und Kusch setzen Glanzpunkte. Wie Angelina Köhler, die wertvollste Schwimmerin beim deutschen Meister SG Neukölln, die fast so fleißig Punkte sammelte wie der Frankfurt Superstar. Aber auch die SGE hatte weitere herausragende Momente. Einer war der deutsche Altersklassenrekord (18 Jahre) von Nina Sandrine Jazy (24,50 Sek) über 50 m Freistil.

Rolf Hantel

Nina Sandrine Jazy von der SG Essen ist eigentlich Freistil-Spezialistin und stellte dort einen deutschen AK-Rekord auf.

Büssing verteidigt Meistertitel souverän

Der Essener siegt bei der Deutschen Meisterschaft in Berlin über 400 Meter Lagen

Die Startgemeinschaft Essen ist nur mit einem kleinen Aufgebot zu den deutschen Schwimm-Meisterschaften nach Berlin gereist. Sie befindet sich bekanntlich im Umbruch. Der Nachwuchs wiederum ist top, denn allein sechs Talente starten derzeit bei der Junioren-EM in Belgrad, allerdings fehlen die Asse in der offenen Klasse.

Dennoch durfte sich die SGE gleich am ersten Wettkampftag über eine deutsche Meisterschaft freuen. Cedric Büssing (4:17,63 Min.) verteidigte über 400 m Lagen ganz souverän seinen Titel mit dreieinhalb Sekunden Vorsprung auf Ramon Klenz (Neukölln/4:21,14).

Für Marius Kusch reichte es über 100 m Schmetterling nicht zum Titel. Der in Frankfurt trainierende südafrikanische Superstar und mehrmalige Olympiasieger Chad Le Clos (52,11) schnappte sich die Goldmedaille vor dem Kusch (52,30), der als Schnellster ins Finale eingezogen war. Einen dritten Platz hinter SG Neukölln und SG Frankfurt belegte die Essener 4 × 100 m Lagen-Staffel der Frauen mit Jennifer Pietrasch, Jamelia Drumm, Kathrin Demler und Karla Heßmann, wobei den Esserinnen Silber nur um sieben Hundertstel verfehlten. Demler verpasste über 100 m Schmetterling um zwei Zehntel die Bronzemedaille.

Erfreuliche Nachrichten auch aus Belgrad. Titelverteidigerin Nina Sandrine Jazy von der SG Essen, die vor den Titelkämpfen lange krank gewesen war, holte bei derJunioren-EM über 50 m-Freistil dennoch Silber. Ihre Teamkollegin Julianna Dora Bocska war im Halbfinale als Elfte ausgeschieden.

Für die deutsche Mixed-Staffel über 4 × 100 m Freistil stellte die SGE im Finale Philipp Peschke, Jazy und Bocska ab. Das Quartett steigerte sich zwar im Vergleich zum Vorlauf um drei Sekunden, aber dennoch waren Ungarn, Italien und Frankreich schneller. Zu Bronze fehlten 55 Hundertstelsekunden.

Rolf Hantel

WIERLING BEENDET SEINE KARRIERE

Die Startgemeinschaft Essen (SGE) hat einen Umbruch hinter sich. Etablierte Schwimmerinnen und Schwimmer haben aufgehört oder den Verein gewechselt, nun muss der Nachwuchs ran. Damian Wierling war einer der Vorzeigeathleten der SGE, er nahm an zwei Olympischen Spielen teil. „Die Olympischen Spiele im letzten Jahr waren nicht so erfolgreich. Danach habe ich etwas länger Pause gemacht und dann hat es nicht mehr so gepasst. Ich hätte noch eine Schüppe drauflegen müssen, wollte aber auch mein BWL-Studium nicht mehr weiter hinten anstellen", erklärt er.

Souveräner Titelverteidiger: Cedric Büssing von der SG Essen gewann über 400 Meter Lagen.

Der Traum von Olympia

Mohamed Omeirat kam zufällig zum Taekwondo. Jetzt gehört er zu den Besten Deutschlands

Nicht zu essen und vor allem nichts zu trinken, kann sich ein Spitzensportler aber kaum erlauben. Oder doch? Mohamed Omeirat erzählt davon. Der Essener hat sich gerade mit der deutschen Taekwondo-Nationalmannschaft auf den Weg nach Jordanien gemacht, um sich intensiv auf die bevorstehenden Wettkämpfe vorzubereiten. Mitten im Fastenmonat Ramadan. In einer Zeit, in der Musliminnen und Muslime tagsüber fasten.

Eine aufregende Zeit für den Studenten aus dem Westviertel: Zum ersten Mal in seinem Leben besucht er ein Land außerhalb Europas. Vor allem steht natürlich eines an: die Vorbereitung auf die Saison. Omeirat hat an einem internationalen Trainingslager teilgenommen, mit ernstzunehmenden Sparring-Partnern aus der Weltspitze. Das Olympiateam von Jordanien – das wohl derzeit weltbeste – war da, das Team von Brasilien ebenfalls. „Gefühlt im Wochentakt" standen Weltcup-Turniere an, unter anderem in Bosnien und Spanien. Mit dem Ziel: Die Olympischen Spiele 2024.

Eine überraschende Karriere, denn Omeirat kam eher zufällig zum Taekwondo. „Ich hatte überhaupt keinen Bezug zum Kampfsport", erinnert er sich. „Das war für mich alles wie Karate: Holz kaputt schlagen. Das fand ich uncool. Ich stand auf Fußball." Stattdessen kickte er also beim ESC Preußen und war, so sagt er selbst, „gar nicht schlecht".

Doch genau gegenüber vom Trainingsgelände, da gab es Taekwondo. „Viele von meinen Freunden und Nachbarn gingen dahin und sagten: Komm doch mit. Also habe ich mal mittrainiert." Schnell kamen die ersten Wettkämpfe, und Omeirat wurde sogar Landesmeister. „Die kleinen Turniere habe ich immer gewonnen. Mit 16 war ich plötzlich sogar Deutscher Meister."

Das war auch der Moment, als der Bundestrainer Marco Scheiterbauer zum ersten Mal auf ihn zukam und zu einem zweiwöchigen Trainingslager an den Olympiastützpunkt nach Nürnberg einlud. Ein Sport, der zeitintensiv ist – und nicht gerade billig. Die Sporthilfe unterstützt ihn zwar – genug ist das nicht. „Ich schreibe viele E-Mails an Unternehmen, die sich im Sport engagieren." Omeirat ist auf der Suche nach Sponsoren. In einer Sportart wie Taekwondo, die nur selten im Fernsehen gezeigt wird, nicht einfach.

Schwierig war auch der Weg in die deutsche Spitze in den vergangenen Jahren. Omeirat kam aus einer Verletzung: „Beim Taekwondo steht man oft auf einem Bein. Ich habe gekickt, dabei hat sich mein Becken verschoben, und ich habe mir einen Wirbel im Rücken angerissen." Als er aus der Reha kam und wieder mit dem Training begann, schlitterte er direkt in die Corona-Zeit.

2022 ging es wieder los – und auf Anhieb wurde Omeirat in der Klasse bis 68 Kilo Deutscher Meister. Nun liegt der Fokus auf internationalen Wettkämpfen, um auch in der Weltrangliste nach oben zu klettern. Denn nur die ersten 15 qualifizieren sich direkt für Olympia.

Torsten Wellmann

Mohamed Omeirat (l.) auf der Matte

Herausforderung gemeistert

Warum die Frauen-Mannschaft der JKG Essen trotzdem auf die Bundesliga verzichtet

Zweifel hatte die Judokampfgemeinschaft Essen (JKG) nie so richtig. Und doch hatten sich damals alle zusammengesetzt, Funktionäre, Trainer und Mannschaft, um zu beraten, ob die Frauen-Mannschaft diese Herausforderung in der NRW-Liga wagen soll. Der Oberliga-Vizemeister aus Essen entschied sich 2022 recht schnell für den Aufstieg und hat offenbar alles richtig gemacht: Der Neuling ist nach einer starken Saison in der zweithöchsten Liga auf Anhieb Vizemeister geworden.

Vor dem letzten Kampftag beim 1. SC Lippetal hatte der JKG-Vorsitzende und Trainer Ralf Drechsler noch gerechnet: „Wir könnten unter die ersten Drei kommen, aber auch wenn wir nur Vierter würden, haben wir eine super Saison gekämpft." Doch die Erwartungen wurden übertroffen. Essen unterlag Gastgeber Lippetal zwar mit 3:4, dennoch wurde gejubelt: Punktgleich mit Kentai Bochum, aber besser in der Einzelwertung, belegt die JKG am Ende Platz zwei. Was für ein Erfolg für diese junge Mannschaft.

2021 hatte die Kampfgemeinschaft erstmals in der Vereinsgeschichte eine Frauenmannschaft zum Liga-Betrieb gemeldet, weil sich der Nachbar 1. Essener JC vom Mannschaftsleistungsport losgesagt hatte. Der Nachfolger übernahm die Kämpferinnen und die Rolle problemlos. Die erste Saison in der Verbandsliga fiel der Corona-Pandemie zum Opfer, für die zweite bekamen die Essenerinnen dann eine Wildcard für die Oberliga. Dort kämpften sie so prächtig, dass sie Zweiter und sich sportlich für höhere Aufgaben empfahlen.

Schwieriger Auftakt für die Essenerinnen

Also rauf in die NRW-Liga. Auch dort lief es von Beginn an rund. Nicht ganz. Der allerste Kampf der Saison war längst nicht so vielsprechend. In eigener Halle verlor Essen gegen Hertha Walheim glatt mit 0:7. Allerdings relativiert sich das Ergebnis im Nachhinein: Walheim wurde ziemlich souverän NRW-Meister.

Doch schon mit dem 4:3 gegen PSV Herford auf eigener Matte hatte das Team von Trainer Drechsler die Vorgabe, mindestens zwei Punkte zu holen an jedem Kampftag, erfüllt. Beim Stand von 3:3 war es Jenny Scholten die in der Verlängerung nach 7:05 Minuten durch eine halbe Wertung die Entscheidung erzwang. Es folgten vier weitere Siege.

„Wir hatten sicherlich auch hin und wieder ein bisschen Glück mit der Aufstellung" räumt Ralf Drechsler ein. Aber egal, die JKG blieb ihrer Linie konsequent treu und gönnte möglichst vielen Judoka im Kader Einsatzzeiten. Auch den jungen, die sich schließlich entwickeln sollen, um später das leistungsstarke Fundament zu bilden.

20 von insgesamt 22 Kämpferinnen standen in dieser Saison auf der Matte. Und daran werde man definitiv festhalten, versichert Drechsler. Auch wenn man sich sportlich qualifiziert hat, „der Aufstieg in die Bundesliga käme für uns noch zu früh, daran ist zunächst nicht zu denken, weil wir Erfahrung sammeln müssen".

Rolf Hantel

Jenny Scholten (l.) von der JKG Essen ist eine zuverlässige Punktelieferantin.

Boxen, damit das Leben funktioniert

Im Don Bosco Club finden Jugendliche mit sozialen Problemen durch Sport Halt

Sich im Leben durchzuboxen, das lernen viele Kinder aus sozial schwächeren Familien zwangsläufig auf der Straße. Gekämpft wird mit Fäusten und mit Worten, zumeist ohne Regeln und nicht selten mit üblen Fouls. Der Don Bosco Club in Essen-Borbeck engagiert sich in besonderer Weise für junge Menschen: Hausaufgabenhilfe, Freizeitangebote, persönliche Betreuung. Ein Blick in den Keller zeigt: Auch hier boxen Jugendliche – und zwar unter professionellen Bedingungen.

Patrick Traud steht im Ring, tänzelt umher, beobachtet Hassan El Haf genau und schlägt im richtigen Moment zu. El Haf trägt übergroße Handschuhe, so genannte Pratzen, auf die Patricks Schläge treffen. Zweimal mit links, dann eine rechte Gerade und noch ein Haken hinterher. So langsam gerät Patrick ins Schwitzen. Er ist konzentriert, beobachtet genau: Wohin bewegen sich die Pratzen, wo muss ich treffen?

Trainer und Betreuer Thomas Jekel lächelt. Nie hat er daran gedacht, mal eine Boxgruppe mit psychisch Erkrankten zu leiten. Doch mittlerweile sei alles „querbeet dabei": „Ob Borderline, Magersucht, Depressionen oder Autismus, der einfachste Zugang zu diesen Menschen ist Sport. Wir kooperieren unter anderem mit dem LVR-Klinikum, und wenn man mit den Therapeuten spricht, dann sagen die: Das Ergebnis ist sensationell."

Ursprünglich war es Jekel darum gegangen, mit sozial benachteiligten Jugendlichen zu arbeiten. „Als ich als Sozialarbeiter hierherkam, war im Don Bosco Club ordentlich Rambazamba", erinnert er sich. „Irgendwann habe ich mal erzählt, dass ich früher selbst geboxt habe, und dann war sofort der Wunsch da: Können wir hier nicht mal ein Boxtraining machen?"

In Eigenarbeit wurde der Keller an der Wolfsbankstraße umgebaut. Im Laufe der Jahre entstanden zwei Räume mit Boxsäcken, es kamen Umkleiden und Toiletten hinzu, schließlich ein Kraftraum. Das Prunkstück des Don Bosco Clubs aber ist der Raum mit dem Boxring, der 2013 mit Hilfe der Freddy-Fischer-Stiftung und der Landessportförderung finanziert wurde.

Im Keller des Don Bosco Clubs befindet sich in einem der Räume ein Boxring. Im Ring stehen (v. l.): Patrick Korte, Nico Schwarze, Tom Jekel, Marc Paar, Aland Ahmad, Patrick Traud, Hassan El Haf

Partnerübungen von Nico Schwarze mit Trainer und Betreuer Tom Jekel

Dass Patrick Traud psychisch beeinträchtigt ist, würde man nicht vermuten, wenn er im Boxring unterwegs ist. Doch in einer Trainingspause erzählt er frei von seiner Erkrankung und der Entwicklung in den vergangenen Jahren. „Als ich noch bei meiner Mutter gelebt habe, da hatte ich wohl einen psychischen Zusammenbruch.“ So genau kann er sich an die Situation nicht erinnern, doch er kam in ein Krankenhaus. „Dort haben sie Schizophrenie festgestellt.“

Patrick wurde medikamentös behandelt und kam in eine Wohngemeinschaft, in der er psychisch betreut wurde. „2020 habe ich angefangen mit Patrick Korte zu trainieren. Am Anfang war ich sehr nervös. Ich habe gedacht: Wie komme ich da eigentlich hin in den Don Bosco Club? Und wie wieder zurück? Aber die haben mir alle geholfen, haben mich hergebracht und wieder nach Hause. Das hat mich echt nach vorne gebracht.“

Dabei ist Boxen hier nicht einmal die einzige Sportart, die angeboten wird. Aber Boxen sticht dann halt doch heraus – schon aufgrund der Tatsache, dass der Club vom Salesianer-Orden betrieben wird. Ein christlicher Orden, der Kampfsport lehrt? Club-Leiterin Susanne Bier erklärt: „Ich glaube, das ist ein falsches Bild vom Boxen. Die Kinder und Jugendlichen hauen sich nicht einfach gegenseitig auf die Birne. Boxen hilft ihnen dabei, ein strukturiertes Leben zu führen. Dahinter steckt ganz viel Disziplin, Körpererfahrung und Stärkung des Selbstbewusstseins.“

Auch das Engagement des Essener Box-Profis Patrick Korte hat Jugendliche dazu gebracht, sich dem Angebot anzuschließen. Das gilt etwa für Nico Schwarze, der gerade einen Boxsack bearbeitet. „Ich boxe hier schon seit zehn oder elf Jahren“, erinnert er sich. „Als ich gehört habe, Patrick Korte kommt zu uns in die Einrichtung und trainiert mit uns, da war ich total begeistert. Ich war immer etwas übergewichtig, aber jetzt bin ich auf einer Schiene, wo ich wieder intensiver trainiere.“ Auch Nico weiß genau, warum er hier ist: „Das Training ist gut für meine Psyche. Wenn man psychische Probleme hat, dann wird man durch den Sport stabiler und kriegt Selbstvertrauen. Ich war früher viel angespannter.“

Erfolgsgeschichten wie diese schreibt der Don Bosco Club am Fließband. Mittlerweile gibt es Wartelisten, die Nachfrage ist größer als die räumlichen und personellen Möglichkeiten. Und nicht nur Jungs begeistern sich fürs Boxen. Jekel erinnert sich an ein Mädchen, das aus der LVR-Klinik in den Club kam. „Sie war total verschlossen, hatte während der Therapie im Klinikum immer die Jacke geschlossen und die Kapuze auf.“ Dort habe sie aber erzählt, dass sie früher mal geboxt habe. Jekel: „Wir sind mit ihr in den Keller gegangen, und sie hat am Sandsack gearbeitet. Sie hat sich später total geöffnet. Das Boxen war für sie so eine Art Dosenöffner.“

Mittlerweile ist der Don Bosco Club gut vernetzt, arbeitet mit Schulen und dem Jugendamt zusammen, erhält Unterstützung unter anderem von der Prof. Dr. Eggers-Stiftung für psychisch kranke Jugendliche und junge Erwachsene. Um zu erkennen, dass Sport bei psychischen Beeinträchtigungen helfen kann, muss man nur einmal Patrick Traud zuhören: „Durch das Training bin ich viel ruhiger geworden, ich bin selbstbewusster und habe sogar die Chance neue Leute kennenzulernen. Ich werde immer noch betreut, aber mittlerweile wohne ich nicht mehr in einer WG, sondern alleine in meiner eigenen Wohnung. Ich habe es bis hierhin geschafft, und ich schaffe es auch noch weiter.“

Torsten Wellmann

Seit 100 Jahren auf dem Wasser

Der Club Essener Wanderpaddler blickt zurück auf eine bewegte Historie

Wolfgang Neff kommt gar nicht mehr aus dem Schwärmen heraus. Er ist seit 32 Jahren im Club Essener Wanderpaddler (CEW), war zweiter Vorsitzender und sitzt jetzt im Ältestenrat: „Wir sind einer der ältesten Paddel-Vereine am Baldeneysee und verfügen über ein wunderschönes Bootshaus. Mit einem herrlichen Paddelrevier direkt vor der Tür." Und einer immerhin mehr als 100 Jahre dauernden Vereinsgeschichte.

Birgit Stutzmann leitet den Club seit 2020, war zuvor stellvertretende Vorsitzende. Sie ist stolz auf ihren „etwas anderen" und nun 100-jährigen Verein: „Wir schauen nicht auf sportliche Höchstleistungen, sondern mit Freude auf unsere soziale Verbundenheit." Die rund 100 Mitglieder seien eine eingeschworene Gemeinschaft, doch es fehle an Nachwuchs. Mit Tagen der offenen Tür, Mitmachaktionen und „Schnupperpaddeln" möchte man Werbung machen für den Club. Beim Paddeln könne nämlich die ganze Familie ins Boot steigen. So mancher CEWler unternehme Paddeltouren mit den Enkeln.

Ein weiteres Argument sei die herrliche Lage am See: „Mit den kitschig-schönsten Sonnenuntergängen, die man sich nur vorstellen kann." Es gibt An- und Abpaddeln, Sommerfeste, regelmäßig treffen sich Clubmitglieder zu gemeinsamen Ausfahrten: „In Gesellschaft ist Sport am schönsten." Das könne sich zu mehrtägigen Ausflügen steigern, etwa auf malerischen Zuflüssen der Aller wie Örtze, Fuhse oder Lachte: „Dort ist es naturbelassen, ein wenig sportiver und vor allem wildromantisch," beschreibt sie und blickt zurück.

Am 18. November 1922 erweckten im Restaurant „Baldeneyer Fähre" vier Paddler den CEW zum Leben. Sie waren Mitglieder im Kruppschen Ruder- und Wassersportverein (heute RaB) und beschlossen, einen eigenen Kanuverein zu gründen. Erster Vorsitzender wurde Adolf Temme. Der Vereinsbeitrag lag bald bei 20.000 Mark, schließlich herrschte Inflation. Sportwart Martin Erkelenz und Schriftführer Hermann Schmidt, beides Kruppianer, machten sich unverzüglich an den Bau von Faltbooten.

Im Mai 1923 konnten bereits sieben selbstgebaute Vereinsboo-

Das historische Bild zeigt die CEWler bei den Olympischen Spielen 1936.

Sie sitzen nicht in einem Boot, gehören aber zu einem Verein: die Vereinsvorsitzende Birgit Stutzmann (mit der Jubiläumsbroschüre) und Wolfgang Neff vom Club Essener Wanderpaddler auf dem Baldeneysee

te getauft werden. Tatkraft und Einsatz der Vereinsmitglieder seien noch heute Markenzeichen des CEW, sagt Clubchefin Stutzmann: „Alle packen mit an." Wolfgang Neff nickt. Er hat mit Renate Tönnis und Friedel Stottrop die umfangreiche Jubiläumschronik zusammengestellt: „Da haben wir Jahre für gebraucht, all' die Unterlagen zu sortieren."

Teilzeit-Fackelträger aus Essen

Grundsteinlegung für den Fachwerkbau des Bootshauses war im Juni, Einweihung bereits im September 1933. Drei Jahre später nahmen 16 Mitglieder an der Sternfahrt zu den Olympischen Spielen in Berlin teil. Alfred Kappes durfte sogar die olympische Fackel tragen, wenn auch nur für 200 Meter. Da war man noch naiv und unbefangen, doch der Krieg nahte und brachte Unheil. Erst 1947 wurde der Sportbetrieb wieder erlaubt, doch die Boote blieben beschlagnahmt. Noch bis 1959 bewohnten ausgebombte CEW-Familien Teile des Vereinsheims.

1983 paddelte Roland Dubiel die 1225 Kilometer von Budapest bis zur Mündung der Donau. Für den Rückweg nutzte er zunächst den Zug, dann aber ging es auf Rhein und Ruhr zurück. Die letzten Kilometer wurden zur Triumphfahrt und das Seeufer war schwarz vor Schaulustigen. Waltraud Bleikamp paddelte von 1978 bis 2018 auf sage und schreibe 115 verschiedenen Flüssen und Seen. Sie erfüllte in jedem Jahr die Bedingungen zum Wanderfahrabzeichen des Deutschen Kanu-Verbandes und absolvierte dabei 32.800 Kilometer.

Unterstützung von Sparkasse Essen und Land NRW

2012 begann der Club mit Sanierungsarbeiten am Bootshaus. Bis heute wird eifrig gewerkelt an der Lanfermannfähre 102. Ganz aktuell hilft das Förderprogramm „Moderne Sportstätten NRW" des Landes. So konnte das komplette Obergeschoss renoviert werden: Fußböden, Decken, Sanitär- und Elektroanlagen. Nun sind die Herrenumkleiden an der Reihe. Ein neuer Steg am Sporthafen ermöglicht den Einstieg in ruhigem Wasser. Die Sparkasse Essen half mit Jugendbooten und Kanadiern.

Für Birgit Stutzmann ist der CEW ohnehin mehr als nur ein Sportclub: „Ich habe hier mein Herz verloren. Ein so toller sozialer Verein, der einen auch in größten Schwierigkeiten nicht fallenlässt. Das habe ich so erlebt und das berührt mich zutiefst."

Wolfgang Neff wiederum war das Paddeln immer wohltuender Ausgleich zum stressigen Arbeitsalltag. Er beschreibt sein ganz persönliches Paradies: „Vorbei an Schwänen, Kanadagänsen, Kormoranen und großen Gruppen Blässhühnern ruhraufwärts in Richtung Steele. Am Ufer stehen regungslos Graureiher. Vier Eisvögel kreuzen meine Paddelstrecke. In der Dämmerung komme ich dann voller Natureindrücke zurück zu unserem CEW."

Daniel Henschke

Tauchen mitten im Revier

Dive in: Die Tauschschule bildet jährlich bis zu 200 Menschen aus

Die Essener Tauchschule „Dive in" organisiert regelmäßig Putzaktionen in der Ruhr.

Weit und breit gibt es keinen Strand und keine Riffs – und doch ist die Begeisterung für den Tauchsport hier riesig. Mitten in Rellinghausen liegt die Tauchschule „Dive in": Martin Fehd führt sie mit Ladenlokal, Verleih und Werkstatt. Den Standort in Essen findet er selbst gar nicht ungewöhnlich. Denn sein Herz schlägt für das Tauchen in Seen, Flüssen und Talsperren der Umgebung. „Die Unterwasserwelt ist auch in Deutschland sehr schön", sagt er. Seine eigenen ersten Tauchgänge hat er in der Biggetalsperre absolviert.

Jetzt erkundet er gemeinsam mit dem Team der Tauchschule regelmäßig unter anderem die Ruhr und verschiedene Baggerseen und Talsperren in Nordrhein-Westfalen. Nur im Baldeneysee ist das Tauchen aufgrund der geringen Tiefe und des Schiffsverkehrs nicht erlaubt. In der Ruhr beteiligen sich die Taucherinnen und Taucher des „Dive in" regelmäßig an Reinigungsaktionen. Und sie sind auch im Einsatz, wenn spezielle Unterwasser-Aufnahmen gefragt sind.

Essener Taucher helfen bei Bergung der Moornixe

Thomas Nemet etwa hat bei der Bergung der Moornixe geholfen. Das Schiff war beim Ruhr-Hochwasser im Juli 2021 in Mülheim gesunken. „Es war sehr interessant, die Bergung zu begleiten und Unterwasser-Aufnahmen der Moornixe zu machen", sagt er. „Das Schiff ist in einem Bereich gesunken, der unter Naturschutz steht und in dem man sonst nicht tauchen darf."

In der Ruhr tauchen die Essener im Sommer jeden Freitag auf einer Strecke zwischen Bootshaus Ruhreck und Freibad Steele. Die Unterwasser-Welt sieht je nach Jahreszeit immer wieder anders aus. Und das Hochwasser hat zahlreiche Gegenstände mitgerissen. „Man findet immer wieder historische Dinge in der Ruhr wie Kriegswaffen, wir haben auch schon aufgebrochene Safes gefunden, die vermutlich nach einem Diebstahl entsorgt wurden und sogar ein Dreisitzer-Sofa", sagt Nemet. Spannend seien aber auch Talsperren von Bigge, Sorpe und Möhne.

Egal wo auf der Welt, das Tauchen fasziniert Martin Fehd und sein Team. „Wenn man einmal beim Tauchen Fische gesehen hat, wächst das Interesse", sagt er. „Und man kann unter Wasser sehr gut entspannen." Die andere Geräuschkulisse, das Rauschen und Gluckern, die langsamen Bewegungen und die Schweigsamkeit bieten Zugang zu einer ganz anderen Welt.

Diese Einschätzung teilen zahlreiche andere Fans des Tauchsports, die sich bei „Dive in" versammeln. Zwischen 150 und 200 Menschen werden in der Tauchschule jährlich ausgebildet. Die Kurse finden in einem Schwimmbecken in Wuppertal-Ronsdorf statt. Mit dem Schein ist das Tauchen in Gewässern bis zu einer Tiefe von 18 Metern erlaubt, aus Sicherheitsgründen immer mindestens zu zweit. Wer im Urlaub Tauchgänge plant, sollte sich zusätzlich absichern. „In einem fremden Gebiet ist es immer anzuraten, mit einem ortsansässigen Guide zu tauchen", sagt Fehd.

Wenn Fehd selbst das Fernweh packt, reist er gerne nach Ägypten und taucht im Roten Meer. Die Vielfalt und Farben dort beeindrucken ihn immer wieder. Der Ruhr wird er in jedem Fall trotzdem treu bleiben.

Katrin Clemens